KB021802

Thomas Mann

Sämtliche Erzählungen 2

토마스 만 단편 전집 2

1판 1쇄 발행 2024년 1월 10일

지은이 | 토마스 만
옮긴이 | 오청자 외
발행인 | 신현부

발행처 | 부북스
주소 | 04613 서울시 중구 다산로29길 52-15(신당동), 301호
전화 | 02 - 2235 - 6041
팩스 | 02 - 2253 - 6042
이메일 | boobooks@naver.com

ISBN 979-11-91758-25-2
ISBN 978-89-93785-07-4 (세트)

부클래식

096

토마스 만 단편 전집 2

토마스 만

오청자 외 옮김

차례

- 일러두기

* 원전은 프랑크푸르트판《토마스 만 선집(選集)》제8권입니다.(Thomas Mann: Erzählungen, Fiorenza, Dichtungen. Gesammelte Werke in dreizehn Bände - Band 8, 2. Auflage, Frankfurt am Main Fischer Verlag 1974.)

*번역서의 진한 글씨는 원전의 이탤릭체입니다.

《토마스 만 단편 전집》 제2권을 펴내면서

오청자(충북대학교 명예교수)

한국토마스만학회는 2020년 4월 《토마스 만 단편 전집》 제1권을 펴낸 바 있습니다. 그 이후에도 회원들의 활발한 스터디 활동의 결과물로 학회 창립 17주년을 맞는 올해 제2권을 펴내게 되었습니다. 이 책에서는 한국토마스만학회가 기획한 《토마스 만 단편 전집》 다섯 권 중 제2권으로, 1903년에서 1908년 사이에 발표된 총 9편의 작품들인 〈트리스탄 Tristan〉, 〈굶주리는 사람들 Die Hungernden〉, 〈토니오 크뢰거 Tonio Kröger〉, 〈신동 Das Wunderkind〉, 〈어떤 행복 Ein Glück〉, 〈예언자의 집에서 Beim Propheten〉, 〈산고(産苦) Schwere Stunde〉, 〈벨중족의 혈통 Wälsungenblut〉, 〈일화 Anekdote〉를 발표 순으로 옮겨 실었습니다. 원전은 프랑크푸르트판 《토마스 만 선집(選集)》 제8권입니다.(Thomas Mann: Erzählungen, Fiorenza, Dichtungen. Gesammelte Werke in dreizehn Bände - Band 8, 2. Auflage, Frankfurt am Main Fischer Verlag 1974.)

《토마스 만 단편 전집》 제1권은 원고 수집부터 교열, 작품 해설에 이르기까지의 모든 작업이 오로지 책임 편찬자 안삼환 교수

님의 헌신적 노력으로 발간되었습니다. 송구스러운 마음으로 다시 한번 깊은 감사의 말씀을 드립니다. 이에 학회에서는 책임 편찬자의 개인적 부담이 너무 크다는 사실을 인지하고 작품 해설은 각 작품을 번역한 사람이 맡기로 의견을 모았습니다. 9편 작품의 번역은 이미 독회에서 활발한 토론 과정에서 수정되었고, 상호 교차 검토를 거쳐 최종 완성되었습니다, 책임 편찬자는 9편의 작품을 모아서 읽고 수정한 후에 각 작품의 번역자와 상의를 거듭하여 최종 원고를 확정했습니다.

그럼에도 불구하고 미처 고려하지 못한 미진한 점들이 발견될 수 있을지도 모르겠습니다. 이 점에 대해 독자의 이해를 바라며 아울러 그 부분들에 대한 조언과 대안을 제시해 주시길 부탁드립니다. 1차, 2차, 때로는 3차까지 교열작업을 진행하는 동안 크고 작은 사항들에 성실하게 답해 주신 역자 여러분에게 진심으로 감사드립니다. 토마스 만에 관심 있는 독자들과 후학들에게 토마스 만의 단편들을 소개하겠다는 목적으로 시작한《토마스 만 단편 전집》발간이 부디 계획대로 완간되기를 바라는 마음입니다. 어려운 시기에 제1권에 이어 이번에도 기꺼이 출판을 맡아주신 부북스출판사 신현부 대표님께 진심으로 감사드립니다.

2023년 겨울

오청자

트리스탄

1

이곳은 '아인프리트' 요양원이다. 길게 뻗은 본채와 그 옆의 곁채로 이루어진 일직선의 흰색 요양원 건물이 널찍한 정원 한가운데 자리 잡고 있다. 정원은 동굴들과 아치형 나무 그늘 길 그리고 나무껍질로 만든 작은 정자들을 갖추고 있어서 재미있는 느낌을 준다. 정원의 슬레이트 지붕들 뒤로는 전나무가 우거져 초록색을 띠고 있고 산들은 약간 갈라진 암벽을 드러낸 채 육중하게 하늘 높이 솟아 있다.

레안더 박사가 여전히 요양원을 이끌어가고 있다. 레안더 박사는 가구를 때울 때 사용하는 말 털처럼 뻣세고 꼬불꼬불하고 끝이 뾰족한 두 갈래의 검은 수염이 있고, 두꺼운 알이 번쩍이는 안경을 쓰며, 학문을 하여 냉정한, 딱딱한 인상을 주지만, 조용하고 사려 깊은 염세주의자의 분위기를 물씬 풍기는 사람이다. 그는 이러한 면모를 지니면서 무뚝뚝하고 과묵한 태도로 환자들을 휘어잡고 있다. 스스로 규율을 세워 그것을 지키기에는 너무나 허약한 모든 환자는 박사에게 자신들의 재산을 넘겨

주고 그의 엄격함으로 자신이 지탱되기를 바라고 있다.

폰 오스털로 양에 관해 말하자면, 그녀는 지칠 줄 모르는 헌신적 노력으로 요양원 살림의 책임을 맡고 있다. 아, 끊임없이 계단을 오르내리고, 요양원 한쪽 끝에서 다른 쪽 끝으로 달리며 일하는 그녀의 모습이란! 그녀는 부엌과 비품 창고의 일을 도맡아 하고, 세탁물 수납장을 오르내리며 관리하고, 종업원들을 지휘하고, 절약, 위생, 좋은 맛과 외적인 세련미를 염두에 두면서 요양원의 식탁을 차린다. 그녀는 매우 용의주도하게 살림을 하는데, 그런 그녀의 과도한 성실성에는 아무도 그녀를 아내로 맞아드리려고 하지 않는 모든 남성 세계에 대한 끊임없는 질책이 숨겨져 있다. 그러나 진홍빛394의 동그란 홍조가 감도는 그녀의 두 뺨에는 장차 레안더 박사의 아내가 되겠다는 꺼질 줄 모르는 희망이 불타고 있다……

신선한 공기가 있으며 그지없이 평화로운 곳…… '아인프리트' 요양원은 레안더 박사를 시기하는 사람들이나 그의 경쟁자들이 뭐라고 말하든 간에 폐결핵 환자들에게 진심으로 추천할 만한 곳이다. 그러나 이 요양원에는 폐결핵 환자들뿐만 아니라 온갖 부류의 환자들, 남자건 여자건, 심지어 아이들까지도 머무르고 있다. 레안더 박사는 매우 다양한 분야에서 내보일 만한 성과를 거두고 있다. 이곳에는 귓병까지 앓고 있는 시의원 부인 슈파츠 여사 같은 위장병 환자들, 심장에 이상이 있는 사람들, 뇌연화증 환자들, 류머티즘 환자들과 신경쇠약 환자 등 갖가지 증세를 보이는 사람들이 머물고 있다. 당뇨병을 앓고 있는 어느 장군은 끊임없이 불평을 늘어놓으며 이곳에서 자기 연금을 소비하고 있다. 수척한 얼굴의 남자 몇 명은 자제하지 못하고 다리를 움직이는데, 그런 모습은 결코 좋은 징조가 아니다. 50살 난 목사 부인 횔렌라우흐 여사는 19명의 아이를 낳았고 더는 아무런 사고의 능력도 없는데 마음의 평안을 얻지 못하고 있다. 그녀는 몹쓸 불안감에 사로잡혀 일 년 전부터 개인 간병인의 팔에 의지한 채 멍하니 아무 말 없이, 섬뜩한 인상을 풍기며 무작정 온 요양원을 헤매고 다닌다.

방에 누워 있으면서 식사 때에도, 휴게실에도 나타나지 않는 '중환자'들 가운데 이따금 누군가 죽기도 하지만 아무도 그 사실에 대해 알지 못한다. 옆방에 있는 사람조차도 알지 못한다. 밀랍처럼 굳은 그 환자는 조용한 밤에 치워지고, '아인프리트' 요양원의 업무는 방해받지 않고 계속된다. 마사지, 전기요법과 주사, 샤워, 목욕, 체조, 한증 요법과 산소흡입 등의 치료가 현대의학의 모든 성과물이 갖춰져 있는 다양한 공간에서 이루어지고 있다……

그렇다. 이곳 자체의 일은 활기차게 돌아가고 있다. 요양원은 번창하고 있다. 새 손님들이 도착하면 곁채의 입구에 있는 문지기가 커다란 종을 울린다. 그리고 오스털로 양과 함께 레안더 박사는 온갖 격식을 갖추어 요양원을 떠나는 사람들을 마차 있는 데까지 배웅한다. 얼마나 다양한 인간들이 이미 '아인프리트' 요양원에 머물다 갔던가! 심지어는 무슨 광물인가 보석인가 하는 이름을 가진 어느 작가도 여기에 머물고 있는데, 그는 이곳에서 세월을 축내고 있는 특이한 인간이다.

말이 나온 김에 하는 얘기지만, 이곳엔 레안더 박사 말고도 의사가 한 명 더 있다. 이 사람은 가벼운 증세의 환자나 가망이 없는 환자들을 담당하고 있다. 그의 이름은 뮐러인데, 전혀 언급할 가치가 없는 인물이다.

2

1월 초에 클뢰터얀 상사를 경영하는 거상 클뢰터얀 씨가 자기 부인을 '아인프리트' 요양원으로 데리고 왔다. 수위가 종을 울리자, 폰 오스털로 양이 먼 길을 찾아온 일행을 일 층 접견실에서 맞이했다. 모든 귀족 가문의 오래된 집이 거의 다 그렇듯이 접견실은 순전히 나폴레옹 시대의 예술 양식[01]으로 훌륭하게 꾸며져 있었다. 곧이어 레안더 박사도 모습을 드러냈다. 그

01 1800~1820년대에 유행했던 복고풍의 실내장식 양식으로 19세기 말에 다시 한번 크게 유행했다.

는 몸을 숙여 인사를 했고, 양측에서 서로를 소개하는 첫 대화가 펼쳐졌다.

바깥에는 매트가 덮인 화단, 눈 덮인 동굴들과 고립된 작은 정자들이 들어서 있는 겨울 정원이 있었다. 요양원의 일꾼 두 명이 격자로 된 정문 앞 도로에 주차한 마차에서 새로 온 손님들의 트렁크를 끌고 왔다. 요양원으로 들어오는 진입로가 없었기 때문이다.

"천천히, 가브리엘레, 여보, 테이크 케어(take care). 입은 다물어요." 클뢰터얀 씨가 정원을 통과하여 부인을 데려오면서 말했었다. 그 여자를 본 사람이라면 누구나 다정하고 가슴이 찡하도록 진심으로 그의 말에 공감했을 것이다. 클뢰터얀 씨가 서슴없이 그 말을 독일어로 할 수 있었다는 사실을 부인할 수 없겠지만 말이다.

일행을 역에서 요양원으로 태우고 온 마부는 섬세한 감정이라곤 없는 거칠고 아둔한 사내였다. 그는 거상이 마차에서 내리는 자기 아내를 부축하는 동안, 그는 기절하리만치 엄청나게 신중하게 한답시고 이빨들 사이로 혀를 내밀고 있던 참이었다. 정말이지, 두 마리의 갈색 말들은 고요한 찬 공기 속에서 입김을 내뿜으면서 눈알을 뒤로 굴리며 긴장한 채, 너무나 허약한 이 여성의 우아함과 부드럽고 사랑스러운 매력에 잔뜩 마음을 졸이며 이 불안한 과정을 지켜보는 것 같았다.

이 젊은 부인은 기관지를 앓고 있었다. 클뢰터얀 씨가 발틱 해안에서 '아인프리트' 요양원의 주임 의사에게 보낸 입원신청서에는 그 점이 특히 강조되어 있었다. 폐병이 아닌 것만 해도 얼마나 다행인가! 새로 입원하는 이 여성이 설령 폐병 환자이었다 하더라도, 우람한 체격의 남편 곁에서 연약하고 지친 모습으로 하얀 에나멜 칠을 한, 직선형의 팔걸이 안락의자에 등을 기댄 채 대화를 따라가고 있는 지금보다 더 사랑스럽고 더 고상하며, 더 매력적이고 물질에 초연한 모습을 보여 줄 수는 없었을 것이다.

소박한 결혼반지 외에는 아무런 장식도 하지 않은 아름답고 창백한 그녀의 두 손은 무거운 재질의 어두운색의 천으로 만든 치마의 무릎 주름 속에 편안히 놓여 있었다. 그리고 그녀는 칼라가 빳빳하게 서고, 몸에 꼭 끼는 은회색 상의를 입고 있었다. 그 상의에는 온통 우단으로 짠 아라비아 무늬가 층층이 수놓아져 있었다. 그러나 이 묵직하고 따뜻한 옷감은 이루 말할 수 없는 다정함과 달콤함 그리고 피곤해 보이는 그녀의 귀여운 머리를 더욱더 감동적이고 더없이 순결하고 사랑스러워 보이게 했다. 목덜미 깊숙이 내려뜨려 하나의 매듭으로 묶은 연한 갈색 머리카락은 매끄럽게 뒤로 빗겨 넘겨져 있었다. 다만 오른쪽 관자놀이 언저리에서 묶이지 않은 한 가닥 곱슬곱슬한 머리털이 이마로 흘러내리고 있었다. 그 옆으로는 두드러지게 그려 넣은 눈썹 위로 작고 기묘한 느낌을 주는 연푸른 실핏줄이 갈라져 나와 있어서, 거의 투명해 보이는 이마의 티 없이 맑은 모습과 대비되어 병약한 인상을 주었다. 눈 위의 이런 푸른 실핏줄이 곱고 갸름한 얼굴 전체를 불안하게 지배하고 있었다. 그 실핏줄은 부인이 말을 시작하자마자, 아니, 그녀가 미소를 띠기만 해도 더욱 눈에 띄게 드러났다. 그러면 그녀의 얼굴에 어떤 긴장감과 심지어 뭔가 안절부절못하는 표정이 나타났는데, 이런 표정은 막연하게 보는 사람의 마음을 불안하게 만들었다. 그럼에도 불구하고 그녀는 말을 하고 미소도 지었다. 그녀는 약간 가성이 섞인 목소리로 발랄하고 다정하게 말했다. 그녀는 조금 피곤하게 바라보는 눈가에 미소를 띠기도 했다. 아닌 게 아니라 때때로 그녀의 눈은 약간 초점이 흔들리는 듯했다. 좁은 콧부리의 양쪽에 닿아 있는 눈의 안쪽 구석엔 깊은 그늘이 드리워져 있었다. 그녀는 또한 아름답고 큰 입으로 미소를 지었다. 그녀의 입은 창백하지만 빛나는 것처럼 보였는데, 그것은 아마도 입술의 윤곽이 무척 또렷하고 선명했기 때문일 것이다. 그녀는 가끔 잔기침했다. 그럴 때면 그녀는 손수건을 입에 갖다 대고서 그것을 살펴보았다.

"기침하지 말아요, 가브리엘레." 클뢰터얀 씨가 말했다. "힌츠페터 박사가 왕진 왔을 적에 기침하지 말라고 당신에게 특별히 당부했잖소, 달링. 그냥 정신만 차리면 돼요, 여보. 이미 말한

대로, 기관지 때문이야." 그는 거듭해서 말했다. "기침하기 시작했을 때 나는 정말이지 폐병인 줄 알고 덜컥 겁이 났지 뭐요. 하지만 폐는 아니야. 아무렴, 아니고말고. 우리가 결코 그런 병에 걸려들 리 없지. 안 그래요, 가브리엘레? 허, 허!"

"물론입니다." 레안더 박사가 이렇게 말하면서 안경알을 번득이며 그녀를 바라보았다.

곧이어 클뢰터얀 씨는 커피를, 정확히 말하면 커피와 버터 바른 빵을 달라고 부탁했다. 그는 '커피'의 "ㅋ"자를 목구멍 아주 깊은 곳에서 소리 내고, '보터 바른 빵'이라고 말할 때는 누구라도 식욕이 돋지 않을 수 없게 실감 나게 말하는 방법을 구사할 줄 알았다.

그는 자기가 원한 것을 받았고, 자신과 부인이 묵을 방도 배정받았다. 그리고 그들은 여장을 풀었다.

말이 나온 김에 하는 말인데, 레안더 박사는 이 환자의 경우에는 뮐러 박사에 의뢰하지 않고 직접 진료를 맡기로 했다.

3

새로 입원한 이 여성 환자는 '아인프리트' 요양원에서 비상한 관심을 불러일으켰다. 그런 반응에 익숙한 클뢰터얀 씨는 사람들이 그녀에게 바치는 온갖 흠모를 내심 만족스럽게 받아들였다. 당뇨병을 앓고 있는 장군은 그녀를 처음 본 순간 잠시 불평을 그쳤고, 비쩍 마른 얼굴을 가진 남자들은 그녀가 가까이 오면 미소를 지으며 다리의 경련을 억제하려고 애썼고, 시의원 부인 슈파츠 여사는 연상의 친구로서 금방 그녀와 단짝이 되었다. 그렇다. 클뢰터얀 씨의 성을 가진 이 여성은 굉장한 인상을 주었다! 몇 주 전부터 '아인프리트'에서 시간을 보내고 있던 어떤 작가는 낯선 느낌을 주는 별난 사람으로 어떤 보석을 연상시키는 이름을 갖고 있었다. 클뢰터얀 부인이 복도에서 그를 스치고 지나가는 순간 그는 안색이 달라졌으며, 그녀가 사라진 지 이미 한참 되었는데도 그 자리에 붙박인 듯이 멈춰 서 있었다.

이틀도 채 지나지 않아 요양원에 묵고 있는 모든 환자가 클뢰터얀 부인의 내력을 소상히 알게 되었다. 그녀는 브레멘 태생이었다. 그것은 그녀가 말할 때면 발음을 약간 애교 있게 비튼 데서 알 수 있었다. 그리고 그녀는 브레멘에서 2년 전에 거상 클뢰터얀 씨의 청혼을 받아들였다. 그녀는 저 위쪽 지방 발트 해안에 있는 그의 고향 도시로 그를 따라갔으며 열 달 전쯤 아주 힘들고 위험한 상황에서 감탄할 만큼 생기가 넘치고 튼튼하게 생긴 아들이자 상속자를 낳아 그에게 안겨 주었다. 이 끔찍한 며칠을 겪고 난 이후부터 그녀는 다시 기력을 회복하지 못했다. 물론 아이를 낳기 전에도 그녀가 과연 기력이 넘쳤는지는 모를 일이긴 하다. 그녀는 산고를 치르느라 극도로 지치고 탈진

한 상태에서, 자리에서 일어나자마자 기침을 하다가 피를 조금 토했다. — 물론 많은 양은 아니고 무의미할 정도로 적은 양의 피였다. 그렇지만 피가 보이지 않았더라면 더 좋았을 뻔했다. 그런데 염려스러운 것은, 심각하진 않은 것 같아도 그와 똑같은 기분 나쁜 일이 얼마 지나지 않아서 되풀이되었다는 사실이었다. 그 증세를 다스리기 위한 여러 가지 치료법이 있었는데, 집안의 주치의인 힌츠페터 박사가 그 방법들을 이용했다. 의사는 절대 안정을 권했고, 얼음조각을 삼키게 하기도 했고, 기침 증세를 가라앉히기 위해 모르핀을 복용하도록 했으며, 될 수 있으면 마음의 안정을 취하도록 했다. 그러나 회복의 기미는 보이지 않았다. 대단한 우량아로서 엄청나게 원기 왕성한 안톤 클뢰터얀이 막무가내로 삶에서 자기 자리를 차지하고 요구하는 사이에 젊은 아기 엄마는 희미하고 조용한 불꽃 속에서 사라져 가고 있는 것 같았다…… 이미 말한 대로 문제는 기관지였는데, 힌츠페터 박사의 입에서 나온 이 한마디가 놀랍게도 모든 사람의 기분을 위로하며, 안심시켰고, 거의 쾌활한 분위기를 자아내게 할 정도였다. 하지만 비록 폐에 문제가 있는 것이 아니라 하더라도 힌츠페터 박사는 치료를 앞당기기 위해서 당장이라도 온화한 기후조건에 있는 요양원에 머무는 것이 바람직하다는 소견을 최종적으로 밝혔다. 그리고 그에 따른 나머지 조처는 '아인프리트' 요양원과 그 원장의 명성이 다 해결해 주었다.

클뢰터얀 부인이 이곳에 들어온 경위는 대강 그러했다. 클뢰터얀 씨는 자기 부인에 대해 관심을 보이는 사람은 누구에게나 자신이 직접 그 이야기를 들려주었다. 그는 큰 소리로, 경박하게, 그리고 자기의 증권시세처럼, 소화능력도 아주 좋은 그런 남자의 말투로 기분 좋게 말했다. 그는 쑥 내민 입술을 크게 벌려 움직여가며, 북쪽 해안가 출신답게 장황하면서도 매우 빠른 속도로 말했다. 그는 많은 말을 쏟아냈기 때문에 음 하나하나가 마치 소량의 전류를 방전하는 것 같았다. 이렇게 말한 다음에는 자기의 농담이 사람들에게 제대로 먹혔다는 듯 웃어대었다.

클뢰터얀 씨는 중키에 어깨가 떡 벌어지고 강건했으며 다리는 짧았다. 얼굴은 통통하고 불그스레했고, 연푸른색 두 눈은 아주 밝은 금발의 속눈썹에 가려 그늘져 있었고, 콧구멍은 크고 입술은 촉촉하게 젖어 있었다. 그는 영국식 구레나룻을 기르고 있었고, 완전한 영국식 복장을 하고 있었는데, '아인프리트' 요양원에서 부모와 귀여운 세 자녀, 그리고 그들의 보모를 포함한 영국인 가족을 만나 몹시 기뻐했다. 그 가족이 여기에서 머무는 단 하나의 이유는 그들이 어디에서 지내야 할지 몰랐기 때문이다. 그래서 클뢰터얀 씨는 매일 아침 이 가족과 아침 식사를 했다. 그는 워낙 많이 잘 먹고 마시는 것을 좋아했고, 자신이 요리와 음식에 관한 한 진짜 전문가라는 점을 과시했고, 고향에서 지인들에게 베푼 저녁 식사에 대해 얘기하고, 그뿐만 아니라 이곳 사람들은 잘 모르는 어떤 특별한 요리를 묘사하면서 요양원 사람들을 무척 즐겁게 했다. 이런 이야기를 할 때면 그의 두 눈은 다정한 표정을 지으며 지그시 감겼고, 그의 목소리는 약간의 입천장소리와 콧소리를 계속 유지하면서, 목구멍에서는 가볍게 입맛을 쩝쩝 다시는 듯한 소리가 동시에 흘러나왔다. 어느 날 저녁 그가 복도에서 룸서비스를 담당하는 아가씨와 상당히 보기 민망할 정도로 농담하는 것이 '아인프리트' 요양원에 머무르고 있는 어느 작가의 눈에 띄었다. 이런 걸로 보아 그 작가는 원칙적으로 세속적인 다른 즐거움들도 싫어하지 않는 사실이 증명되었다. — 그것은 하찮으면서도 우스꽝스러운 일이었지만, 그 작가는 가소롭다는 듯이 역겨워하는 표정을 지어 보였다.

클뢰터얀 씨 부인에 대해 말하자면, 그녀가 남편을 진심으로 좋아하고 있다는 것을 명백하고 분명하게 확인할 수 있었다. 그녀는 미소를 띠면서 남편의 말과 동작에서 눈을 떼지 않았다. 그러나 그것은 아픈 사람들이 건강한 사람들에게 보내는 지나친 배려의 표시가 아니라, 자신의 처지에 만족하는 사람들이 확신에 차서 자기들의 삶을 표현하는 것을 지켜보는 마음씨 고운 환자들이 느끼는 애정 어린 기쁨과 관심의 표시였다.

클뢰터얀 씨는 '아인프리트'에 오래 머물지 않았다. 그는 부인을 이곳으로 데리고 왔었다. 그러나 일주일이 지난 후 그녀가 좋은 대접을 받으며 확실한 보호를 받고 있다는 것을 알고는 그는 더 이상 오래 지체하지 않았다. 아내를 돌보는 일과 마찬가지로 중요한 의무들, 즉 한창 자라고 있는 자식을 보살피고, 마찬가지로 번창하는 사업을 관리하는 일 때문에 그는 고향으로 돌아갈 수밖에 없었다. 이런 일들로 인해 그는 극진한 간호를 받는 부인을 남겨두고 이곳을 떠나지 않으면 안 되었다.

4

몇 주일 전부터 '아인프리트'에 묵고 있는 그 작가는 슈피넬이라고 하는데, 정확히 말하면 그의 이름은 데플레프 슈피넬이었으며, 그의 외모는 기이했다.

체격이 당당한 삼십 대 초반의 갈색 피부를 가진 남자를 상상해보면 될 것이다. 관자놀이 부근의 머리카락은 벌써 눈에 띄게 희끗희끗해지기 시작했지만, 동그랗고 하얀, 약간 부어오른 얼굴엔 수염이 자란 흔적이 보이지 않는다. — 자세히 들여다보면 면도한 흔적도 없다는 것을 알 수 있을 것이다. 얼굴이 부드럽고, 윤곽이 뚜렷하지 않아 소년 같은 인상을 주었으며, 군데군데 몇 오라기의 솜털이 나 있을 뿐이었다. 바로 이 점이 아주 특이해 보였다. 담갈색의 반짝이는 눈의 시선은 부드러운 표정을 짓고 있었으며, 코는 두툼하고 살집이 좀 심하게 많았다. 그

밖에도 슈피넬 씨는 고대 로마인처럼 윗입술이 아치형으로 둥글고 숨구멍이 드러나 보였으며, 커다란 충치가 있고 보기 드물게 커다란 발을 갖고 있었다. 다리를 사정없이 떠는 남자들 중 한 사람은 냉소적이며 짓궂게, 그가 없는 데서 그에게 "삭은 젖먹이"라는 별명을 붙여주었다. 하지만 그 별명은 악의적이었고, 슈피넬 씨에게 거의 들어맞지도 않았다. — 그는 기다란 검은색 상의에 색색으로 점이 박힌 조끼를 입고서, 제법 유행에 맞는 옷을 입고 다녔다.

그는 사람들과 잘 어울리지 않았고 어느 누구와도 마음을 터놓고 지내지 않았다. 다만 때때로 사교적이고 다정하며 뭔가 넘쳐나는 듯한 기분에 사로잡힐 때가 있었는데, 그런 일은 슈피넬 씨가 심미적 상태에 빠질 때마다 일어났다. 가령 무엇인가 아름다운 것을 본다든가, 두 가지 색이 조화를 이룬 모습이나 고상한 형태의 꽃병을 본다든가, 저녁노을에 비친 산악의 풍경에 그야말로 경탄할 정도로 매료된다든지 할 때면 늘 그랬다. 그럴 때면 그는 고개를 옆으로 기울이고 어깨를 으쓱하면서, 양손을 뻗고 코를 벌름거리고 입술을 씰룩거리며 이렇게 말하곤 했다. "얼마나 아름답습니까! 세상에, 저것 좀 보세요. 얼마나 아름다운지!" 그는 그런 감동적인 순간에는 남녀를 불문하고 상대방이 아무리 지체가 높은 사람이라 할지라도 무작정 목을 얼싸안을 수 있을 지경이었다……

그가 쓴 책은 그의 방에 들어오는 사람이면 누구나 볼 수 있게 늘 책상 위에 놓여 있었다. 그 책은 적당한 분량의 소설이었는데, 표지는 완전히 혼란스러운 도안으로 장정이 되어 있었고, 커피 여과지 같은 종이에 인쇄된 활자 하나하나는 마치 고딕 성당처럼 보였다. 폰 오스털로 양은 한가한 시간에 잠시 짬이 나서 15분 동안 그 소설을 읽고는 "노련한" 작품이라고 생각했다. 그것은 "끔찍하게 지루한" 책이라는 평가를 에둘러 말할 때 그녀의 표현방식이었다. 그 소설의 이야기가 펼쳐지는 무대는 상류사회의 살롱이었다. 고블랭 직물, 아주 오래된 골동품 가구, 값비싼 도자기, 값도 매길 수 없는 물품들과 온갖 종류의 예술적 귀중품 등 정선된 물건들이 가득 차 있는 부인들의 풍성한 내실이 소설의 무대였다. 작가는 그러한 물건들을 묘사하는 데 애정 어린 가치를 각별하게 두었고, 그럴 때마다 슈피넬 씨가 코를 벌름거리며 "얼마나 아름답습니까! 세상에, 보세요, 얼마나 아름다운지!" 하고 끊임없이 말하는 모습을 보는 듯했다…… 어쨌든 그가 이 한 권의 소설 말고는 아직 더는 책을 쓰지 않았다는 사실은 이상하다고 생각할 수밖에 없었다. 보아하니 그는 정열적으로 글을 쓰는 것 같았기 때문이다. 그는 하루 대부분을 자기 방에서 글을 쓰면서 보냈고, 엄청나게 많은 편지를 우편으로 부쳤는데, 거의 매일 한두 통씩은 되었다. — 그가 편지를 받는 일이 좀처럼 없었다는 사실은 그저 이상하고 우습게 보였을 뿐이었다.

5

슈피넬 씨는 식탁에서 클뢰터얀 부인의 맞은편에 앉아 있었다. 요양객 일동이 참석한 첫 식사 때에 그는 곁채의 일 층에 있는 커다란 식당에 좀 늦게 나타나서 나지막한 목소리로 좌중을 향해 인사를 하고는 자기 자리로 가서 앉았다. 그는 고개를 숙여 인사를 하고는 다소 당황한 기색을 역력히 드러내며 식사를 하기 시작했다. 그러자 레안더 박사는 그다지 격식을 차리지 않고 새로 온 사람들에게 그를 소개했다. 그는 잘생긴, 커다랗고 하얀 두 손으로 상당히 부자연스럽게 나이프와 포크를 움직였는데, 그의 두 손은 아주 꼭 끼는 소매 밖으로 삐져나와 있었다. 그러다가 그는 나중에 여유를 갖게 되어 느긋하게 클뢰터얀 씨와 그의 부인을 번갈아 가면서 바라보았다. 클뢰터얀 씨도 식사하는 중에 '아인프리트' 요양원의 시설과 기후에 관해 그에게 몇 가지 질문을 하거나 언급을 했는데, 그의 부인도 애교 있게 끼어들어 남편의 말을 두어 마디 거들었다. 슈피넬씨는 이들의 질문에 정중하게 답해 주었다. 그의 목소리는 온화하고 상당히 편안한 느낌을 주었다. 그러나 그는 마치 이빨이 혀에 걸리기라도 한 것처럼 다소 더듬거리며 질질 끌면서 말하곤 했다.

식사가 끝나고 사람들이 휴게실로 자리를 옮기고 레안더 박사가 특히 새로 온 손님들에게 식사 잘하셨기를 바란다고 말했을 때 클뢰터얀 씨의 부인은 맞은편에 앉았던 사람에 관해 물었다.

"그분 성함이 뭐라고 하셨죠?" 그녀가 물었다…… "슈피넬리[02]이라고 했던가요? 제가 이름을 제대로 알아듣지 못했거든요."

"슈피넬리가 아니라…… 슈피넬입니다, 부인. 그 사람은 이탈리아 사람이 아니라 그저 렘베르크[03] 출신에 불과하지요. 제가 알기로는 그렇습니다……"

"뭐라고 했지요? 작가나 뭐 그런 사람이라고요?" 클뢰터얀 씨가 물었다. 그는 편안한 영국식 바지의 주머니에 손을 넣고서 레안더 박사 쪽으로 귀를 기울였는데, 사람들이 대개 주의 깊게 들을 때 그러듯이 입을 벌리고 있었다.

"네, 잘 모르긴 하지만 — 글을 쓴다지요……" 레안더 박사가 대답했다. "제가 알기로는 책을 한 권 냈는데, 장편소설 비슷

---

02 이를테면 니콜라 슈피넬리(Nicola Spinelli 1865-1909)라고 하는 이탈리아의 유명한 작곡가이자 피아니스트도 있어서, 이탈리아인 성(姓)으로 생각될 가능성이 있다.

03 Lemberg는 러시아 남서부에 있는 소도시 이름으로, 1900년 무렵에는 오스트리아 황실의 변방 영지였으며, 당시에 유대인이 많이 살았다.

한 것인가 봐요. 정말 잘은 모르겠습니다만……"

레안더 박사가 되풀이하는 "잘 모르겠다"라는 말은 그가 작가를 전혀 대단하게 평가하지 않고 있으며, 그에 대해서는 어떠한 책임도 지기 싫다는 것을 암시했다.

"그런데 그것참 흥미롭네요!" 클뢰터얀 씨의 부인이 말했다. 그녀는 여태껏 한 번도 작가를 직접 대면해 본 적이 없었던 것이다.

"오, 그럼요" 레안더 박사가 맞장구를 치며 답했다. "어느 정도 명성이 있는 작가라고 합니다만……" 그런 다음 그 작가는 더는 화제에 오르지 않았다.

그런데 얼마 후 새로 온 손님들이 물러가고 레안더 박사 역시 휴게실에서 나가려고 하는데, 이제는 슈피넬 씨가 그를 붙잡고는 역시 같은 질문을 했다.

"그 부부의 이름이 **어떻게** 됩니까? 사실 아무것도 못 알아들었거든요." 그가 물었다.

"클뢰터얀이요" 레안더 박사는 이렇게 대답하고는 이내 다시 나가려고 했다.

"남편 이름이 뭐라고요?" 슈피넬 씨가 물었다.

"**클뢰터얀**이란 말이오!" 레안더 박사는 이렇게 말하고는 자기 길을 갔다. 그는 이 작가를 전혀 대단하게 평가하지 않았던 것이다.

6

클뢰터얀 씨가 고향으로 되돌아간 것까지 벌써 이야기했던가? 그렇다, 그는 다시 발트 해 연안으로 가 머물면서 사업과 아이에 매여 있었다. 막무가내이면서도 생명력이 넘치는 이 어린 것은 자기 어머니에게 너무 많은 고통을 안겨주었으며 기관지에 작은 결함이 생기는 대가를 치르게 했었다. 어쨌든 아이의 어머니인 젊은 부인 자신은 '아인프리트'에 그대로 남아 있었고, 시의원 부인 슈파츠 여사가 연상의 친구로서 그녀의 단짝이 되었다. 그렇다고 해서 클뢰터얀 씨 부인이 다른 요양객들과도 친교를 맺는 데 방해가 되지는 않았다. 이를테면 그녀는 슈피넬 씨와도 친하게 지냈는데, 그는 처음부터 클뢰터얀 부인에게 특별히 예우하고 어떠한 시중이라도 들어줄 태세로 그녀를 대해 모두를 깜짝 놀라게 했다. (그는 이제껏 누구하고도 마음을 터놓고 지내지 않았기 때문이다.) 클뢰터얀 부인은 엄격하게 짜인 일과 중 허용되는 자유시간이 되면 싫지 않은 마음으로 그와 한담을 나누었다.

그는 엄청나게 신중하면서도 공손한 태도로 그녀에게 다가가 조심스럽게 가라앉은 목소리로만 말을 했기 때문에 귀 질환이 있는 시의원 부인 슈파츠여사는 대개는 그가 한 말을 전혀 알아듣지 못했다. 그는 커다란 발의 뒤꿈치를 세우고 클뢰터얀 씨의 부인이 부드럽게 미소 지으며 기대고 있는 안락의자로 다가가서 두 걸음 간격을 띄고 멈춰 서더니, 한쪽 다리는 뒤로 빼고 상체를 숙인 채 다소 더듬거리고 질질 끄는 어투로 나직하면서도 호소력 있게 이야기했다. 그러면서 그녀의 얼굴에 지치거나 싫증 난다는 기색이라도 보일라치면 언제라도 재빨리 물러나 사라질 태세를 하고 있었다. 그렇지만 그가 그녀를 싫증 나게 하지는 않았다. 그녀는 그에게 자신과 시의원 부인 옆으로 와서 앉기를 요청했고, 그에게 어떤 질문을 던지고는 미소를 지으며 호기심 어린 표정으로 그의 말에 귀를 기울였다. 그도 그럴 것이, 때때로 그가 하는 말은 그녀가 이제껏 한 번도 접해보지 못했을 정도로 재미있고도 신기하게 들렸기 때문이다.

"당신은 대체 무엇 때문에 '아인프리트'에 계시는 건가요?" 그녀가 물었다. "무슨 요양이 필요하신가요, 슈피넬 씨?"

"요양이라고요?…… 얼마간 충전을 좀 하려고요. 아니, 그건 들먹일 가치도 없는 이유이지요. 왜 여기에 와있는지, 부인께 말씀드리지요. — 이곳의 건축양식 때문입니다."

"아, 그렇군요!" 클뢰터얀 씨의 부인은 그렇게 말하고는, 마치 무엇인가를 이야기하려는 아이들한테 그런 시늉을 하듯이 손으로 턱을 괸 채 과장된 열성을 보이며 그의 쪽으로 몸을 돌렸다.

"그렇습니다, 부인. '아인프리트'는 온통 나폴레옹 시대의 분위기로 차 있지요. 제가 들은 바로는 이곳은 예전에는 성이었는데, 어떤 군주의 여름 별장이었다고 합니다. 이 곁채는 그러니까 후대에 증축된 것이지만, 본채는 오래된 진짜입니다. 그런데 제게는 이런 나폴레옹 시대 양식의 건축물이 없으면 도무지 견딜 수 없을 때가 있습니다. 어느 정도라도 마음의 평안을 얻기 위해서는 이런 건물에서 지내는 것이 꼭 필요할 때가 있지요. 선정적일 정도로 부드럽고 쾌적한 가구들 사이에 있으면 기분이 색다르고, 그런가 하면 이러한 직선형의 탁자나 안락의자 그리고 커튼의 주름들 사이에 있을 때는 또 다른 느낌이 드는 것은 분명합니다…… 이 밝음과 견고함, 이 냉정하고 단호한 단순함과 절제된 엄격함을 대하노라면 저는 자세가 가다듬어지고 품위를 얻게 됩니다, 부인. 그러한 것은 결국 지속해서 내면을 정화 시키고 원기를 회복시켜 주며 저를 윤리적으로 고양시켜 줍니다. 의심할 여지 없이……"

"그렇군요. 그것참 기이한 일이네요." 그녀가 말했다. "어쨌든 애를 좀 쓰면 저도 무슨 말인지 이해할 것 같아요."

그러자 그는 구태여 애를 쓸 만한 문제는 아니라고 대꾸했다. 그러고서 그들은 함께 웃었다. 시의원 부인 슈파츠 여사도 웃으면서 그의 말이 기이하다고 생각했다. 그러나 그녀는 자신이 그 말을 이해하겠노라고 말하지는 않았다.

휴게실은 널찍하고 아름다웠다. 바로 붙어있는 당구장으로 통하는 높고 하얀 양 날개 문은 활짝 열려 있었다. 그곳에서는 다리를 제대로 못 가누는 신사들과 다른 몇몇 사람들이 당구를 즐기고 있었다. 다른 쪽으로는 유리문을 통해 넓은 테라스와 정원을 내다볼 수 있었다. 유리문 옆에는 피아노가 놓여 있었다. 초록색 커버를 씌운 카드놀이용 탁자가 있었는데, 거기에서는 당뇨병을 앓고 있는 장군이 몇몇 다른 신사들과 함께 휘스트[04] 게임을 하고 있었다. 부인네들은 책을 읽거나 뜨개질을 하고 있었다. 철제 난로가 방을 덥혀주고 있었지만, 정작 사람들이 한담을 나누는 쾌적한 장소는 우아한 양식의 벽난로 앞이었다. 난로 안에는 타는 듯이 붉은 종이테이프를 붙여 만든 모조 석탄이 들어 있었다.

"당신은 아침에 일찍 일어나는 사람이더군요, 슈피넬 씨" 클뢰터얀 씨의 부인이 말했다. "아침 일곱 시 반에 건물 밖으로 나가시는 것을 어쩌다 두어 번 본 적이 있어요."

"일찍 일어나는 사람이라고요? 아, 그건 사실과 아주 다릅니다, 부인. 어찌된 일인가 하면, 제가 일찍 일어나는 것은 제가 원래 늦잠을 자는 사람이기 때문이지요.

"무슨 말인지 설명해주셔야겠어요, 수피넬 씨" 시의원 부인 슈파츠 여사도 설명해주기를 원했다.

"그러니까…… 원래 일찍 일어나는 사람이라면 그렇게까지

04 영국에서 유래한 카드놀이의 일종으로 브리지 게임의 원조이다.

일찍 일어날 필요가 없을 거라는 생각입니다. 양심이라는 것은요, 부인…… 양심이란 고약한 것입니다! 저나 저 같은 부류의 사람들은 말입니다. 우리는 평생 양심과 실랑이를 벌이는데요, 이래저래 양심을 속이면서도 약삭빠르게 약간은 만족시켜주어야 하니까 정신없이 분주하답니다. 우리는 쓸모없는 존재들이지요. 저와 저 같은 부류의 인간은 다 그렇지요. 어쩌다 드물게 찾아오는 좋은 시간들을 제외하면 우리는 우리 자신이 쓸모없다는 생각에 질질 끌려다니느라 상처 입고 병이 들지요. 우리는 유용한 것을 증오합니다. 우리는 유용한 것이 천박하고 아름답지 않다는 것을 알고 있으며, 이러한 진실을 옹호합니다. 꼭 필요한 진실만을 옹호한다는 자세로 말입니다, 그러면서도 우리는 우리 자신에게 더 이상 온전한 구석이라곤 없다는 양심의 가책에 시달립니다. 게다가 우리 내면의 모든 존재 방식, 우리의 세계관과 작업방식은…… 끔찍할 정도로 불건전하고, 자신을 서서히 망가트리며, 심신을 소모 시키는 작용을 합니다, 그리고 그 때문에도 상황이 더 악화하지요. 그런데 약간의 진정제가 있기는 합니다. 그것마저 없으면 우리는 그 상황을 도무지 배겨내지 못하겠지요. 예컨대 우리 가운데 몇몇 사람은 어느 정도 절도를 지키고 엄격하게 위생적인 생활을 할 필요가 있다는 겁니다. 그러니까 일찍, 지독하게 일찍 일어나고, 냉수욕하고, 눈이 와도 바깥에 나가 산책을 해야 하는 식이지요…… 그렇게 하면 아마 한 시간 정도는 우리 자신에게 약간은 만족할지도 모릅니다. 평소대로 나 자신을 내버려 두면 저는 오후가 되도록 잠자리에 누워있을 겁니다. 정말입니다. 제가 일찍 일어난다면, 그건 사실 위선입니다."

"아니에요, 어째서요, 슈피넬 씨? 저는 그것을 극기라고 하겠어요…… 그렇지 않나요, 슈파츠 여사님?" — 시의원 부인 슈파츠 여사도 그것을 극기라고 했다.

"위선 아니면 극기겠지요, 부인! 어떤 단어를 선택해야 할지. 저는 괴로울 정도로 정직하게 고민하는 성격이라서, 저는……"

"그게 문제에요. 정말 당신은 너무 고민이 많아요."

"그래요, 부인. 저는 고민이 많습니다."

— 좋은 날씨가 계속되었다. 이 일대는 하얀 눈으로 덮여 차갑고 깔끔한 인상을 주었다. 바람 소리도 없고 맑게 갠 추운 날씨에 눈부시게 밝은 양지와 푸르스름한 그늘 속에 산들과 집과 정원이 자리하고 있었다. 또한 무수히 많은 가물거리는 작은 발광체들과 반짝이는 수정들이 어울려 춤추고 있는 듯이 보이는 연푸른색 하늘은 둥근 천장 모양을 이루며 티 없이 맑게 온 누리를 덮고 있었다. 클뢰터얀 씨의 부인은 이 무렵 그럭저럭 지내고 있었다. 열도 없었고, 기침도 거의 하지 않았으며 그다지 큰 메스꺼움 없이 식사도 했다. 그녀는 처방받은 대로 자주 햇

볕이 내리쬐는 추위 속에 몇 시간씩 테라스에 앉아 있기도 했다. 담요와 털옷으로 꽁꽁 싸매고 눈 속에 앉아서, 기관지에 도움이 되도록 희망에 가득 차 맑고 찬 공기를 들이마셨다. 그럴 때면 간혹 슈피넬 씨가 그녀의 눈에 띄기도 했다. 그도 역시 따뜻하게 옷차림하고, 발을 몹시 커 보이게 하는 털 부츠를 신고 정원을 거닐고 있었다. 그는 무언가를 더듬어 찾는 듯한 걸음걸이로, 어딘지 모를 신중함과 경직된 우아함이 느껴지는 자세로 팔짱을 끼고는 눈 속을 걸어 다녔다. 그러다가 테라스 쪽으로 올 때면 그녀에게 정중하게 인사를 하곤 했다. 그리고 아래 몇 계단을 올라와 짧은 대화를 하기 시작했다.

"오늘, 아침 산책을 하던 중에 아름다운 한 여인을 보았습니다…… 아, 그녀는 정말 아름다웠습니다.!" 그는 이렇게 말하면서 머리를 옆으로 기울이며 두 손을 쫙 폈다.

"정말이에요, 슈피넬 씨? 어떻게 생긴 여자인지 좀 애기해 주세요!"

"아니요, 전 그럴 수 없습니다. 혹여 제가 그녀에 대한 잘못된 이미지를 전해 드리게 될지 모르니까요. 그 숙녀분을 지나가면서 곁눈질로 흘끗 본 것이지, 사실은 제대로 보지 못했거든요. 하지만 그녀의 희미해진 그림자를 얻은 걸로 제 상상력을 자극하고, 또 아름다운 이미지를 담아오기에는 충분했습니다…… 아, 정말 아름다웠습니다!"

그녀가 웃었다. "당신은 그런 식으로 미인들을 관찰하시나 보죠, 슈피넬 씨?"

그렇습니다, 부인. 상스럽게 현실적인 욕망을 품고 아름다운 여인들의 얼굴을 빤히 들여다보고 실제로는 결점이 있다는 인상을 받는 것보다는 이런 방식이 더 좋은 방식이지요……"

"현실적인 욕망…… 그것참 묘한 말이에요" 정말 작가다운 말이에요, 슈피넬 씨! 그렇지만 그 말은 제게 인상적으로 다가온다고 말씀드리고 싶어요. 그 말속에는 저도 약간은 이해하는 여러 가지 요소가 들어 있네요. 심지어 현실을 존중하는 태도를 철회하는, 무언가 독립적이면서 자유로운 것이 담겨있어요. 현실이 존재하는 것 중에서 가장 존중할 만한 것임에도 말이죠. 물론 현실은 존중할 만한 것, 그 자체인데도 말이지요…… 그렇게 보면 구체적으로 손에 잡히는 명백한 것 말고도 무언가가 있다는 것을 이해하겠어요. 무언가, 좀 더 미묘한 무언가가 존재한다는 것을 말이에요……"

"저는 그저 단 하나의 얼굴을 알고 있을 뿐입니다" 그는 갑자기 이상야릇하게 기뻐하는 어조로 말하며, 주먹을 불끈 쥔 두 손을 어깨 쪽으로 올렸고, 기뻐 어쩔 줄 모르는 미소를 짓자 그의 벌레 먹은 이빨들이 드러나 보였다…… "저는 다만 얼굴 하나를 알고 있을 뿐입니다. 그 얼굴에 나타나 있는 그대로의 고상한 모습을 저의 상상력으로 고치려고 한다는 것은 죄를 짓는 일일 것입니다. 저는 그 얼굴을 마냥 바라보고 싶습니다. 몇 분, 몇 시간이 아니라, 제 평생 말입니다. 온통 그 얼굴에 푹 빠져들어 세상일은 모두 잊어버리고 싶답니다……"

"그렇군요. 그래요, 슈피넬 씨. 그런데요, 폰 오스털로 양은 꽤 쫑긋 솟아 있는 귀를 갖고 있던데요."

그는 말문을 닫고 몸을 깊이 숙였다. 그가 다시 몸을 일으켜 섰을 때, 그의 두 눈은 당혹스럽고 고통스러운 표정을 띠면서 작고 기이한 느낌을 주는 그녀의 실핏줄 위에 머물렀다. 속이 다 들여다보일 정도로 선명한 그녀의 이마에 퍼져있는 그 실핏줄은 파리한 색깔에 병약한 느낌을 주었다.

7

괴짜야, 정말 별난 괴짜야! 클뢰터얀 씨의 부인은 가끔 슈피넬 씨에 대해 생각했다. 그녀는 사색할 시간이 매우 많았기 때문이다. 공기를 바꾼 효과가 사라지기 시작했거나, 혹은 분명히 어떤 확실하게 해로운 영향을 받았는지, 그녀의 건강 상태는 더 나빠졌다. 그녀의 기관지 상태가 심히 걱정스러운 조짐을 보이면서 그녀는 기운이 없다고 느꼈으며, 피곤하고, 입맛이 없었고, 종종 열이 나기도 했다. 그러면 레안더 박사는 그녀에게 절대적인 휴식을 취하고, 안정을 취하고 조심할 것을 권유했었다.

그래서 그녀는 누워있지 않아도 될 때는 시의원 부인 슈파츠 여사를 벗 삼아 조용히 앉아서, 무릎에 있는 뜨개질거리에는 손도 대지 않고, 이런저런 생각에 잠기곤 했다.

그랬다. 그가 그녀에게 생각할 거리를 마련해 주었다. 이 기이한 슈피넬 씨가 말이다. 그런데, 여기서 이상한 일은 그녀가 그 사람에 대해서라기보다 자신에 대해서 더 많이 생각한다는 것이었다. 그는 모종의 방식으로 그녀 안에 묘한 호기심을, 그녀 자신의 존재에 대해 지금까지 한 번도 가져본 적 없는 관심을 불러일으켰던 것이다. 그것은 어느 날 그가 대화를 나누다가 이런 말을 한 적이 있었기 때문이다.

"아닙니다, 여자들이란 수수께끼 같은 존재들입니다…… 전혀 새로운 사실도 아닌데, 그런 사실을 접하면 또 놀라지 않을 수 없습니다. 말할 수 없이 아름다운 여인이 하나 있다고 합시다. 바람의 요정 같은 여인, 향기로만 이루어진 존재, 꿈 같은 동화에나 나오는 존재이지요. 그런데 그녀가 무얼 하고 있을까요? 그녀는 시정잡배나 푸줏간 머슴 같은 사람한테 가서 그놈에게 자신을 내맡깁니다. 그녀는 그놈의 팔짱을 끼고 와서는, 어쩌면 그의 어깨에 머리를 기대기까지 하면서 환하게 미소 지으며 주위를 둘러봅니다. 마치 이런 말을 하려는 것처럼 말이지요. 그래, 이런 모습을 보자니, 너희들 골머리깨나 아프겠구나! — 아닌 게 아니라 우린 골머리가 아픕니다." —

클뢰터얀 씨의 부인은 이 말을 몇 번이고 곱씹어 보았었다.

또 어느 날에는 시의원 부인 슈파츠 여사를 놀라게 한 다음과 같은 대화가 그들 사이에 오고 간 적도 있었다.

"부인(이건 시건방진 일인지도 모른다), 실례지만 제가 좀 여쭤봐도 되겠습니까? 성함이 어떻게 되십니까? 원래 이름 말입니다."

"제 이름은 클뢰터얀이잖아요, 슈피넬 씨!"

"음. — 그건 저도 알고 있습니다. 아니, 오히려 저는 그 이름을 인정하지 않는다고 하는 편이 낫겠습니다. 저는 당연히 당신 자신의 이름, 즉 당신의 처녀 적 이름을 여쭤보는 겁니다. 당신을 '큘뢰터얀 부인'이라고 부르려는 사람은 회초리를 맞아도 싸다는 걸 당신은 마땅하다고 인정하시겠지요."

그녀는 이 말을 듣고 어찌나 웃어댔던지 눈썹 위의 푸른 실핏줄이 걱정스러울 정도로 분명하게 불거져 나와 그녀의 여리고 사랑스러운 얼굴에는 긴장하고 난처한 기색이 역력해졌으며 몹시 불안한 표정이었다.

"아니에요! 당치도 않아요, 슈피넬 씨! 회초리라니요? '클뢰터얀'이라는 이름이 당신에겐 그렇게 끔찍스러운가요?"

"그렇습니다, 부인. 저는 그 이름을 처음 들었을 때부터 마음속 깊이 증오하고 있습니다. 이 이름은 우스꽝스러운 데다가 절망적이리만치 추합니다. 관습을 따른다고 하며 당신에게 남편의 이름을 갖다 붙이는 것은 야만적이고 파렴치한 짓입니다."

"그럼, '에크호프'는요? 에크호프는 좀 더 나은가요? 제 아버지의 이름이 에크호프거든요."

"오, 그것 보십시오! '에크호프'는 전혀 다른 느낌을 줍니다! 에크호프[05]는 심지어 위대한 배우의 이름이기도 했습니다. 에크호프라면 괜찮아요. 그런데 아버지 이름만 말씀하셨는데, 당신 어머니의 이름은……"

"예, 저희 어머니는 제가 아직 어렸을 때 돌아가셨어요."

"아 — 그럼 조금만 더 당신의 이야기를 들려주십사고 부탁해도 될까요? 당신을 너무 지치게 하는 일이라면 안 하셔도 됩니다. 그러면 쉬세요, 그럼 제가 파리에 관한 이야기를 계속하도록 하지요. 요전처럼 말이지요. 하지만 당신은 아주 낮은 목소리로 이야기하실 수 있겠지요. 그래요, 당신이 속삭이듯 말한다면 모든 것이 더 멋지게 들릴 겁니다…… 당신은 브레멘에서 태어났다고 하셨지요?" 그는 소리를 죽여 거의 들리지 않게 이렇게 물었다. 마치 브레멘이라는 도시가 이루 형언할 수 없는 모험과 숨겨진 아름다움으로 가득 찬, 비길 데 없는 도시라서, 그곳에서 태어났다는 것만으로도 신비롭고 고귀한 기품을 얻기라도 하듯이, 경외심에 가득 찬 의미심장한 표정으로 말했다.

05 18세기 말 유명한 연극배우였던 콘라트 에크호프(Konrad Eckhof 1720-1778)를 가리킨다.

"그래요, 그렇게 생각하시는군요! 저는 브레멘 출신이에요." 그녀가 자기도 모르게 말했다.

"저도 언젠가 그곳에 가본 적이 있습니다." 그가 생각에 잠겨 말했다. ㅡ

"어머나, 당신도 **그곳에** 가보셨다고요? 아니, 이보세요, 슈피넬 씨. 그럼 튀니지와 슈피츠베르겐 군도(群島)[06] 사이에 있는 모든 곳을 다 가보셨겠군요!"

"예, 언젠가 그곳에 가본 적이 있습니다." 그는 같은 말을 되풀이했다. "저녁에 몇 시간 잠깐 머물렀었지요. 어떤 오래된 좁은 골목길이 생각납니다. 그 길에 늘어선 합각머리 지붕 위로 달이 비스듬히 떠 있어서 기이한 느낌이 들었지요. 그러고 나서 포도주와 곰팡내가 나는 어느 주점에 들어갔지요. 그때 일이 아직 또렷이 기억납니다만……"

"정말이세요? 거기가 어디쯤이었을까요? ㅡ 맞아요, 그런 합각머리 지붕이 얹힌 회색 집에서 제가 태어났어요. 마룻바닥이 울리고 복도엔 하얀 락카칠이 되어 있는 유서 깊은 상인의 집에서요."

"그러니까 아버님께선 상인이셨군요?" 그는 약간 주저하

06 북아프리카의 튀니지와 북극해의 슈피츠베르겐 군도는 당시 유럽 사람들이 선호하는 여행지였다.

면서 물었다.

“그래요. 하지만 그것 말고도 아버지의 본업은 정작 예술가일지도 몰라요.”

“아! 그렇군요! 어느 정도 수준이셨나요?”

“바이올린을 연주하셔요…… 하지만 그건 그리 중요하지 않아요. 아버지께서 어떻게 연주하셨는지, 바로 그게 중요하지요, 슈피넬 씨! 몇몇 곡은 참 이상하리만치 뜨거운 눈물을 흘리지 않고는 결코 들을 수가 없었습니다. 평소에는 어떤 일에도 그런 적이 없는데 말이지요. 당신은 이 말을 못 믿으시겠지요……”

“믿습니다! 아, 믿고말고요!…… 말씀해 주세요, 부인. 당신의 집안은 아마 유서 깊은 가문이겠지요? 그 회색 합각머리 지붕 집에서 아마 이미 여러 세대가 살았고 일을 하다가 생을 마감했겠지요?”

“맞아요. — 그런데 그런 건 왜 물으시지요?”

“실제적이고, 시민적이고 또 무미건조한 전통을 가진 가문이 그 명을 다 할 즈음 예술을 통해 다시 한번 빛나는 일이 드물지는 않기 때문이지요.”

“그런가요? — 맞아요. 제 아버지와 관련해서 말씀드리자면, 자신을 예술가라 자처하며 명성을 누리며 사는 일부 예술가들보다 아버지는 확실히 더 예술가다웠죠. 저는 피아노만 조금

칩니다. 지금은 그나마도 치면 안 되지만요. 하지만 당시만 해도 집에서 피아노를 쳤었죠. 아버지와 함께 연주했었어요…… 그래요, 그 모든 시절이 제겐 소중한 추억으로 남아 있어요. 특히 정원이 생각나네요, 우리 집 뒤에 있는 그 정원이요. 정원은 한심할 정도로 황폐하게 방치되어 잡초가 무성하게 자랐고, 조각조각 부서지고 이끼 낀 담장에 둘러싸여 있었죠. 하지만 바로 그런 점이 무척 매력적이었어요. 정원 한가운데에는 화환 모양으로 빼곡히 들어선 붓꽃에 둘러싸인 분수가 있었어요. 여름이면 저는 친구들과 함께 그곳에서 몇 시간씩 보내곤 했지요. 우리는 분수 주위에 작은 야외용 의자를 놓고 모두 빙 둘러앉아 있곤 했지요……"

"정말 멋지군요" 슈피넬 씨는 이렇게 말하며 양어깨를 들썩였다. "그렇게 앉아서 노래를 불렀나요?"

"아니에요, 대개 뜨개질을 했어요."

"어쨌든요…… 아무렴 어때요……"

"그랬어요, 우리는 뜨개질을 하며 수다를 떨었죠, 여섯 명의 여자 친구들과 제가 말이에요……"

"정말 멋지군요! 아, 어떻게 그리 멋질 수가 있습니까!" 이렇게 소리치는 슈피넬 씨의 얼굴은 완전히 일그러져 있었다.

"그런데 **제 이야기에서** 뭐가 그렇게나 특별히 멋지다고 생각하시나요, 슈피넬 씨?"

"아, 그건, 당신을 제외하고 여섯 명이었다는 점, 당신은 이 여섯 명에 포함되어 있지 않았고, 당신은 마치 여왕처럼 그 친구들 중에서 돋보였다는 것입니다…… 당신은 여섯 명의 친구들 중에서 단연 빼어난 존재였던 겁니다. 전혀 눈에는 보이진 않지만, 당신의 머리 위에 얹힌 작은 황금 왕관이 의미심장하게 반짝이고 있었다고나 할까요……"

"아니에요, 당치 않은 말씀이세요, 왕관이라니 말도 안 돼요……"

"아닙니다, 왕관은 은밀하게 반짝이고 있었습니다. 저는 그걸 봤을 겁니다. 당신이 분수 주위에 앉아 있던 그 시간 중 어느 때에 제가 눈에 띄지 않게 덤불 숲속에 서 있었다면, 당신의 머리에 얹혀 있는 그 왕관을 똑똑히 보았을 겁니다……"

"당신이 보았더라도 누가 믿겠어요. 하지만 당신은 그곳에 서 있지도 않았고, 어느 날 저의 아버지와 함께 덤불 속에서 밖으로 걸어 나온 사람은 지금의 제 남편이었어요. 아버지와 남편이 우리 친구들의 수다까지도 죄다 엿들었을까 봐 겁이 났습니다……"

"그러니까 당신이 남편을 처음 만난 장소가 바로 거기였군요, 부인?"

"맞아요. 거기서 그이를 알게 되었죠!" 그녀는 큰소리로 즐겁게 말했다. 그녀가 미소를 짓자 푸르스름한 실핏줄이 팽팽히

당겨지면서 그녀의 눈썹 위로 묘하게 불거져 나와 기이한 느낌을 주었다. “있잖아요, 그 사람은 사업상의 일 때문에 아버지를 찾아온 거였어요. 다음 날 그 사람은 저녁 식사에 초대되었고, 그로부터 사흘 뒤에 제게 청혼을 했어요.”

“정말입니까! 그 모든 일이 그렇게 비정상적으로 빨리 진행되었단 말입니까?”

“그랬어요…… 말하자면, 그때부터는 조금 천천히 진행되었어요. 이걸 아셔야 해요, 사실 아버지가 이 혼사를 전혀 내켜하지 않으셨기 때문이었습니다. 아버지는 좀 더 시간을 갖고 생각해 보자는 조건을 다셨지요. 첫째로 아버지는 저를 곁에 두고 싶어 하셨고, 그다음으로는 다른 우려도 하셨기 때문이었지요. 하지만……”

“하지만이라니요?”

“하지만 제가 바로 결혼하길 **원했어요**.” 그녀가 미소 지으며 말했다. 다시금 그 담청색 실핏줄로 인해 몹시도 사랑스러운 그녀의 얼굴에 난처하고 아픈 기색이 역력해졌다.

“아, 당신이 결혼하길 원하셨군요.”

“네, 그리고 당신이 보시다시피, 저는 아주 확고하고 당당하게 의사 표시를 했지요……”

“제가 보고 있는 바와 같이요. 그랬군요.”

“…… 그래서 아버지는 결국 뜻을 굽힐 수밖에 없었답니다.”

"그렇게 해서 당신은 아버지와 아버지의 바이올린을 떠나버렸군요. 유서 깊은 집과 잡초가 무성한 정원과 분수와 여섯 명의 친구들을 버리고 클뢰터얀 씨와 함께 떠나버렸군요."

"그리고 함께 떠나버렸다…… 말투가 독특하시네요, 슈피넬 씨! 거의 성서에서 쓰는 말투군요! — 그렇지요, 저는 모든 것을 두고 떠나갔지요, 자연이라는 것이 그렇게 하길 원하니까요."

"그래요, 자연이 그걸 원하겠지요."

"그리고 그건 저의 행복이 달린 문제였지요."

"물론입니다. 그리고 그것이 찾아왔군요, 행복이……"

"그런 행복이 찾아온 건, 슈피넬 씨, 사람들이 귀여운 안톤, 우리 어린 안톤을 처음 제게 데려왔을 때였어요. 그리고 그 애가 작지만 건강한 폐로 우렁차게 울음을 터뜨렸을 때도 행복했지요. 원래 생긴 대로 힘차고 건강한 소리로 말이죠……"

"부인께서 어린 안톤의 건강 얘기를 하시는 걸 듣는 게 이번이 처음이 아닙니다, 부인. 아이가 분명 무척 건강한가 보지요?"

"그렇답니다. 또 우스울 만큼 제 남편을 빼닮았지 뭐예요!"

"아! — 예, 그렇게 된 이야기로군요. 그래서 부인은 더 이상 에크호프가 아닌 다른 이름으로 불리는 데다가, 건강한 어린 안톤이 있으며, 기관지 때문에 좀 고생하고 계시고요."

"그렇답니다. — 그런데 **선생님은** 아주 정말 수수께끼 같은 분이세요, 슈피넬 씨. 그건 제가 장담합니다……"

"그래요, 틀린 말이 아니에요, 댁은 정말 수수께끼 같은 사람이 맞아요." 시의원 부인 슈파츠 여사가 말했다. 그러고 보니 그녀도 여전히 그 자리에 있었던 것이다.

그런데 클뢰터얀 씨의 부인은 이번 대화도 마음속으로 여러 번 곱씹어 보았다. 별 내용이 없는 대화였지만 그 대화의 배경에는 그녀 자신에 대한 생각을 부추기는 몇 가지 요소가 감춰져 있었다. 바로 **이런 것이** 그녀의 건강에 해로운 영향을 끼쳤을까? 그녀의 허약 상태는 더욱 심해졌고, 자주 열이 나기도 했다. 그것은 잔잔한 격정의 양상을 띠었는데, 그녀는 차분하게 고양된 감정으로 그 격정 속에 머물고 있었다. 그녀는 생각에 잠겨 자만심과 자기 만족감에 젖은 채, 또 약간은 기분이 상한 채로 그 온화하게 고양된 감정에 자신을 맡겼던 것이다. 그녀의 건강 상태가 침대에 누워있어야 할 정도가 아닐 때면, 또한 슈피넬 씨가 큰 발의 뒤꿈치를 들고 엄청나게 조심스럽게 그녀에게 다가가 두 걸음 간격을 두고 멈춰 서서 한쪽 다리를 뒤로 뺀 채 상체를 굽혀 인사를 하고는, 경외심에 차서 가라앉은 목소리로 그녀에게 말을 건네곤 할 때면, 마치 조심스럽고 경건한 마음으로 그녀를 부드럽게 높이 들어올리기라도 하듯이, 또 어떤 요란스러운 소리도, 현세의 그 무엇도 그녀에게 감히 범접하지 못할 구름 담요 위에 그녀를 눕혀놓기라도 하듯이…… 그럴 때면 그녀는 클뢰터얀 씨가 "조심해요, 가브리엘레, 테이크케어 take care, 나의 사랑스러운 천사, 그리고 입을 다물어요!"라고 말하곤 하던 말투가 생각났다. 마치 그가 호의적으로 누군가의 어깨를 힘차게 툭툭 치는 듯한 효과를 내는 말투 말이다. 하지만 그러고 나서 그녀는 재빨리 그런 생각에서 벗어났으며, 슈피넬 씨가 봉사하는 심정으로 그녀에게 마련해준 구름 담요 위에 누운 채 몸은 허약하지만 고양된 기분으로 편안히 휴식을 취했다.

그러던 어느 날 그녀는 자신의 출신과 청소년기에 대해 슈피넬 씨와 나누었던 그 짤막한 대화를 뜬금없이 다시 떠올렸다.

"그러니까 그게 사실인가요, 슈피넬 씨? 왕관을 보셨던 것 같다는 말씀 말이에요."라고 그녀가 물었다.

그 두서없는 대화를 나눈 지도 벌써 2주가 지났음에도 불구하고 그는 그녀가 무슨 말을 하고 있는지 금방 알아차렸다. 그는 흥분에 들뜬 말로 그녀에게 확인해주었다. 자신은 당시 그녀가 여섯 명의 여자 친구들 사이에서 분숫가에 앉아 있었을 때 작은 왕관이 반짝거리고 있는 것을, — 그녀의 머리에서 은밀하게 반짝이고 있는 것을 보았다고.

며칠 후 어떤 요양객이 인사말로 집에 있는 어린 안톤이 잘 지내고 있느냐고 그녀에게 물었다. 그러자 그녀는 가까이에 있던 슈피넬 씨를 재빨리 흘깃 쳐다보면서 약간 지루하다는 듯 대답했다.

"고마워요. 애한테 뭐 별일 있겠어요? — 애와 남편은 잘 지내고 있어요."

8

2월 말, 영하의 어느 날, 지난 어느 날들보다 더 맑고 햇볕이 많이 내리쬐던 날, '아인프리트' 요양원은 온통 기분이 들떠 있었다. 심장에 이상이 있는 사람들은 뺨이 벌겋게 달아오른 채 자기들끼리 이야기에 열중하고 있었으며, 당뇨병 환자인 장군은 소년처럼 콧노래를 부르고 있었고, 다리를 제대로 가누지 못하는 신사들은 기뻐서 도통 어쩔 줄을 몰라 하고 있었다. 무슨 일이 일어났던 것인가? 모두가 함께 나들이 나갈 것이라는 계획 외에 별일은 아니었다. 여러 대의 썰매 마차를 나누어 타고 방울 소리와 채찍 소리를 울리며 산속으로 소풍 가기로 되어 있을 뿐이었다. 레안더 박사가 환자들의 기분전환을 위해 그런 결정을 내렸던 것이다.

물론 '중환자들'은 요양원에 남아 있어야만 했다. 불쌍한 '중환자들'! 사람들은 서로 쳐다보며 고개를 끄덕였고, 그들에게 소풍계획에 대해 일체 아무것도 알리지 않기로 약속했다. 약간의 동정심을 발휘하며 다른 사람들을 배려할 수 있다는 것은 대부분 사람에게 기분 좋은 일이었다. 하지만 즐거운 소풍에 충분히 함께 갈 수 있었을 사람 중에서도 몇몇은 빠졌다. 폰 오스털로 양으로 말할 것 같으면, 그녀는 아무런 어려움 없이 양해를 받았다. 그녀처럼 여러 가지로 책임이 막중한 사람은 썰매 소풍을 진지하게 생각하지 않아도 되었다. 요양원 살림이 그녀에게 무조건 상시 근무를 요구했다. 아무튼 간단히 말해 그녀는 '아인프리트'에 남아 있게 되었다. 하지만 클뢰터얀 씨 부인 역시 요양원에 남아 있겠다는 의사를 밝히자 다들 기분이 언짢아졌다. 레안더 박사가 썰매를 타고 신선한 공기를 좀 쐬어보라고 설득했지만 아무 소용이 없었다. 그녀는 기분이 내키지 않는 데다, 편두통이 있고 기운이 없다고 주장했기 때문에 사람들은 그녀의 뜻을 받아들일 수밖에 없었다. 하지만 냉소적인데다 시시한 농담하기를 좋아하는 자는 이 기회에 한마디 말했다.

"두고 보시오. 그러면 저 삭은 젖먹이 작자도 안 갈 거요."

그런데 그의 말은 적중했다. 슈피넬 씨가 자기는 오늘 오후에 일하려 한다고 알려왔기 때문이다. — 그는 자신의 모호한 활동에 대해 '일한다'라는 단어를 쓰는 것을 매우 좋아했다. 말이 나온 김에 하는 얘긴데, 그가 소풍에 빠지고 남아 있겠다고 해서 애석해하는 사람은 아무도 없었다. 마찬가지로 시의원 부인 슈파츠 여사가 자기는 마차를 타면 '뱃멀미'가 난다며 손아래 여자 친구의 말동무가 되어주기를 결심한 사실에도 사람들은 그다지 마음 아파하지 않았다.

그날은 이미 12시경에 시작된 점심 식사가 끝나자 곧바로 '아인프리트' 건물 앞에 썰매 마차들이 대기하고 있었다. 요양객들은 따뜻한 복장으로 온몸을 감싼 채, 활기찬 분위기에서 그룹으로 나뉘어, 호기심으로 마음이 들떠서 정원을 거닐었다. 클뢰터얀 씨 부인은 시의원 부인 슈파츠 여사와 함께 테라스로 나가는 유리문 곁에 서 있었고, 슈피넬 씨는 마차가 출발하는 것을 보기 위해 자신의 방 창문가에 서 있었다. 그들은 사람들이 농담하고 폭소를 터트리면서 서로 제일 좋은 자리를 차지하려고 작은 실랑이를 벌이는 모습, 또 폰 오스털로 양이 모피 목도리를 목에 두른 채 한쪽 마차에서 다른 쪽 마차 사이를 분주히 오가며 먹거리가 든 바구니들을 좌석 아래로 밀어 넣는 광경, 그리고 레안더 박사가 털모자를 이마에 걸친 채 안경알을 번득이며 다시 한번 전체 상황을 살펴보고는 자기도 자리를 잡고 앉아 출발신호를 보내는 모습 등을 지켜보았다…… 말들이 썰매를 끌자 몇몇 숙녀들은 비명을 지르며 벌렁 나자빠지기도 했다. 마차 방울들이 딸랑거렸고, 목이 짧은 채찍이 후려치는 소리를 내자 긴 채찍 끈들이 썰매의 활주목 뒤쪽 눈 속에서 질질 끌려가고 있었다. 폰 오스털로 양은 정원 문가에 서서 미끄러지듯 달리는 썰매들이 국도로 접어들어 사라지고, 즐겁게 왁자지껄하는 소리가 들리지 않을 때까지 손수건을 흔들며 배웅했다. 그러고 나서 그녀는 자신의 소임을 다하기 위해 정원을 가로질러 서둘러 요양원 건물로 되돌아왔으며, 두 숙녀는 유리문 가를 떠났다. 거의 동시에 슈피넬 씨 역시 밖을 내다보고 있던 곳에서 돌아섰다.

'아인프리트'에는 정적이 감돌았다. 소풍 나간 사람들은 저녁이 되기 전에는 돌아올 리가 없었다. '중환자들'은 각자의 방 안에 누워 앓고 있었다. 클뢰터얀 씨 부인과 그녀의 손위 여자 친구는 잠깐 산책을 한 다음 각기 자기 방으로 돌아갔다. 슈피넬 씨도 자기 방에 있었는데, 자기 나름대로 일을 하고 있었다. 4시경에 두 숙녀에게는 각각 우유 반 리터씩 제공되었으며, 슈피넬 씨는 가벼운 차를 받았다. 그리고 잠시 후 클뢰터얀 씨 부인이 자신의 방과 시의원 부인 슈파츠 여사의 방 사이의 벽을 두드리며 말했다.

"휴게실로 내려가지 않으실래요, 시의원 부인? 저는 여기서 뭘 시작해야 할지 더는 모르겠어요."

"금방 갈게요, 부인!" 시의원 부인이 대답했다. "괜찮으시다면, 장화만 신으면 돼요, 내가 침대에 누워있었거든요."

기대했던 대로 휴게실은 비어 있었다. 숙녀들은 벽난로 가에 자리를 잡았다. 시의원 부인 슈파츠 여사는 자수용 캔버스 한쪽에 꽃을 수놓았고, 클뢰터얀 씨의 부인 역시 몇 바늘 수를 놓다가 뜨개질감을 무릎에 내려놓더니, 앉아 있던 안락의자의 팔걸이 너머로 허공을 바라보면서 몽상에 빠져들었다. 마침내 그녀는 무슨 말을 한마디 했는데, 그것 때문에 구태여 입을 열 필요가 없는 말이었다. 그런데도 시의원 부인 슈파츠 여사가 "뭐라고요?"라며 물었기 때문에 클뢰터얀 부인은 자존심이 상했으나 문장 전체를 반복할 수밖에 없었다. 그러자 시의원 부인 슈파츠 여사가 또다시 "뭐라고요?"라고 물었다. 바로 그 순간 방 바깥 마루에서 발소리가 커지더니, 문이 열렸고, 슈피넬 씨가 들어왔다.

"방해되나요?" 그는 문턱에 선 채로 부드러운 목소리로 물었다. 그러면서 그는 오로지 클뢰얀 씨 부인만 쳐다보면서 어딘가 모르게 부드러우면서도 몸이 허공에 붕 뜬 듯한 자세로 상체를 앞으로 숙였다…… 젊은 부인은 이렇게 대답했다.

"에이, 무슨 방해가 되겠어요? 일단 이 방은 누구나 자유롭게 들어올 수 있는 곳으로 정해졌잖아요, 슈피넬 씨. 그리고 우리가 무슨 대단한 일을 하고 있다고 선생님이 우리를 방해하시겠어요. 그러지 않아도 제가 분명 시의원 부인을 지루하게 해드리고 있다는 느낌이 들던 참인걸요……"

그는 이런 말에 더는 아무런 대답도 찾지 못하고, 그냥 웃으면서 충치를 드러내 보이다가, 숙녀들이 지켜보는 가운데 매우 부자연스러운 걸음걸이로 유리문까지 걸어가는가 싶더니, 그곳에 멈추어 서서 다소 무례하게도 숙녀들에게 등을 돌린 채 바깥을 내다보았다. 그러고는 그는 뒤로 몸을 반쯤 돌리고, 계속 정원을 내다보며 이렇게 말했다.

“해가 사라졌네요. 모르는 사이에 하늘에 구름이 덮였어요. 날이 벌써 어두워지기 시작하는군요.”

“정말 그러네요. 온 사방이 어둑어둑하네요” 클뢰터얀 씨 부인이 대답했다. “날씨를 보아하니, 소풍 간 우리 요양객들은 눈을 맞을지도 모르겠어요. 어제는 이 시간쯤에 날이 환했는데, 지금은 벌써 어두워지고 있네요.”

“아이 뭐”라며 그가 말했다. “지난 몇 주 동안 내내 날이 너무 밝기만 했는데, 이제 좀 어두운 건 눈에 좋지요. 저는 아름다운 것과 천박한 것을 똑같이 부담스러울 정도로 뚜렷하게 비춰주는 해가 드디어 조금이나마 구름에 가려서 감사할 지경이랍니다.”

“해를 좋아하지 않으세요, 슈피넬 씨?”

“저는 화가가 아니니까요…… 해가 없으면 더 진지해지지요. — 회백색의 두터운 구름층이네요. 어쩌면 내일 눈 녹는 날씨가 된다는 징조인지도 모르겠군요. 말이 나왔으니 말이지만, 다시 저기 뒤편의 뜨개질거리 쪽을 보시라고 권하고 싶지는 않습니다, 부인."

"아이, 뭐, 그런 걱정은 하지 마세요. 어차피 저는 일할 생각은 없어요. 하지만 그럼 뭘 시작해야 할까요?"

그는 피아노 앞에 있는 회전의자에 자리를 잡고 앉아서, 한쪽 팔을 악기의 뚜껑에 기대고 있었다.

"음악……"이라고 그가 말했다. "지금 음악을 조금 들을 수 있게 된다면 얼마나 좋을까요! 가끔 영국 아이들이 흑인들 노래를 부르는데, 그게 전부잖아요."

"그리고 어제 오후에는 폰 오스털로 양이 아주 급하게 '수도원의 종들'을 연주했지요."라며 클뢰터얀씨 부인이 한마디 했다.

"하지만 부인은 연주할 줄 아시잖아요." 그가 부탁하듯이 말하며 일어섰다…… "부인은 예전에 아버님과 함께 매일 음악을 연주하셨습니다."

"그래요, 슈피넬 씨, 그건 옛날얘기예요! 분숫가에서 놀던 때였잖아요……"

"오늘 음악을 연주해 주십시오!"라고 그가 부탁했다. "오늘 한번 몇 소절만 들을 수 있게 해 주세요! 제가 얼마나 애타게 원하는지 아신다면……"

"우리 가정의는 물론 레안더 박사님도 제게 분명하게 그걸 금지하신걸요, 슈피넬 씨"

"그 사람들은 지금 없잖아요. 가정의도 없고, 레안더 박사도 없어요! 우리는 자유롭습니다…… 부인은 자유롭다고요! 시시해도 좋으니 몇 개의 화음만이라도……"

"안 돼요, 슈피넬 씨, 그렇게는 안 돼요. 당신이 제게서 얼마나 멋진 연주를 기대하고 있을지 모르니까요! 그리고 이제 저는 모두 다 잊어버렸어요. 믿어주세요. 외워서 칠 수 있는 곡은 거의 아무것도 없어요."

"오, 그러시다면 바로 그것 거의 아무것도 없는 그것을 연주해주십시오! 그리고 악보는 여기 얼마든지 있어요. 여기 피아노 위에 있군요. 아니, 여기 이건 별것 아니고. 하지만 여기 쇼팽의 곡이 있네요……"

"쇼팽이라고요?"

"예, 야상곡입니다. 그럼 이제 제가 촛불 켜는 일만 남았군요……"

"제가 연주할 거로 생각하지 마세요, 슈피넬 씨! 저는 그래서는 안 되거든요. 그게 제 건강에 해가 되면 어쩌려고요?!"

그는 아무런 말도 하지 않았다. 그는 피아노 연주를 위해 켜 놓은 두 개의 촛불 불빛을 받고 서 있었으며 두 손을 아래로 내려뜨렸다. 이때 그의 커다란 두 발과 검은색 긴 외투와 희끗희끗하고 듬성듬성해진 머리카락에, 턱수염이 없는 얼굴의 윤곽이 희미하게 드러났다.

"그럼 더는 부탁드리지 않겠습니다." 그가 마침내 나지막이 말했다. "부인, 몸에 해로울까 봐 염려되신다면, 당신의 손가락 아래에서 소리를 내고 싶어 하는 그 아름다움을 말없이 죽어 있도록 내버려 두십시오. 부인께선 늘 이 정도로 사려 깊지는 않으셨어요. 적어도 지금과 정반대였을 때에는, 그 아름다움을 포기할 때만큼은 그렇지 않았습니다. 부인께서 작은 황금 왕관을 내려놓고 분수를 떠날 때는 자신의 몸을 걱정하지 않았고 더없이 당당하고 더없이 확고한 의지를 보여 주었습니다…… 그런데 말입니다." 그는 잠시 쉬었다가 말을 했는데, 목소리는 더욱더 가라앉아 있었다. "예전에 아버님께서 부인 곁에 서서, 부인을 울게 만들었던 바로 그 곡조를 바이올린으로 켜시던 그때처럼, 부인이 지금 여기 앉아 피아노를 연주하신다면…… 부인의 머리에서 황금 왕관이 빛나는 것을 다시 몰래 지켜볼 수 있을 것입니다. 그 작은 황금 왕관 말입니다……"

"정말인가요?" 그녀는 이렇게 물으면서 미소를 지었다…… 우연히도 이 말을 할 때 그녀의 목이 잠겨서, 반쯤은 쉰 소리가 났고, 반쯤은 아예 목소리가 나오지 않았다. 그녀는 잔기침하더니 이렇게 말을 했다.

"선생님이 거기 가지고 있는 악보가 정말 쇼팽의 야상곡인가요?"

"물론입니다. 악보가 여기 펼쳐져 있습니다. 모든 준비가 다

되어 있어요."

"그렇다면 그중 한 곡만 연주해 볼게요." 그녀가 말했다. "그렇지만 딱 한 곡이에요, 아시겠어요? 그럼 당신도 어차피 그것으로 만족하셔야 할 겁니다."

그렇게 말하고 그녀는 자리에서 일어나서 자수 일거리를 옆으로 치우고는 피아노 쪽으로 다가갔다. 그녀는 제본된 악보집이 몇 권 놓인 회전의자에 자리를 잡고 앉더니 촛불을 가지런히 세워 놓고는 악보를 뒤적거렸다. 슈피넬 씨는 의자 하나를 그녀의 옆쪽으로 끌어오더니 마치 음악 선생처럼 그녀 곁에 자리를 잡고 앉았다.

그녀는 쇼팽의 야상곡 작품 9의 제2번 내림 마장조(Es-Dur, Opus 9, Nummer 2)를 연주했다. 그녀가 정말로 배운 것을 좀 잊어버렸다고 한다면, 그녀의 예전 연주 솜씨는 완벽하게 예술적이었음이 틀림없었다. 피아노는 평범한 제품에 불과했지만, 그녀는 처음 몇 부분만 치고 나서도 이미 확실한 감각으로 피아노를 다룰 줄 알았다. 그녀는 미묘한 차이가 있는 음색에 대해서는 신경과민적 감각을 보여 주었고, 환상적 경지까지 이르는 활발한 리듬의 움직임에 대한 기쁨을 드러냈다. 건반을 두드리는 그녀의 솜씨는 확고하면서도 부드러웠다. 그녀의 손길 아래에서의 선율은 그지없이 감미로운 소리를 냈고, 장식음들은 머뭇거리는 듯 우아하게 그녀의 손가락에 휘감겼다.

그녀는 이곳에 도착한 날에 입었던 옷을 입고 있었다. 아라베스크 무늬가 입체적으로 수놓아져 무거운 느낌을 주는 검은색 빌로드 윗도리 차림은 그녀의 머리와 두 손이 지상의 것을 초월한 듯한 우아함을 드러내게 했다. 연주하는 동안 그녀의 표정은 변하지 않았지만, 입술의 윤곽은 더욱 선명해지고, 눈가에 패인 그늘도 더욱 짙어진 것 같았다. 연주를 마치자 그녀는 두 손을 무릎에 올려놓고 악보를 계속 바라보았다. 슈피넬 씨는 소리 없이, 움직이지도 않고 그대로 앉아 있었다.

그녀는 야상곡을 한 곡 더 연주했다. 그리고 두 번째 곡, 세 번째 곡까지 연주했다. 그러고 나서 그녀는 몸을 일으켰다. 그러나 그것은 다만 피아노의 위쪽 덮개 위에서 새 악보를 찾기 위해서였다.

슈피넬 씨는 회전의자에 놓여 있는 검은색 마분지로 장정된 악보집들을 뒤져봐야겠다는 생각이 퍼뜩 들었다. 느닷없이 그는 알아들을 수 없는 소리를 내지르더니, 아무렇게나 방치되어 있던 악보집 중 하나를 커다랗고 하얀 손으로 열심히 뒤적였다.

"이럴 수가!…… 믿어지지 않아!……" 그가 말했다. "그렇지만 내가 착각하고 있는 것도 아니야!…… 이게 무슨 곡인지 아십니까?…… 여기 놓여 있는 이 곡이?…… 제가 여기 들고 있는 이 곡이[07]……?"

"그게 뭔데요?" 그녀가 물었다.

그러자 그는 말없이 그녀에게 표지를 보여 주었다. 그는 얼굴이 완전히 창백해져 악보집을 내려놓고는 입술을 떨며 그녀를 바라보았다.

"정말인가요? 그게 어떻게 여기까지 와 있지요? 이리 줘보세요." 그녀는 이렇게 짧게 말하고는, 보면대 위에 악보를 올려놓고 앉았다. 잠시 정적이 흐른 후에 그녀는 첫 페이지를 연주하기 시작했다.

그는 몸을 앞으로 구부린 채, 두 손을 무릎 사이에 깍지 끼고서는, 고개를 숙이고 그녀 옆에 앉아 있었다. 그녀는 시작 부분을 무절제하고 듣기 고통스러울 정도로 느리게, 또한 음형(音型) 하나하나 사이의 간격을 불안할 정도로 늘어지게 연주했다. 한밤중의 외롭고 방황하는 목소리인 그리움의 모티프는 묻는 쪽의 불안한 심경을 나지막하게 전달하고 있었다. 이것은 정적(靜寂)과 기다림의 표현이었다. 그런데 보라, 응답하는 소리가 울려오는데, 마찬가지로 소심하고 외로운 심경을 나타내는 소리였지만, 다만 조금 더 밝고 조금 더 부드러웠다. 다시 새로운 침묵이 흘렀다. 그때 경이로울 정도로 절제된 강한 음으로 '사

07 바그너의 오페라 〈트리스탄과 이졸데〉를 가리킨다.

랑의 모티프'가 시작되었다. 그것은 마치 열정이 솟구쳐 오르며 더없이 행복하게 갈망이 표현되는 것 같은 느낌을 주었다. 이어지는 음들은 계속 올라가더니 황홀경 속에서 서로 엎치락뒤치락하다가 마침내 달콤하게 뒤엉키는 절정에 이르렀다가 풀어지면서 다시 가라앉았다. 그리고 무겁고 고통스러운 환희를 표현하는 저음의 노래와 함께 첼로들이 등장하여 그 선율을 계속해서 이어 나갔다……

연주자는 이 볼품없는 악기로 오케스트라의 효과들을 암시하고자 시도했던 것인데, 그것은 다분히 성공적이었다. 엄청난 고음으로 올라가는 바이올린 연속음들은 눈부시도록 정확하게 울려 퍼졌다. 그녀는 부자연스러울 정도로 경건한 마음으로 연주했다. 각 부분이 뜻하는 바를 경건하게 표현하려고 애썼으며, 마치 사제가 성체를 자신의 머리 위로 들어 올리는 것처럼 하나하나의 음을 겸허하면서도 분명하게 드러내 보였다. 무슨 일이 일어난 것일까? 두 개의 힘이, 황홀경에 빠진 두 존재가 고통과 지고의 행복을 느끼며 서로를 갈구하다가, 황홀하고도 광기 어린 욕망 속에서 영원하고 절대적인 것을 갈망하며 서로 포옹했다…… 그렇게 서곡은 불타오르다가 다시 사그라졌다. 그녀는 막이 나뉘는 대목에서 연주를 끝내고는, 침묵하며 계속 악보를 바라보고 있었다.

그러는 동안 시의원 부인 슈파츠 여사는 너무나 지루한 나머지, 마치 머리에서 눈알이 튀어나와 죽은 사람같이 공포를 자아내는 인상을 줄 정도로 표정이 일그러지는 지경에 이르렀다. 게다가 이런 종류의 음악은 위 신경에도 영향을 끼쳐서 소화불량의 위장을 불안한 상태로 몰아넣었다. 그래서 시의원 부인은 위경련이 일어나지 않을까 겁이 났다.

"저는 제 방으로 올라가야 할 것 같아요." 그녀는 힘없이 말했다. "잘들 계세요, 다시 돌아올게요……"

그렇게 말하고 그녀는 가버렸다. 어둑어둑하던 날은 한층 더 어두워져 있었다. 밖에서는 테라스 위로 함박눈이 소리 없이 내리고 있었다. 두 개의 양초에서는 얼마 남지 않은 촛불이 하늘거리고 있었다.

"제2막을 연주할 차례입니다." 그가 속삭이듯 말했다. 그러자 그녀는 악보의 페이지를 넘기고는 제2막을 연주하기 시작했다.

호른 소리가 멀리 사라져 버렸다. 어떻게 된 일이지? 혹여 그건 나뭇잎이 바스락거리는 소리였을까? 부드럽게 졸졸 흐르는 샘물의 소리였을까? 밤의 침묵이 어느새 언덕과 집안에 내려앉았고, 아무리 간절히 경고한다 해도 걷잡을 수 없는 그리움을 더는 억제할 수 없었다. 성스러운 비밀이 완성되었다. 촛불이 꺼졌고, 기이한 음색이 갑자기 흐릿하게 울리면서 죽음의 모티프가 뚝 가라앉았다. 그리고 초조하게 몰려오는 그리움은 사랑에 빠진 남자를 향해 하얀 베일을 나풀거렸다. 남자는 두 팔을 활짝 벌리고 어둠을 뚫고 그녀에게 다가갔다.

아, 만물의 영원한 피안에서 아무리 지나쳐도 싫증 나지 않는 결합의 희열이여! 고통스러운 방황을 끝내고, 공간과 시간의 속박에서 벗어나, 그대와 나, 그대의 것과 나의 것이 하나로 녹아들어 숭고한 희열이 되었도다. 낮의 심술궂은 눈속임이 그들을 갈라놓을 수는 있었지만, 마법의 영약을 마시고 생겨난 힘으로, 보는 능력이 주어진 후로는 낮의 허풍스러운 거짓말도 밤의 어둠을 꿰뚫어 보는 그들을 더는 속일 수 없었다. 사랑에 빠진 채 죽음의 밤과 그 밤의 달콤한 비밀을 들여다본 사람에게는, 빛의 광기 속에서도 오직 하나의 그리움만이 남아 있었다. 성스러운 밤, 영원하고, 진실하며, 서로 하나가 되게 하는 그 밤을 기다리는 그리움만이……

아, 이리로 내려오라, 사랑의 밤이여, 그들이 갈망하는 망각을 그들에게 부여하고, 그대의 환희로 그들을 완전히 감싸주고 기만과 이별의 세계에서 그들을 벗어나게 하라! 보라, 마지막 불빛이 꺼졌구나! 생각과 상념은 세상을 구원하면서 광기의 고통 너머로 퍼져나가는 성스러운 저녁노을 속으로 가라앉아 버렸다. 그러고 나서 낮의 속임수가 힘을 잃고, 황홀경에 빠져 내 눈이 번쩍 뜨이면, 바로 그때 낮의 기만으로 인해 내가 배제되어 보지 못한 것, 그 기만이 속임수를 쓰며 내 그리움의 고통을 잠재울 수 없을 정도로 차단한 바로 그것이 눈앞에 나타나는 것이다. — 바로 **그 순간에조차도**, 아, 충족의 경이로움이여! 바로 그 순간에조차 나는 여전히 세상 속에 머물러 있는 것이다. — 그리고 브란게네[08]가 음울한 톤으로 부르는 경고의 노래에 이어 점점 높이 올라가는 바이올린 소리가 뒤따랐는데, 그것은 세상의 모든 지혜보다 더 숭고한 소리였다.

"저는 다 이해하진 못해요, 슈피넬 씨. 꽤 많은 부분은 그저 느낌으로 칠 뿐이에요. 그런데 '그 순간에조차 — 나는 이 세상에 머물러 있다'?"라는 이 말은 무슨 뜻인가요?"

그는 나지막한 목소리로 그녀에게 간단하게 설명해주었다.

"네, 그런 뜻이었군요. — 그런데 어떻게 된 일이죠? 곡은 그렇게 잘 이해하시는 분이 연주를 못하시다니요."

이상하게도 그는 악의 없는 이 질문을 견딜힘이 없었다. 그는 얼굴이 붉어지더니, 두 손을 비비면서, 마치 의자와 함께 가라앉는 것 같았다.

"그게 일치하는 경우는 드문 법이지요." 마침내 그가 고통스러워하며 말했다.

"네, 저는 연주는 못 합니다. — 하지만 연주를 계속하십

---

08 Brangäne: 바그너의 오페라 〈트리스탄과 이졸데〉에 나오는 이졸데의 몸종.

시오."

그리고 그들은 계속해서 신비극[09]의 열광적인 노래들로 넘어갔다. 사랑이 죽은 적이 있었던가? 트리스탄의 사랑이? 그대의 그리고 나의 이졸데[10]에 대한 사랑이? 아, 죽음이 장난질을 쳐도 영원한 사랑에는 도달하지 못하는 법이지! 우리를 방해하는 것, 하나가 된 우리를 속임수를 써서 갈라놓는 것 말고는 그에게서 무엇이 죽어 없어진다는 말인가? '그리고'[11]라는 달콤한 말을 통해 사랑은 그들 두 사람을 연결하였다…… 죽음이 두 사람을 연결하는 끈을 잘라버린 것일까? 한 사람이 자신의 삶을 사는 것과 달리 다른 사람에게 죽음이 찾아왔다면 어떨까? 그런데 어떤 신비스러운 이중창이 사랑의 죽음이라는 이루 형언할 수 없는 희망을 나타내며 그들을 하나로 결합하였다. 밤이라는 경이로운 나라에서 사랑의 죽음으로 영원히 헤어지지 않고 서로 껴안고 있기를 바라는 희망이었다. 달콤한 밤이여! 영원한 사랑의 밤이여! 모든 것을 감싸 안는 더없이 행복한 나라여! 어렴풋이나마 그대를 들여다본 사람이라면 다시 깨어나 어

---

09 Mysterienspiel: 성서의 이야기를 다루는 중세의 신비극. 여기서는 사랑의 신비극(Liebesmystik)을 말한다.

10 여기에서 '그대'는 바그너의 〈트리스탄과 이졸데〉에 나오는 트리스탄을 가리키고, '나'는 작중의 트리스탄과 자신을 동일시하는 슈피넬 씨를 가리킨다.

11 '그대와 나의 이졸데'에서 '그대와' 중에서 '와 und'를 말한다.

떻게 두려움 없이 황량한 낮으로 되돌아갈 수 있겠는가? 거룩한 죽음이여, 두려움을 몰아내어라! 서로 그리워하는 연인들을 다시 깨어나는 괴로움에서 이제는 완전히 벗어나게 하라! 아, 걷잡을 수 없이 폭풍처럼 밀려오는 리듬이여! 아, 반음씩 솟구쳐 올라오는 형이상학적 인식의 황홀경이여! 그들이 그 희열을 어떻게 붙들고, 어떻게 내려놓겠는가? 낮의 빛이 가져다줄 이별의 고통으로부터 동떨어진 그 희열을 말이다! 기만도 불안도 없는 부드러운 갈망이여! 숭고하고, 고통 없는 소멸이여! 이루 헤아릴 수 없는 황홀경에서 맛보는 더없이 행복한 몽롱한 기분이여! 그대 이졸데와, 나 트리스탄은 이제 더는 트리스탄이 아니고, 더는 이졸데가 아닐지니 — — —

그런데 이때 갑자기 깜짝 놀랄 일이 벌어졌다. 연주하는 그녀가 갑자기 멈추더니 한 손을 두 눈 위에 갖다 대고 어둠 속을 살펴보았고, 슈피넬 씨는 앉아 있던 자리에서 황급히 몸을 홱 돌렸다. 복도로 통하는 뒤쪽의 문이 열리더니 한 수상쩍은 형체가 다른 사람의 팔에 의지한 채 휴게실 안으로 들어섰던 것이다. 그건 '아인프리트' 요양객 가운데 한 사람이었다. 그 요양객도 마찬가지로 눈썰매 소풍에 참가할 형편이 못 되었고, 대신 그 어떤 본능에 이끌려 슬픈 마음으로 요양원을 이리저리 배회하는 데 이 저녁 시간을 이용하고 있던 참이었다. 열아홉 명의 아이를 낳았고, 더 이상 사고할 능력이 없는 바로 그 환자, 그녀는 바로, 간병인의 팔에 몸을 의지한 채 나타난 목사 부인 횔렌라우흐 여사였던 것이다. 그녀는 사람을 쳐다보지도 않고 산책하는 듯한 더듬거리는 발걸음으로 휴게실의 뒤쪽을 가로질러 반대편의 문을 통해 사라졌다. — 말없이 멍한 표정으로, 정처없이 무의식적으로 — 한동안 침묵이 흘렀다.

"목사 부인 횔렌라우흐 여사군요." 그가 말했다.

"네, 불쌍한 횔렌라우흐 여사예요." 그녀가 말했다. 그러고 나서 그녀는 악보를 넘기더니 작품 전체의 마지막 부분, 즉 이졸데가 사랑의 죽음을 맞이하는 장면을 연주했다. 그녀의 입술이 얼마나 창백하고 선명했던가?! 그리고 눈가의 그늘은 얼마나 깊어졌는가! 눈썹 위의 투명한 이마에는 긴장과 불안으로 인해 담청색의 실핏줄이 점점 더 또렷하게 도드라졌다. 그녀의 바쁜 손놀림 속에서 지금껏 들어보지 못한 최고조의 음이 이루어지더니, 무자비할 정도의 갑작스러운 피아니시모로 흩어져 버린다. 마치 발밑의 바닥이 미끄러져 떨어지는 듯하고, 숭고한 욕망에 푹 빠져드는 듯한 피아니시모였다. 엄청난 충족과 해소의 물결이 넘쳐흐를 듯한 기세로 밀려들었으며, 거듭 반복되었다. 마취되는 듯 뿜어나오는 이루 헤아릴 수 없는 만족감은 아무리 거듭되어도 싫증 나지 않았다. 그 만족감은 썰물처럼 도로 물러가면서 형태가 바뀌고 서서히 사그라지는 것 같았다. 그러더니 다시 한번 그리움의 모티브가 화음 속으로 엮어지더니,

숨을 내쉬고는 죽어갔고, 소리의 울림이 잦아들고 표류하듯 사라져버렸다. 깊은 정적이 감돌았다.

그들은 둘 다 귀를 기울였다. 고개를 옆으로 돌리고 귀를 기울였다.

"방울 소리가 들리네요." 그녀가 말했다.

"눈썰매군요." 그가 말했다. "저는 그만 가보겠습니다."

그는 일어나서 방을 가로질러 갔다. 저 뒤쪽 문가에서 그는 걸음을 멈추고, 몸을 돌리더니 잠시 불안한 듯한 두 발짝 걸음을 옮겼다. 그러고 나서 그녀가 있는 데서 열다섯 내지 스무 걸음 떨어진 곳에서 무릎을 꿇었다. 아무 말 없이 두 무릎을 꿇는 것이었다. 그의 검은색 긴 프록코트가 바닥 위에 펼쳐졌다. 그는 두 손을 입 높이에서 깍지끼고 있었으며, 그의 양어깨는 씰룩씰룩 떨고 있었다.

그녀는 두 손을 무릎에 놓고 피아노를 등지고 몸을 앞쪽으로 기울이고 앉아서 그를 바라보았다. 그녀의 얼굴에 모호하고, 괴로운 미소가 어려 있었다. 그녀의 눈은 뭔가를 생각하면서 어두컴컴한 공간을 살피느라 힘이 많이 드는지 초점이 좀 흔들리는 것 같았다.

멀리서 딸랑거리는 방울 소리와 채찍 소리가 사람들의 목소리와 뒤섞여 점점 더 가까이 들려오고 있었다.

9

모두가 한동안 화제에 올렸던 눈썰매 소풍 간 날은 2월 26일이었다. 추위가 풀려 모든 것이 누그러지고, 물이 방울져 떨어지고, 첨벙거리고 흘러내렸던 27일에는 클뢰터얀 씨 부인의 상태가 매우 양호했다. 28일에는 조금 피를 토했는데…… 아, 적은 양이긴 했지만, 어쨌든 피를 토했다. 그와 동시에 지금까지 없었던 심한 탈진 증세에 빠져들어 그녀는 자리에 눕고 말았다.

레안더 박사가 그녀를 진찰했다. 그때 그의 표정은 차갑게 굳어 있었다. 그러고 나서 그는 의학에서 규정해 놓은 대로 처방을 내렸다. 얼음찜질하고, 모르핀 주사를 놓고, 절대 안정을 취하라고 했다. 그런데 그는 다음 날에는 과중한 업무 부담 때문에 그녀를 진료하지 않고 뮐러 박사에게 진료를 넘겼다. 뮐러 박사는 의무감과 계약에 걸맞게 지극히 유순한 마음으로 진료를 넘겨받았다. 그는 얼굴이 창백하고, 조용하며, 별로 중요하지 않은 업무를 이행하는 수심에 찬 듯한 남자였다. 단순하고도 명성을 얻지 못하는 일만 하는 그는 거의 건강하다고 할 수 있는 사람들이거나 가망 없는 환자들을 전담하고 있었다.

그가 특별히 강조해서 표명한 소견은, 클뢰터얀 씨 부부가 벌써 상당히 오래도록 떨어져 지내고 있다는 것이었다. 어떻게든 번창하는 사업의 여건이 조금이라도 허락한다면 클뢰터얀 씨가 다시 한번 긴급히 '아인프리트'로 와주는 것이 바람직하다는 의견이었다. 클뢰터얀 씨에게 편지를 쓰거나 짧은 전보를 치면 될 거라고 했다…… 또한 어린 아들 안톤을 데려온다면 분명 젊은 어머니를 행복하게 할 것이고 힘을 돋게 할 것이라고 했다. 그 건강한 어린 안톤을 알게 되는 게 의사들에게도 흥미로운 일이 될 것인데, 그 점을 젖혀놓고라도 말이다.

그런데 보라, 클뢰터얀 씨가 모습을 드러냈다. 그가 뮐러 박사의 짤막한 전보를 받고 발트해의 연안에서 온 것이다. 그는 마차에서 내려, 커피와 버터 바른 빵을 달라고 했는데, 무척 당혹한 것처럼 보였다.

"선생님" 그가 말했다. "왜 나를 아내한테로 오라고 한 겁니까?"

"그러시는 게 바람직하기 때문입니다." 뮐러 박사가 대답했다. "지금은 부인 곁에 계시는 게 말입니다."

"바람직한…… 바람직한…… 그런데 꼭 필요하기도 한 일인가요? 이보세요, 나는 돈을 중요시하는 사람이에요. 경기도 안 좋고 기차비도 비싸요. 이런 당일치기 여행을 피할 수는 없었나요? 가령, 폐가 문제라면 아무 말도 하지 않으려고 했어요. 그런데 다행히도 기관지가 문제이기 때문이잖소……"

"클뢰터얀 씨" 뮐러 박사가 부드럽게 말했다. "첫째로, 기관지는 중요한 기관입니다……" 그가 뒤이어 '둘째로'라는 말을 전혀 하지 않았음에도 불구하고 '첫째로'라고 말한 것은 부정확한 표현이었다.

그런데 클뢰터얀 씨와 동시에 온통 빨간색과 황금색의 스코틀랜드식 복장을 한 풍만한 여자가 '아인프리트'에 도착했다. 그 사람은 바로 안톤 클뢰터얀 2세를, 그 건강한 어린 안톤을 팔에 안고 온 여자였다. 그렇다, 그 아이가 이곳에 온 것이다. 그리고 그 아이가 정말 지나치게 건강한 아이라는 것을 아무도 부정할 수 없었다. 장밋빛이 도는 하얀 얼굴에 깔끔하게 새 옷을 입은 아이는 기분 좋은 냄새를 풍기며, 레이스 달린 옷을 입은 하녀의 발그스레한 맨팔을 무겁게 내리누른 채 안겨 있었다. 이 우량아는 엄청난 양의 우유와 잘게 다진 고기를 먹어 치웠고, 소리를 질러대었고 어느 모로 보나 자기의 본능대로 하고 있었다.

작가 슈피넬 씨는 자기 방의 창가에서 어린 클뢰터얀이 도착하는 광경을 주시하고 있었다. 아이를 마차에서 내려 건물 안으로 데려가는 동안 그는 이상야릇한, 감추는 듯하면서도 날카로운 눈빛으로 어린 안톤을 눈여겨보고 있었다. 그런 다음에도 그는 한동안 똑같은 표정으로 제자리에서 꼼짝하지 않고 있었다.

그때부터 가능하면 그는 클뢰터얀 2세인 안톤과 마주치는 것을 피했다. —

10

슈피넬 씨는 자기 방에 들어앉아 '작업'하고 있었다.

그의 방은 '아인프리트' 요양원의 여느 방과 다를 바 없이 고풍스럽고, 소박하며 고상했다. 육중한 장롱은 금속으로 된 사자머리로 장식되어 있었고, 높은 벽 거울은 매끈한 평면형이 아니라 납으로 테두리를 한 수많은 정방형의 작은 조각을 이어 붙여 만든 것이었다. 양탄자를 깔지 않고 푸르스름한 래커 칠을 한 바닥에는 가구들의 단단한 다리들이 선명한 그늘을 이루며 계속 이어져 있었다. 널찍한 책상 하나가 창 가까이에 놓여 있었다. 이 소설가는 창문에 노란색 커튼을 쳐두었는데, 이는 아마도 좀 더 자신의 내면적 분위기를 조성하기 위해서인 것 같았다.

저녁놀이 누르스름하게 물들 무렵 슈피넬 씨는 책상 위로 몸을 숙이고 앉아 글을 쓰고 있었다. — 그가 매주 우편으로 부치는 수많은 편지 중 한 통을 쓰는 중이었다. 그런데 우습게도 그렇게 보낸 편지들에 대한 답장은 대개는 한 장도 받지 못했다. 그의 앞에는 크고 두꺼운 편지지가 놓여 있었는데, 편지지의 왼쪽 구석 상단에 별나게 그려놓은 풍경화 아래 데틀레프 슈피넬이란 이름이 완전히 새로운 형태의 서체로 쓰여 있는 것을 읽을 수 있었다. 그는 작고, 꼼꼼하게 그림 그린 듯, 아주 깔끔한 필체로 편지지를 채워 나갔다. 편지엔 이렇게 쓰여 있었다.

"사장님! 사장님께 다음과 같이 몇 자 적습니다. 달리는 어떻게 방법을 찾을 수 없기 때문입니다. 당신에게 할 말이 제 안에 가득하고, 저를 괴롭히고 떨리게 하기 때문입니다. 제가 이 말들을 이 편지에서 털어놓지 않으면, 그로 인해 질식해 죽을 것 같을 정도로 강렬하게 그 말들이 제게 밀려오기 때문입니다……"

그러나 진실을 존중하는 의미에서 말하자면, 할 말이 "밀려온다"라는 말은 전혀 사실이 아니었다. 그리고 슈피넬 씨가 어떤 허황된 이유로 이런 주장을 했는가는 아무도 알 수 없는 일이었다. 그 말들은 그에게 전혀 밀려오는 것 같지 않았다. 글쓰기를 생업으로 하는 사람치고는 그의 편지는 굉장히 더디게 진척되었다. 그래서 그가 글을 쓰는 모습을 본 사람은 작가란 다른 누구보다도 글쓰기를 더 힘들어한다고 생각하게 될 수밖에 없었다.

그는 뺨에 난 이상한 솜털 하나를 두 손가락 끝으로 잡더니 15분간 돌리고 있었다. 그러면서 허공을 응시하고는 한 줄도 앞으로 나아가지 못하다가, 두어 마디 우아한 말을 쓰더니 다시 멈췄다. 다른 한편으로는, 비록 내용상으로는 이상하고, 미심쩍고, 심지어 종종 이해할 수 없는 특징을 갖고 있긴 해도, 결국 그가 써 놓은 글이 매끄럽고 생동감 있다는 느낌을 불러일으켰다는 것은 인정해야 한다.

"이건" 이렇게 편지는 계속되었다. "제가 보고 있는 것을, 즉 몇 주 전부터 어떤 지울 수 없는 환영으로 제 눈앞에 서 있는 것을 당신도 보게 하려는 불가피한 욕구 때문입니다. 당신도 그것을 저의 눈으로 보도록, 즉 저의 내면의 시선에 비친 바로 그 언어로 조명하여 보도록 하려는 것입니다. 저는 이런 충동을 피하는 데 익숙해져 있습니다. 저보고 영원히 잊을 수 없이 확연하게 딱 들어맞게 표현하여 저의 체험을 세상 사람들의 체험으로 만들라고 강요하는 그런 충동 말입니다. 그러니 제 말을 귀담아들어 주시기 바랍니다.

저는 과거에 보았고 현재 보고 있는 것 이외에는 말하지 않겠습니다. 저는 단 하나의 이야기만 하려고 합니다. 그것은 아주 짧고 이루 말할 수 없이 화가 나는 이야기입니다. 아무런 논평도 달지 않고, 비난이나 판단도 하지 않고 오로지 내 말로만 이야기하겠습니다. 그건 가브리엘레 에크호프에 관한 이야기입니다, 사장님. 당신이 당신의 여자라고 부르는 바로 그 여성의 이야기란 말입니다…… 그러니 명심하시기 바랍니다! 당신은 그 이야기를 체험한 바로 그 장본인입니다. 그렇지만 나의 언어로 그 이야기를 진실로 하나의 체험의 의미로 승화시켜서 당신에게 보여 줄 사람은 바로 나입니다.

그 정원을 기억하십니까? 도시 귀족의 회색 저택 뒤에 있는, 잡초가 우거진 오래된 정원 말입니다. 초록빛 이끼가 비바람에 허물어진 담장의 틈새에서 싹트고 있었고, 정원의 몽환적 야성미가 담장을 에워싸고 있었지요. 정원 한가운데 있는 분수도 기억하십니까? 썩은 물이 고인 분수 주위로는 연보라색 백합꽃들이 기울어져 있었고, 하얗게 빛나는 분수의 물줄기가 깨진 돌멩이 위로 신비스럽게 속삭이듯 떨어졌지요. 여름날이 저물어가고 있었습니다.

일곱 명의 처녀들이 분수 주위에 둥그렇게 둘러앉아 있었습니다. 그런데 일곱 번째이면서도 첫 번째인 처녀, 단 하나인 그 처녀의 머리카락 속으로 저물어가는 햇살이 은근하게 비치면서 어떤 왕관의 표식을 만들어 내는 것 같았습니다. 그녀의 두 눈은 불안한 꿈을 꾸고 있는 듯했지만, 윤곽이 또렷한 그녀의 입술은 미소를 짓고 있었습니다……

처녀들은 노래를 부르고 있었습니다. 그들은 물줄기가 치솟는 높이까지 갸름한 얼굴들을 쳐들고 있었지요. 물줄기가 힘이 떨어져 고상하게 곡선을 그리며 다시 떨어지는 그곳까지 말입니다. 그리고 그들의 나지막하고 밝은 목소리는 분수의 나긋나긋한 춤을 감싸며 맴돌고 있었습니다. 어쩌면 처녀들은 노래를 부르는 동안 부드러운 손을 무릎에 포개놓고 있었는지도 모르겠습니다……

그 모습이 생생하게 그려지시나요, 사장님? 그런 모습을 보셨나요? 당신은 그것을 보지 못했습니다. 당신의 눈은 그런 것을 알아볼 수 있을 만한 눈이 아니었고, 당신의 귀는 그 모습에서 울려 나오는 선율의 순결한 달콤함을 알아들을 수 없었던 것입니다. 만약 당신이 그런 모습을 보았다면 — 감히 숨을 쉴 수도 없었을 것이며, 심장이 고동치는 소리도 억눌러야 했을 것입니다. 당신은 삶 속으로, 당신의 생활 속으로 돌아가야 했습니다. 그리고 당신은 현세의 남은 생애 동안 그때 본 것을, 범접할 수 없고, 훼손할 수 없는 성역으로 당신의 영혼에 간직해야 했습니다. 그런데 당신은 어떻게 하셨습니까?

그런 모습은 그것으로 마지막이었단 말입니다, 사장님. 당신이 와서 그 모습을 파괴해야만 했습니까? 그런 모습 대신에 천박함과 혐오스러운 고통을 계속 이어가게 하려고요? 그것은 몰락과 해체, 소멸이 불러일으키는 저녁놀의 찬연한 변용의 빛을 받는 감동적이고 평화가 넘치는 여신상(女神像)이었습니다. 행동하고 삶을 감당하기엔 이미 너무 지쳤고 너무 고귀한 오래된 한 가문이 그 명을 다 하고 있습니다. 그 가문의 마지막 표현은 예술의 소리였습니다. 그것은 죽음이 임박했다는 것을 아는, 비애로 가득한 몇 가락의 바이올린 소리였습니다…… 당신은 이 소리에 눈물을 자아낸 그 눈을 보았습니까? 아마도 놀이 친구들 여섯 명의 영혼은 삶에 속해 있었을 겁니다. 그러나 그들의 자매 같은 주인집 처녀의 영혼은 아름다움과 죽음에 속해 있었습니다.

당신은 그것을, 이 죽음의 아름다움을 보았습니다. 당신은 그 죽음의 아름다움을 탐하기 위해 그것을 보았던 것입니다. 어떠한 경외심도, 어떠한 부끄러움도 그 감동적인 성스러움 앞에서 당신의 마음을 움직이지 못했습니다. 당신은 바라보는 것만으로 만족하지 않았습니다. 당신은 소유해야 했고, 있는 대로 다 이용해야 했고, 그 성스러운 아름다움을 모독해야 했습니다…… 당신은 얼마나 근사한 선택을 했는지 모릅니다! 당신은 미식가입니다. 천박한 미식가요, 입맛을 아는 농사꾼입니다.

제가 당신의 마음을 상하게 할 생각은 조금도 없다는 점을 알기를 바랍니다. 제가 말하는 것은 욕이 아니라, 단순하고, 문학적 방면에는 전혀 흥미가 없는 당신이라는 인물을 설명하기 위한 간단한 심리학적 표현형식인 것입니다. 그리고 제가 그것을 말로 표현하는 것은 다만 당신의 고유한 행동이나 본질을 조금이라도 당신에게 밝혀드려야겠다는 충동을 느끼기 때문입니다. 그리고 사안들을 솔직하게 표현하고, 그것을 알리고, 무의식적 세계를 면밀히 검토하는 것이 지상에서 부여받은 저의 불가피한 소명이기 때문입니다. 이 세상은 제가 '무의식적 유형'이라 일컫는 것으로 가득 차 있습니다. 그런데 저는 이런 것을, 이 모든 무의식적 유형들을 참을 수가 없습니다. 저는 이것을, 이 모든 어리석고, 무지하고 깨달음이 없는 삶과 행동을, 화가 치밀 정도로 순진무구한 제 주변의 세상을 견딜 수 없습니다. 저의 힘이 닿는 한 주변의 모든 존재를 밝히고, 말로 표현하고, 의식하게 만들고 싶은 충동을 억제할 수 없어 고통스러울 정도입니다. 이렇게 하는 것이 유익한 효과가 있을지, 아니면 해가 되는 영향을 끼칠지, 마음에 위안을 주고 고통을 덜어 줄지, 아니면 고통을 만들는지는 개의치 않고 말입니다.

사장님, 이미 말씀드린 대로 당신은 천박한 미식가요, 입맛을 아는 농사꾼입니다. 원래 체질이 뚱뚱한 데다가 지극히 저급한 성장단계에 머물러 있는 당신은 부자가 되어 안락한 생활방식으로 살아감에 따라 신경계가 갑자기 역사상 보도 듣도 못한 야만적 타락에 이르게 된 것입니다. 신경계가 타락하면 음탕한 향락의 욕구를 어느 정도 세련되게 하는 효과를 가져오지요. 당신이 가브리엘레 에크호프를 차지하려고 결심했을 때, 아마도 당신의 식도 근육은 맛있는 스프나 진기한 요리를 대했을 때처럼 입맛을 쩝쩝 다시며 움직이기 시작했을지 모릅니다……

실제로 당신은 그녀의 몽상적인 의지를 잘못된 길로 이끌었던 것입니다. 당신은 잡초가 우거진 정원에서 그녀를 끌어내어 실제 생활 속으로, 추한 세계로 데려갔습니다. 당신은 그녀에게 당신의 상스러운 성(姓)을 붙여주었고 그녀를 아내로, 가정주부로 만들었으며, 그녀를 어머니로 만들었습니다. 당신은 그 피곤하고, 수줍어하고, 실제 생활에는 무익한 가운데서도 고상하게 피어나는 죽음의 아름다움을 저속한 일상의 용도로 이용하고, 사람들이 자연이라 부르는 그 멍청하고, 조야하고 경멸스러운 우상을 섬기게 만들어 품위를 떨어뜨렸습니다. 그런데 당신의 천박한 양심은 이런 시작이 얼마나 심각하게 비열한 행위인지 조금도 느끼지 못했던 것입니다.

그런데 또 무슨 일이 벌어졌습니까? 불안스레 꿈꾸는 듯한 눈빛으로 그녀는 당신에게 한 아이를 선물해 주었습니다. 그녀는 아이 아버지의 저속한 삶을 계속 이어갈 이 아이에게 모든 것을 다 주었습니다. 자기가 지닌 혈통과 생명력을 모두 다 줘버리고 죽어가고 있습니다. 그녀가 죽어가고 있다고요, 사장님! 그녀가 천박한 세계로 떨어지지 않는다면, 그래도 마지막엔 그녀가 깊은 굴욕의 나락에서 벗어나서 일어나 죽음의 아름다움에 입맞춤하며 자랑스럽고도 더없이 행복하게 죽어간다면, 그것은 **나의** 배려 덕분이었단 말이오. 그러는 사이 당신이 하는 일이란 아마도 으슥한 복도에서 하녀들과 시간을 축내는 것이었겠지요.

하지만 그녀의 아이, 에크호프의 아들은 잘 자라고 있으며, 의기양양하게 살고 있습니다. 아마도 아이는 자기 아버지의 삶을 계승하겠지요. 사업을 하면서, 세금을 내고 좋은 음식을 먹는 시민이 될 것이오. 어쩌면 나라의 군인이나 관리, 무식하지만 유능한 국가의 기둥이 되겠지요. 어느 경우든 예술적 감각이 없는, 평범한 기능적 인간이 되겠지요. 양심이 없고 확신에 차 있으며, 힘세고 우둔한 사람 말입니다.

이제 나의 고백을 들어주십시오, 사장님. 내가 삶 자체를 증오하듯 나는 당신을, 당신과 당신의 아이를 증오합니다. 당신이 보여 주는 바와 같은 저속하고 우스꽝스럽지만 의기양양한 삶, 아름다움의 영원한 적대자이자 천적인 그런 삶을 증오한다는 말입니다. 내가 당신을 경멸한다고 말해선 안 되겠지요. 나는 그럴 수는 없습니다. 나는 정직합니다. 당신은 나보다 더 강한 사람입니다. 내가 당신과 싸우면서 내세울 수 있는 것은 오직 하나뿐입니다. 약자들의 숭고한 무기이며 복수의 도구인 정신과 언어입니다. 오늘 나는 그 무기를 사용했습니다. 왜냐하면 이 편지는 — 이 점에 있어서도 나는 정직합니다, 사장님 — 다름 아닌 복수 행위이기 때문입니다. 그래서 이 편지 속에 있는 단 한 마디라도 당신을 당황하게 만들고, 당신에게 낯선 힘을 느끼게 하고, 잠시나마 당신의 그 둔감한 태연스러움을 동요시킬 만큼 날카롭고, 빛나고 멋진 데가 있다면 나는 그지없이 기쁠 것입니다.

데틀레프 슈피넬"

그러고 나서 슈피넬 씨는 이 편지를 봉투에 넣고 우표를 붙여 우아한 글씨로 주소를 쓴 다음 그것을 우편으로 부쳤다.

11

클뢰터얀 씨가 슈피넬 씨의 방문을 두드렸다. 그는 정갈한 글씨체로 쓴 커다란 편지지 한 장을 손에 들고 있었으며, 기세등등하게 나가기로 작정한 사람처럼 보였다. 우체국이 자기 의무를 수행하여 편지가 제 갈 길을 찾아간 것이었다. 그래서 편지가 '아인프리트'에서 출발하여 다시 '아인프리트'로 돌아오는 기이한 여행을 하여 수신자의 수중에 제대로 도달했던 것이다. 시간은 오후 4시였다.

클뢰터얀 씨가 들어섰을 때 슈피넬 씨는 소파에 앉아서 겉표지에 혼란스러운 그림이 그려진 자신의 장편소설을 읽고 있었다. 그는 자리에서 일어나 깜짝 놀라 의아해하면서 방문객을 쳐다보았지만, 분명히 얼굴을 붉히고 있었다.

"안녕하십니까!" 클뢰터얀 씨가 말했다. "일하시는 중에 방해가 되어 미안합니다. 그런데 당신이 이 편지를 썼는지 물어봐도 되겠습니까?" 그렇게 말하면서 그는 정갈하게 쓰인 커다란 편지를 왼손으로 쳐들고 있었고, 오른쪽 손등으로 그것을 치자 종이가 심하게 바스락거리는 소리가 났다. 그런 다음 그는 품이 넓고 편안해 보이는 바지 주머니에 오른손을 넣고 머리를 옆으로 기울인 채, 귀를 기울여 들을 때 사람들이 보통 그러듯이 입을 벌리고 있었다.

평소와는 다르게 슈피넬 씨는 미소를 짓고 있었다. 그는 상냥하게 미소를 지었고, 조금은 당황하고 반쯤은 미안한 마음에 뭔가를 생각해 내려는 듯 손을 머리로 가져가며 말했다.

"아, 맞습니다…… 그렇습니다…… 제가 실례를 무릅쓰고……"

사실은 이러했다. 그는 평소에 그랬던 것처럼 오늘도 정오 무렵까지 잠을 잤다. 이로 인해 그는 양심의 가책에 시달리고 있었고 머리가 멍한 증상이 있는 데다, 신경은 날카로워져 맞설 기력이 거의 없었다. 게다가 막 불어오기 시작한 봄바람이 그를 맥빠지게 만들어 거의 절망적 상태에 이르게 했다. 이 장면이 벌어지는 동안 그가 너무 심할 정도로 멍청하게 굴었다는 것을 설명하기 위해서는 이 모든 정황이 언급되어야 할 것이다.

"그렇군요! 아하! 좋습니다!" 클뢰터얀 씨는 이렇게 말하면서 턱을 가슴께로 누르고, 눈썹을 추켜 올리고, 두 팔을 쭉 뻗는 등 이와 유사한 갖가지 동작들을 연출하더니, 형식적인 질문은 이것으로 마치고 가차 없이 본론으로 들어가겠다는 자세를 취했다. 자신감을 즐기느라 그러는지 그는 좀 지나치다 싶을 정도로 이런 몸짓들을 해댔다. 그런데 그에 따른 결과는, 그런 몸짓으로 장황하게 표현한 그 예비 동작들의 위협적인 분위기와 꼭 맞아떨어지지는 않았다. 하지만 슈피넬의 안색은 몹시 창백했다.

"아주 좋습니다!" 클뢰터얀 씨는 같은 말을 되풀이했다. "이보시오, 그러면 구두로 답변해드리기로 하지요. 언제라도 말로 할 수 있는 사람에게 여러 장의 긴 편지를 쓴다는 것을 나는 어리석다고 생각하는 사람이라, 이런 사정을 고려하여서 말입니다……"

"이제 생각하니…… 어리석은 짓이었군요……" 슈피넬 씨는 미소를 지으며 말했다. 미안하다는 듯이, 거의 굴욕적인 표정으로……

"어리석은 짓이라!" 클뢰터얀 씨는 같은 말을 되풀이하면서 자기 일에 범접할 수 없는 확신이 있다는 것을 보여 주려고 세차게 머리를 흔들었다. "그리고 나는 이런 글 나부랭이는 한마디도 언급할 가치가 없다고 생각합니다. 솔직히 고백하자면 내가 보기엔, 아주 간단히 말해서 이건 버터빵 싸는 종이로 쓰기에도 질이 너무 형편없는 것 같습니다. 내가 지금까지 파악하지 못한 어떤 일들, 그러니까 아내의 병세에 대한 어떤 변화를 내게 알려주지 못한다면 말입니다…… 어쨌든 이건 당신과 아무 관계가 없는 일이고, 핵심적인 문제도 아닙니다. 나는 활동적인 사람이고, 이루 형언할 수 없는 당신의 환영(幻影)보다는 더 나은 것을 고민해야 하니까요……"

"저는 '지워버릴 수 없는 환영'이라고 썼는데요." 슈피넬 씨는 이렇게 말하며 몸을 곧추세웠다. 이때가 이날 벌어진 장면에서 그가 조금이나마 위엄을 드러내 보인 유일한 순간이었다.

"지워버릴 수 없는…… 형언할 수 없는……!" 클뢰터얀 씨는 이렇게 대꾸하면서 원고를 들여다보았다. "이봐요, 당신 글씨는 정말 형편없군요. 나는 당신 같은 사람을 내 사무실에는 고용하지 않을 거요. 얼핏 보기엔 아주 깔끔한 것 같지만 밝은 데서 보면 결함투성이고 떨린 흔적이 역력해요. 하지만 그건 당신의 문제이고, 나와는 아무 상관이 없어요. 내가 온 이유는 첫째로, 당신이 어릿광대라는 사실을 말해주기 위해서요. — 그야 당신도 그걸 잘 알고 있을 테지만 말이오. 게다가 당신은 대단히 비겁한 사람이오. 이것 역시 내가 당신에게 자세하게 증명할 필요가 없을 거요. 언젠가 내 아내가 편지에 이렇게 썼습디다. 당신은 마주치는 여자들의 얼굴을 똑바로 보지 않고, 현실이 두려운 나머지 근사한 예감이라도 얻기 위해서 그냥 곁눈질로만 본다고 하였소. 유감스럽게도 아내는 그 이후로는 편지에서 당신 이야기를 전혀 하지 않았소. 그렇지 않았더라면 당신에 대한 이야기를 더 많이 알 텐데 말이야. 그러나 당신은 그런 사람이오. '아름다움'이라는 말은 당신이 쓰는 상투어인 거 같은데, 근본적으로 그것은 비겁함과 비열함과 질투심에 지나지 않아요. 그런 까닭에 당신은 '으슥한 복도'라는 뻔뻔스러운 말도 했겠지요. 당신은 아마도 그 말로 내 속을 제대로 후벼놓을 심산이었지만, 나는 그저 우스울 따름이었소. 나는 그 말을 재미있다고 생각했단 말입니다! 이젠 좀 알겠어요? 내가 이제 당신의…… 당신의 '행동과 본질을' '다소나마 깨우쳐 준' 셈인가요? 이 가련한 양반 같으니라고. 그것이 나의 '부득이한 소명'이 아님에도 말이오, 허, 허!……"

"저는 '불가피한 소명'이라고 썼는데요." 슈피넬 씨가 말했다. 그러나 그는 말을 이어가기를 곧 단념했다. 그는 덩치가 크고 머리가 하얗게 센 불쌍한 학생이 야단맞은 것처럼 어쩔 줄 모르며 그 자리에 우두커니 서 있었다.

"불가피하거나…… 부득이하거나…… 당신은 비열한 겁쟁이라고 난 말하겠소. 당신은 날마다 식탁에서 나를 보았어요. 당신은 내게 인사하며 웃고, 내게 접시를 건네주며 웃고, 식사 잘하라고 웃곤 했소. 그런데 어느 날 당신은 나에게 어처구니없는 비방으로 가득 찬 이런 몹쓸 휴지 조각을 보내온 것이오. 허허, 그래요, 글로 쓰는 용기는 있으시군, 그래! 그것도 다만 이 따위 우스꽝스러운 편지를 쓸 때만 생기는 용기란 말이지. 그러나 당신은 나에 대해 음모를 꾸민 것이오. 내 등 뒤에서 나를 음해했단 말이오. 이제 나는 그것을 아주 분명히 알겠소…… 당신은 그 음모가 당신에게 조금이라도 이득이 되었다고 상상할 필요가 없는데 말이지! 당신이 혹여라도 내 아내의 머리에 허황한 생각을 불어넣었다는 희망에 사로잡혀 있다면 그건 당신이 착각하는 것이오, 이 잘난 친구야, 내 아내는 그런 술수에 넘어가기엔 너무나 이성적인 사람이란 말이오! 혹시 당신이, 나와 아이가 이곳에 왔을 때 아내가 나를, 나와 아이를 평소와는 좀 다르게 맞이했다고 생각하기까지 한다면, 당신의 어리석음은 극치에 달한 것이오! 아내가 어린아이에게 입맞춤하지 않은 것은 조심하느라 그랬던 거요. 최근에 기관지가 아니라 폐의 문제일 수도 있다는 가설이 대두된 데다가, 이 경우 아직 확실히 알 수 없기 때문이지…… 게다가 폐와 관련해서는 아직 입증해야 할 게 많은데도 '그녀가 죽어가고 있습니다, 선생님!'하고 말한 당신! 당신은 정말 바보 멍청이란 말이오!"

이 대목에서 클뢰터얀 씨는 잠시 숨을 고르려고 했다. 그는 이제 몹시 화가 나 있었으며, 쉴 새 없이 오른손 집게손가락으로 허공을 찔러대었고 왼손에 들고 있던 원고를 형편없이 구겨버렸다. 금발의 영국식 구레나룻 사이로 드러난 그의 얼굴은 몹시 상기되어 있었다. 그리고 어두워진 이마는 마치 분노의 번갯불이라도 맞은 것처럼 여기저기 부풀어 오른 정맥들 때문에 갈라 터진 듯했다.

"당신은 나를 증오하고 있어요." 그는 말을 계속했다. "그리고 내가 당신보다 강한 사람이 아니라면 당신은 나를 경멸할 것이오…… 그렇소, 나는 강한 사람이오, 빌어먹을, 당신이 대체로 비열한 사람인 반면, 나는 합리적이고 건전한 사람이오. 그래서 난 당신을 그 '정신과 말'이라는 것과 함께 납작하게 때려눕혀 버리고 싶은 심정이오, 이 교활한 멍청이야, 그게 법으로 금지되어 있지만 않다면 말이오. 이봐요, 하지만 그렇다고 해서 내가 당신의 모욕을 순순히 받아들인다는 말은 아니오. 내가 그 '상스러운 이름'과 함께 당신의 비방 편지를 고향의 내 변호사에게 보여 준다면, 당신이 놀라 자빠지지나 않을지 두고 봅시다. 이봐요, 내 이름은 훌륭한 이름이오. 게다가 내가 업적을 쌓아 얻은 이름이란 말이오. 누가 당신의 이름을 믿고 은전 한 닢이라도 빌려주겠는지, 이 질문에 대해서는 당신 자신에게 한번 물어보시지, 이 굴러들어온 떠돌이 같은 인간아! 당신 같은 사람에 대해선 법적 조치를 취해야 해요! 당신은 공익을 해칠 우려가 있는 자란 말이오! 당신은 사람들을 미치게 만든단 말이야!…… 이번에 당신이 이 일에 성공했다고 잘난 체할 필요가 없는데도 말이지, 이 음흉한 작자야! 난 당신 같은 위인한테서 물러서지 않을 거야. 나는 합리적이고 이성적인 사람이거든……"

이제 클뢰터얀 씨는 정말 극도로 격앙되어 있었다. 그는 소리를 지르면서 자기는 합리적이고 이성적인 사람이라고 되풀이해서 말했다.

"'처녀들은 노래를 부르고 있었다.' 그렇게 단정하더군요. 그들은 전혀 노래를 부르지 않았어요! 그들은 뜨개질하고 있었단 말이오. 게다가 내가 아는 바로는 그들은 감자 팬케이크를 만드는 방법을 얘기하고 있었소. '몰락'이니 '해체'니 하는 말을 장인어른께 말씀드리면, 그분은 당장 당신을 법적으로 고소할 거요. 틀림없다니까!…… '그런 모습을 보셨나요, 그런 모습을 보았느냐고?' 물론 그런 모습을 보았지. 하지만 그렇다고 해서 내가 왜 숨을 멈추고 달아나야 했다는 건지 이해할 수 없소. 나는 여인네들 얼굴을 곁눈질로 힐끔힐끔 보며 지나치지 않고, 똑바로 본단 말이오. 그리고 여자가 내 맘에 들고, 여자도 나를 원하면 내 여자로 만든단 말이야. 나는 합리적이고 이성적인 사람……"

그때 문 두드리는 소리가 들렸다. ― 한꺼번에 연달아 아홉 번인가 열 번쯤 아주 다급하게 방문을 두드리는 소리였다. 격렬하고 불안한 느낌을 주는 이 작은 소란 때문에 클뢰터얀 씨는 말문을 닫았다. 누군가 어찌할 바를 모르고 너무 조바심을 치는 바람에 계속 말이 헛도는 목소리로 아주 다급하게 말했다.

"클뢰터얀 씨, 클뢰터얀 씨, 아, 클뢰터얀 씨 거기 계신가요?"

"밖에서 기다리세요." 클뢰터얀 씨가 퉁명스럽게 말했다…… "무슨 일이에요? 난 여기서 할 얘기가 있어요."

"클뢰터얀 씨" 불안하게 더듬거리는 목소리가 들렸다. "와 보셔야 합니다…… 의사 선생님들도 와 계세요…… 아, 너무도 끔찍하게 슬픈 일입니다……"

그러자 그는 한걸음에 문 쪽으로 가서 문을 열어젖혔다. 시의원 부인 슈파츠 여사가 밖에 서 있었다. 그녀는 손수건을 입 앞에 대고 있었는데, 손수건에는 굵은 눈물이 방울방울 떨어져 내리고 있었다.

"클뢰터얀 씨" 하고 그녀가 말을 꺼냈다…… "정말로 끔찍하게 슬픈 일이에요…… 부인이 너무나도 많은 피를 토했어요, 소름 끼치도록 많이요…… 부인이 침대에 아주 조용히 앉아 혼자 음악 한 소절을 흥얼거리고 있었는데, 이 일이 벌어졌어요. 맙소사, 그렇게도 엄청나게 많은 피를……"

"아내가 죽었나요?" 클뢰터얀 씨가 소리쳤다…… 그러면서 그는 시의원 부인의 팔뚝을 움켜잡고 문지방에서 그녀를 이리저리 흔들어댔다. "아니지요, 아주 그런 건 아니지요, 그렇지요? 아직은 아주 그런 건 아니니 아내가 아직은 나를 볼 수 있겠지요…… 다시 피를 조금 토했나요? 폐에서요? 아마 폐에서 나온 피라는 건 인정합니다…… 가브리엘레!" 하고 그가 갑자기 말하더니, 그의 눈에는 눈물이 넘쳐흘렀다. 이때 그의 마음속에서 따뜻하고 선량하고 인간적이고 성실한 감정이 솟아오르고 있다는 것을 알 수 있었다. "그래요, 가겠습니다!"라고 그는 말하고, 큰 보폭으로 걸어 시의원 부인을 방에서 데리고 나가더니 복도를 지나 사라졌다. 회랑의 외진 한 귀퉁이에서 여전히 빠른 속도로 멀어지는 그의 목소리가 들려왔다. "아주 그런 건 아니지요, 그렇지요?…… 폐에서 나온 건가요, 그런가요?……"

12

슈피넬 씨는, 클뢰터얀 씨의 방문이 그렇게 느닷없이 중단되었을 때 서 있던 바로 그 자리에 서서 열린 문 쪽을 바라보고 있었다. 마침내 그는 앞으로 몇 걸음 내딛더니 먼 곳으로 귀를 기울였다. 하지만 사방이 고요했으므로 그는 문을 닫고 다시 방으로 돌아왔다.

그는 한동안 거울 속에 비친 자신의 모습을 바라보았다. 그런 다음 코르크 마개가 달린 작은 병과 작은 유리잔을 꺼내어 코냑을 한잔 들이켰다. 그렇다고 아무도 그의 그런 행동을 나쁘다고 생각할 수 없었다. 그러고 나서 그는 소파에 누워 몸을 쭉 뻗고는 눈을 감았다.

창문의 위쪽 덧문은 열려 있었다. '아인프리트' 요양원의 바깥 정원에서는 새들이 지저귀고 있었다. 작고 부드러우며 생기 넘치는 이 새들의 소리에서 완연한 봄기운이 온 사방에 섬세하게 느껴졌다. 슈피넬 씨는 한번 나지막이 혼잣말로 중얼거렸다. "불가피한 소멸이라……" 그러고 나서는 머리를 이리저리 움직이더니 심한 신경통을 느낄 때처럼 이빨 사이로 공기를 들이마셨다.

마음의 안정을 찾고 정신을 가다듬는 것은 불가능했다. 지금의 경우처럼 황당한 일을 겪으면 누구라도 도저히 감당하기 힘들지 않겠는가! — 심리적인 과정을 분석하는 것은 너무 장황해질지도 모른다는 생각이 들자, 슈피넬 씨는 자리에서 일어나서 조금 움직여보기로 하고 바깥에서 산책을 좀 하기로 마음먹게 되었다. 그래서 모자를 집어 들고 방에서 나왔다.

건물 밖으로 나와서 향긋한 부드러운 공기에 감싸이자, 그는 고개를 돌리고는 두 눈으로 천천히 건물을 따라 훑어 올라가다가 커튼이 드리워진 어느 한 창문을 바라보았다. 그의 진지하면서도 단호하고 어두운 시선은 한동안 그 창문에 머물러 있었다. 그러고 나서 그는 두 손을 뒷짐을 지고 자갈길을 걸어갔다. 그는 깊은 생각에 잠긴 채 걸었다.

아직도 화단은 거적으로 덮여 있었고 나무와 관목들은 아직 벌거벗은 채였다. 그러나 눈은 다 녹아 없어졌고, 길에는 단지 군데군데 아직 축축한 흔적만 남아 있을 뿐이었다. 인공 동굴들과 나무 그늘 길과 작은 정자들이 있는 널찍한 정원은 질은 그늘을 드리우고 진한 금빛을 띠며 오후의 햇살을 받으며 화려한 색조를 띠고 있었다. 그리고 어두운 색깔의 나뭇가지들은 선명하면서도 부드럽게 구분되어 밝은 하늘과 대조를 이루고 있었다.

그때는 바로 태양이 제 모습을 드러내는 시간이었다. 형체가 없이 쏟아져 내리던 빛 덩어리가 눈에 띄게 가라앉는 원반의 모습이 되자, 한결 또렷해지고 부드러워진 그 불덩어리를 쳐다보아도 눈이 견딜만했다. 하지만 슈피넬 씨는 해를 보지 못했다. 그가 가는 길은 해가 가려지고 숨겨진 쪽으로 나 있어서였다. 그는 고개를 숙이고 걸으면서 음악 한 구절을 혼자 흥얼거렸다. 그것은 짤막한 소절이었는데, 불안해하면서 한탄하면서 고음으로 올라가는 음형이었다. 바로 그리움의 모티프였다…… 그런데 갑자기, 그야말로 갑자기, 그는 경련하듯 밭은 숨을 몰아쉬며 뭔가에 사로잡힌 듯 우뚝 멈추어 섰다. 그러더니 양미간을 심하게 찌푸리면서 깜짝 놀라 무엇인가를 방어하는 표정을 지으며 두 눈을 부릅뜨고 똑바로 앞을 응시했다……

길의 방향이 바뀌었다. 그 길은 저물어가는 해를 마주 보는 방향으로 나 있었다. 가장자리를 금빛으로 물들인 가늘고 밝은 두 줄기 구름 띠를 통과한 태양은 커다랗고 비스듬하게 하늘에 떠서, 나무우듬지를 벌겋게 달아오르게 했고, 주황빛 광채를 정원에 쏟아부었다. 그렇게 만물이 황금빛으로 변용하고 있는 한

가운데에, 머리 쪽에 태양의 엄청난 후광을 받으며 한 여인이 길에 우뚝 서 있었다. 온통 붉은색과 금색의 스코틀랜드식 옷을 입은 풍만한 그녀는 오른손으로는 펑퍼짐한 엉덩이를 짚고 있었고, 왼손으로는 약하게 생긴 작은 유모차를 자기 앞쪽에서 이리저리 가볍게 움직이고 있었다. 그런데 이 작은 유모차 안에는 바로 그 아이, 안톤 클뢰터얀 2세가 앉아 있었다. 가브리엘레 에크호프의 뚱보 아들이 앉아 있었던 것이다!

그 아이는 하얀 양털 재킷을 입고 커다란 하얀 모자를 쓴 채 볼이 포동포동하고, 잘 자라 있는 훤한 모습으로 쿠션 속에 파묻혀 앉아 있었다. 아이의 즐겁고 당돌한 시선은 슈피넬 씨의 시선과 마주쳤다. 소설가는 막 정신을 차리고 벌떡 일어나려던 참이었다. 그도 남자인지라, 예기치 않게 광채 속에서 떠오른 이 형체를 못 본 체 지나치고 걸어가 산책을 계속할 정도의 기력은 있었을 것이다. 하지만 이때 끔찍한 일이 벌어졌다. 안톤 클뢰터얀이 웃기 시작하고 환호성을 지르기 시작한 것이었다. 아이는 이유 없이 마냥 즐거워하며 날카롭게 소리 질렀는데, 그것은 보는 사람에게 섬뜩한 느낌이 들 법한 상황이었다.

무엇이 아이를 자극했는지 아무도 알 수 없었다. 자신의 맞은편에 있는 검은 형체가 아이를 걷잡을 수 없을 만큼 쾌활하게 만들었는지, 아니면 어떤 동물적인 만족감이 그를 엄습했는지는 아무도 모를 일이었다. 아이는 한 손에는 뼈로 만든 고리

형 치발기(齒發器)를, 다른 손에는 양철로 된 딸랑이를 들고 있었다. 아이는 환호성을 지르면서 이 두 물건을 햇빛을 향해 높이 쳐들기도 하고, 마치 누군가를 조롱하면서 내쫓으려고 하는 것처럼 그것들을 흔들고 맞부딪치기도 했다. 아이의 두 눈은 즐거움에 넘쳐 거의 감겨 있었고, 입은 불그스름한 목구멍이 다 들여다보일 정도로 쫙 벌어져 있었다. 아이는 환호성을 지르면서 심지어 자기 머리를 이리저리 흔들기까지 했다.

그러자 슈피넬 씨는 발길을 돌려 그 자리를 떠났다. 그는 어린 클뢰터얀의 환호성에 쫓겨, 어딘지 신중하고, 뻣뻣하면서도 우아하게 팔을 흔들며 자갈길을 걸어갔다. 그것은 마음속으로는 도망치고 있다는 사실을 감추려 하는 사람이 억지로 머뭇거리며 내딛는 그런 걸음걸이었다.

굶주리는 사람들

습작

자신이 불필요한 존재라는 감정에 마음속 깊이 사로잡힌 순간, 데틀레프는 돌연 시끌벅적한 축제에서 벗어나 작별 인사도 하지 않은 채 두 사람의 시야에서 사라졌다.

그는 호화스러운 극장 홀의 한쪽 긴 벽을 따라 밀려가는 인파에 몸을 내맡겼는데, 릴리와 키 작은 화가에게서 멀리 떨어진 것을 확인하고 나서야 그 흐름에 맞서 발을 바닥에 단단하게 디뎠다. 즉, 그는 무대 가까이에, 1층 특별석의 금으로 과도하게 장식된 아치형 벽에 기대어 있었는데, 그것은 고개를 숙여 아치를 지탱하고 있는 바로크 양식의 수염 난 남상주(男像柱)와, 이것의 상대 기둥인, 부풀어 오른 두 유방을 홀 쪽을 향해 내밀고 있는 여상주(女像柱) 사이에 있었다. 그럴듯하게 보이든 그렇지 않든 간에 그는 이따금씩 오페라글라스를 눈에 갖다 대기도 하면서 기분 좋게 감상하는 행세를 취했다. 그는 환하게 빛을 발하는 주위를 흘금흘금 둘러보았지만 유독 한 군데만큼은 시선을 피했다.

축제는 절정에 달해 있었다. 볼록하게 나온 특별석 뒤쪽에 차려진 상에서는 사람들이 식사하고 음료를 마시고 있었다. 그러는 동안 검은색과 색색의 연미복을 입고 거대한 국화를 단추 구멍에 꽂은 신사들은 화려한 머리 단장과 눈부신 몸치장을 한 숙녀들의 분 바른 어깨 쪽으로 몸을 기울이고 있었으며, 잡담하면서 각양각색의 사람들로 이루어진 홀 안의 무리를 내려다보며 가리키고 있었다. 이 무리는 여러 그룹으로 나누어지기도 하고, 인파에 밀려갔다가, 바글거리면서 흐름을 막기도 하고, 소용돌이 속에서 같이 휘감기다가 알록달록한 색채가 빠르게 변하면서 다시 듬성듬성해지기도 했다……

하늘하늘한 야회복을 입고, 두건 모양의 모자를 그로테스크한 나비매듭으로 턱밑에 붙들어 매고 기다란 스틱에 기대어 있는 여자들은 기다란 손잡이가 달린 오페라글라스를 눈앞에 대고 있었고, 남성들의 볼록하게 부푼 소매는 자신들이 쓰고 있는 회색 실크해트의 테까지 거의 올라와 있었다…… 사람들은 위층 관람석까지 들리게 큰소리로 농담을 해대고 있었고, 서로 인사하며 맥주와 샴페인 잔을 들어 건배하고 있었다. 사람들은 고개를 뒤로 젖히고 연극이 진행되고 있는 무대 앞에 몰려들었다. 그 무대 위에서는 날카로운 소리가 들리는 가운데 뭔가 기괴한 장면이 다채롭게 연출되고 있었다. 그러고 나서 무대 커튼이 스르륵 소리를 내며 닫히자 큰 웃음과 박수갈채 속에서 모두 흩어져 들어갔다. 오케스트라 음악이 울려 퍼졌다. 사람들이 어정거리며 몰려와 서로 뒤죽박죽이 되었다. 그리고 이 화사한 실내공간은 낮보다 더 밝은 황금빛으로 채워져, 모든 사람의 눈에 불빛이 반짝거렸다. 그러면서 뭔가를 그냥 간절히 바라는 듯이 모두가 가쁘게 숨을 쉬며 꽃과 와인 냄새, 음식, 먼지, 화장분, 향수 그리고 축제로 인해 달아오른 몸에서 나는 냄새를 들여 마시고 있었다. 그것은 뜨뜻미지근하면서도 자극적인 냄새였다……

오케스트라 연주가 멈추었다. 사람들은 팔짱을 낀 채 멈추어 서서 미소를 지으면서 무대를 바라보았다. 그 무대에서는 찡찡 우는 소리가 나고, 한숨을 쉬는 소리가 나면서 뭔가 새로운 일이 벌어지고 있었다. 네다섯 명의 배우들이 농부 옷을 입고 클라리넷과 콧소리를 내는 현악기를 연주하면서 반음으로 씨름하는 듯 힘겹게 올라가는 트리스탄 음악을 패러디하고 있었다…… 데틀레프는 후끈거리는 눈꺼풀을 잠깐 감았다. 그는 제멋대로 왜곡되게 표현된 이러한 음조에서도 고통스럽게 하나가 되고자 하는 그리움을 느낄 수밖에 없는 감각을 지니고 있었다. 그러자 어느 한 밝고 평범한 삶을 사는 자식에 대한 질투와 사랑에 빠진 외로운 자의 질식할 듯한 서글픈 감정이 갑자기 그의 내면에서부터 새롭게 솟구쳐 올라왔다……

릴리 …… 그의 영혼 속에서 그 이름은 애원과 애정으로 각인되어 있었다. 그래서 이제 그는 시선을 슬며시 저 먼 지점으로 돌리지 않을 수 없었다⋯⋯ 그렇다, 그녀는 여전히 그곳에 있었다. 그녀는 아직도 그가 그녀를 조금 전에 떠나온 저쪽 뒤 같은 자리에 서 있었던 것이다. 그리고 혼잡한 무리가 갈라질 때면, 그는 이따금씩 그녀의 모습을 온전히 볼 수 있었다. 그녀는 은으로 장식된 우윳빛 비단 원피스를 입고 금발 머리를 약간 비스듬히 기울여 양손을 등 뒤에 대고 벽에 기대어 수다를 떨면서 짓궂게 화가의 눈을 빤히 쳐다보고 있었다. 화가의 눈은 그녀 자신의 눈과 마찬가지로 확 트이고 해맑은 파란 눈이었다⋯⋯

그들은 무슨 이야기를 하고 있었을까? 그들은 무엇에 대해 아직까지도 이야기를 나누고 있는 것일까? 아무런 해악도 없고, 아무런 요구도 없는 천진난만하고 생기발랄한 샘, 마르지 않고 철철 넘치는 샘에서 저 수다가 이리도 가뿐하고 손쉽게 술술 흘러나오는구나! 하지만 그는 몽상하고 인식하는 삶을 사느라, 힘을 빼가면서 통찰하고 창작의 압박에 시달리느라 수다를 떨기에는 진지해지고 느려져서 대화에 동참하는 방법을 알지 못했던 것이다. 반항심, 절망감과 동시에 너그러운 마음이 엄습하여 그는 두 사람을 단둘이 내버려 두고 와버렸지만, 곧 그들이 흡가분한 미소를 짓는 모습을 먼발치에서 알아보고 목이 조이는 듯한 질투심에 사로잡혔다. 그들은 부담스러운 그가 사라지자 잘되었다고 생각하며 미소를 짓고 있었다.

그는 무엇 때문에 왔던가? 무엇 때문에 그는 오늘 다시 왔더란 말인가? 그는 무엇 때문에, 실제로는 자신을 받아줄 것도 아니면서 자신의 주위에 몰려들어 자극하는 그런 거리낌 없는 무리에 섞여 고통스러워하고 있는가? 그는 잘 알고도 남았다, 이러한 욕구를 말이다! "외로운 사람들인 우리는" 하고 그는 어디선가 한번 조용한 시간에 고백하는 글을 쓴 적이 있다. "세상과 유리된 몽상가이자 삶을 빼앗긴 우리는 인위적이고 얼음같이 차가운 저편이자 외지에서 골똘히 생각하는 나날을 보내고 있다. 생기발랄한 사람들에게 인식과 의기소침이라는 낙인이 찍힌 우리의 이마를 보이자마자 우리는 극복하기 힘든 낯섬이라는 썰렁한 분위기를 조성하게 된다…… 사람들은 현존재의 불쌍한 유령인 우리를 겁먹은 존경심을 갖고 대하고는 가능한 한 빨리 다시 우리 자신에게 내맡겨 둔다. 공허하면서도 유식한 우리의 시선이 그들의 즐거움을 더 이상 방해하지 않도록 말이다. 우리 모두는 우리 내면에 무해한 것, 단순한 것, 살아있는 것에 대한 그리움, 약간의 우정, 헌신, 신뢰와 인간적 행복에 대한 그리움을 품고 있는데 그것은 은밀하면서도 우리 내면을 갉아먹는 그리움이다. 우리가 제외된 '삶'은, — 우리처럼 평범하지 않은 사람들에게 대단한 위대함과 자유분방한 아름다움의 모습으로서, 즉 평범하지 않은 것으로서 표현되는 것이 아니다. 평범하고, 예의 바르고, 사랑스러운 것이 우리가 그리워하는 영역이며, 매혹적인 진부함 속에 있는 삶이다……"

그가 대화를 나누고 있는 두 사람한테 눈길을 돌리는 사이, 연이어 터지는 선량한 웃음소리가 홀 전체에 퍼지는 바람에 묵직하고 감미로운 사랑의 선율을 감상적 분위기로 일그러지게 한 클라리넷 연주가 중단되었다…… 너희들이구나, 하고 그는 느꼈다. 너희들은 정신과 영원히 대립해 있는 따뜻하고 사랑스럽고 어리석은 삶이지. 정신이 너희들을 경멸한다고 생각하지 마. 깔보는 듯한 어떤 표정을 믿지 마. 우리는 너희들을 살금살금 뒤따라가고 있어, 우리들, 깊은 땅속의 요정이자 인식하지 못하는 요괴들인 우리는 멀찍이 서 있어, 그리고 우리의 두 눈엔 너희들을 닮고 싶어 애타게 바라보는 그리움이 불타고 있어.

여기서 자긍심이 생길만한가? 그 정신은 우리가 외롭다는 사실을 부인하고 싶은 것일까? 정신적 작품이 모든 시간과 장소에서 살아 있는 사람들과의 더 고상한 사랑의 결합을 보장한다고 뻐기는 것일까? 아, 누구와의 결합이라고? 누구라고? 언제나 우리와 같은 부류의 사람들, 괴로워하는 자들, 그리워하는 자들, 가련한 자들과 합일이 이루어질 뿐이지. 그러나 너희들, 정신을 필요로 하지 않는 파란 눈을 가진 너희들과는 절대 아니지.

……이제 그들은 춤을 추고 있었다. 무대 위의 공연은 끝났

다. 오케스트라가 쾅쾅 소리를 내며 노래를 연주했다. 매끄러운 바닥 위를 쌍쌍이 미끄러지면서 회전하며 몸을 이리저리 흔들었다. 그리고 릴리는 키 작은 화가와 춤을 추고 있었다. 자그마하고 고운 그녀의 얼굴은 은빛으로 수놓은 꽃받침 모양의 빳빳한 옷깃으로부터 얼마나 사랑스럽게 솟아올랐던가! 그들은 침착하고 경쾌하게 스텝을 밟고 회전하면서 좁은 공간에서 이리저리 움직였다. 그의 얼굴은 그녀의 얼굴을 향하고 있었다. 그리고 그들은 평범하고 감미로운 리듬에 차분하게 몸을 내맡기며 미소를 지으면서 계속 대화를 나누고 있었다.

외롭게 혼자 있던 그가 갑자기 뭔가를 붙잡아 모양을 만들어내는 것 같은 손동작을 해 보였다. 너희들은 그래도 내 거야, 라고 그는 느꼈다. 그리고 나는 너희들보다 우월하다고! 나는 미소 지으며 너희들의 단순한 영혼을 꿰뚫어 보고 있지 않은가? 나는 약간의 냉소가 섞인 사랑의 감정으로 너희들의 몸이 순진하게 움직이고 있는 것을 알아채고는 기억하고 있지 않는가? 너희들의 아무 생각 없는 행동을 보면 나의 내부에서는 말과 아이러니의 힘들이 불끈 생겨나서 나의 예술적 조명 아래 너희들의 어리석은 행복을 유희적으로 흉내 내고 세상의 감동에 내맡기려는 욕구와 흥겨운 권력욕으로 내 가슴은 두근거리지 않는가? ……

그러고 나서 그의 내부에서는 그처럼 대담하게 일어났던 모든 것이 다시 그리움에 지쳐 힘없이 무너져 내렸다. 아, 한 번만, 오늘 하룻밤만이라도, 예술가가 아닌 인간이 되어봤으면! 너는 존재해서는 안 돼, 너는 바라보아야만 해, 너는 살아서는 안 돼, 너는 창조해야만 해, 너는 사랑해서는 안 돼, 너는 알아야 해! 이 범접할 수 없는 내용의 저주로부터 한 번만이라도 벗어났으면! 한 번만이라도 진심 어린 소박한 감정으로 살고 사랑하고 찬미해보았으면! 한 번만이라도 너희들 틈에 섞여 있고, 너희들 안에 있고, 너희들로 존재해 보았으면, 생기 넘치는 너희들! 한 번만이라도 너희들을 황홀하게 한 모금씩 들이마시며 음미해봤으면 — 평범함 속의 환희인 너희들이여!

……그는 움찔해서 몸을 돌렸다. 이 모든 귀엽고 상기된 얼굴들이 자신을 알아보고 유심히 쳐다보며 불쾌해하는 표정을 지을 것만 같았다. 이곳을 떠나 고요와 어둠을 찾고 싶다는 바람이 갑자기 그의 내면에서 저항할 수 없을 정도로 강렬해졌다. 그래, 떠나자, 작별 인사 없이 완전히 물러나자. 조금 전에 릴리 곁에 있다가 물러났을 때처럼 말이다, 그리고 집에 가서 불행한 감정으로 뜨거워진 머리를 서늘한 베개에 눕히자. 그는 출구 쪽으로 걸어갔다.

그녀는 그것을 알아차릴까? 그는 이렇게 떠나는 것을 잘 알고 있었다. 이처럼 말없이 당당하면서 절망적인 심정으로 어느 홀에서, 어느 정원에서, 어느 즐거운 사교 장소에서 자신이 그리워하는 밝은 본성을 지닌 존재에게 잠시나마 그늘과 당혹스러운 반성과 동정심을 안겨줄 수 있을지 모른다고 은밀히 기대하면서 빠져나간다는 것을 잘 알고 있었다…… 그는 멈춰 서서 다시 한번 건너편을 바라보았다. 그는 마음속으로 애원했다. 거기 머물러 있으면서 참고 견디자, 멀리서나마 그녀 근처에서 머무르자, 그러면 예상치 못한 행운을 기대할 수 있지 않을까? — 소용없는 일이었다. 그 어떤 접근도 소통도 희망도 없는 일이었다. 가라, 어둠 속으로 가서 경직되고 황량하고 차가운 네 예술의 세계에서도 눈물이라는 게 있긴 있다면, 울 수만 있다면, 두 손으로 얼굴을 감싸 안고 실컷 울어라! 그는 홀을 떠났다.

그는 가슴에서 타는 듯하고 은근히 쑤시는 듯한 고통을 느끼는 동시에 말도 안 되고 터무니없는 기대도 품고 있었다…… 그녀가 보고, 사태가 어떤지 파악하고 와서는, 단순히 동정심에서일지라도 좋으니 그를 따라와 그를 중도에서 붙잡으며 '여기 머물러요, 기분 푸세요, 당신을 사랑해요'라고 그에게 말해야 한다는 기대 말이다. 그러고 나서 그는 걸음을 아주 느릿느릿 옮겼다. 비록 춤추며 수다 떨고 있는 자그마한 릴리, 그녀가 결코 오지 않을 거라는 걸 웃기게도 확실하게 알고 있었지만 말이다……

새벽 두 시였다. 복도는 인적이 없었고, 소지품 보관소의 긴 탁자 뒤에서는 여성 관리인들이 꾸벅꾸벅 졸고 있었다. 그 이외에는 아무도 집에 갈 생각을 하지 않았다. — 그는 외투를 둘러입고 모자를 쓰고 지팡이를 챙겨 극장을 떠났다.

광장에는 희끄무레하게 비치는 겨울밤 안개 속에 마차들이 길게 줄지어 늘어서 있었다. 머리를 푹 숙인 말들은 등에 덮개를 덮고서 마차 앞에 서 있었고, 겹겹이 옷으로 몸을 감싼 마부들은 삼삼오오 모여서 단단한 눈을 쿵쿵 밟아대고 있었다. 데틀레프는 그들 중 한 사람에게 손짓했다. 그 남자가 자신의 말을 준비하는 동안 그는 조명이 밝은 로비의 출구에서 머물렀고, 차갑고 매서운 바람이 빠르게 뛰는 그의 관자놀이 부근을 장난치듯 때렸다.

샴페인의 김빠진 뒷맛 때문에 그는 담배가 피우고 싶어졌다. 그는 기계적인 동작으로 담배를 하나 꺼내 성냥을 그어 불을 붙였다. 그런데 이때, 작은 불꽃이 꺼지는 순간, 그는 무언가와 마주쳤다, 처음에 그는 뭔지 모르는 그 무엇 때문에 깜짝 놀라 어쩔 줄 모른 채 양팔을 아래로 내려뜨리고 서 있었다. 그는 이 충격을 이겨낼 수도, 잊을 수도 없었다……

성냥의 작은 불꽃으로 인해 부셨던 눈이 점차 익숙해지자, 어둠 속에서 봉두난발에다 움푹 들어간 양 볼과 붉은 수염을 한 얼굴이 나타났다. 염증이 있고 눈가에 어두운 서클이 둘러져 비참해 보이는 눈을 가진 그는 상스럽게 경멸하고 뭔가 열심히 탐색하는 듯한 눈빛으로 데틀레프의 눈을 빤히 들여다보고 있었다……

이런 비통한 얼굴을 하고 있던 그자는 그에게서 불과 두세 걸음밖에 떨어져 있지 않았다. 그자는 두 주먹을 바지 호주머니에 깊이 집어넣고 너덜너덜한 재킷의 옷깃을 위로 높이 세우고서 극장 입구를 양쪽으로 둘러싸고 있는 가로등의 기둥들 중 하나에 몸을 기대고 있었다. 그의 시선은 오페라글라스가 걸려 있는 데틀레프의 모피 외투부터 에나멜 가죽구두까지 그의 온몸을 죽 훑고는 다시 그 열렬한 탐색의 눈으로 그의 두 눈을 뚫어져라 쳐다보았다. 딱 한 번 그자는 흥하고 콧김을 경멸적으로 짧게 내뿜었을 뿐이다…… 그러고 나서 그의 몸은 추위 속에서 움츠러들고, 그의 축 늘어진 양 볼은 더욱 깊이 파인 것처럼 보였다. 그러는 사이 그의 눈꺼풀은 떨리면서 감겼고 그의 입꼬리는 고약스러우면서도 비통하게 아래쪽으로 뻗쳐 있었다.

데틀레프는 경직되어 서 있었다. 그는 사태를 이해하려고 애썼다. 유쾌하고 잘 지내는 척하며 축제에 참석했던 그가 로비를 떠날 때 보인 모습, 마부에게 손짓하고 은으로 도금이 된 케이스에서 담배를 꺼내려고 했던 모습이 갑자기 떠올랐다. 자기도 모르는 사이에 그는 손을 들어 올려 자신의 머리를 막 치려고 했다. 그는 그자에게 한 걸음 다가갔다. 그는 그에게 말을 건네고 해명하기 위해 숨을 골랐다…… 그럼에도 불구하고 다음 순간 그는 대기 중인 마차에 말없이 올라타고 말았다. 여기서 명쾌하게 문제를 해결하기란 불가능할 거란 생각에 당황해서 정신을 못 차린 그는 마부에게 행선지를 알려주는 것조차 깜빡 잊어버릴 정도였다.

얼마나 잘못된 일인가, 하느님 맙소사, — 얼마나 엄청난 오해인가! 이 궁핍하고 버림받은 자는 욕구와 쓰라림, 시기와 그리움이 담긴 엄청난 경멸심을 갖고서 그를 바라보지 않았는가! 그자는, 그 굶주리는 자는 자신을 조금 드러내 보이지 않았던가? 추워서 덜덜 떨고, 원망에 찬 고약한 표정으로, 꺼릴 것 없이 행복한 그자에게 잠시나마 그늘을 드리우고, 당황스러운 성찰과 동정심의 순간을 마련한다는 인상을 주고 싶다는 바람을 표현한 것이 아니었을까? 너는 착각하고 있어, 친구, 아무런 효과도 없었어. 나한테 네 비참한 몰골은 낯설고 두려운 세상으로부터 오는 끔찍하고 창피한 경고가 절대 아니야. **우리는 정말이지 형제니까 말이야!** —

여기 있나, 친구, 여기 가슴 위쪽에서 화끈거리는 거 아니야? 나는 그걸 아주 잘 알아! 그런데 넌 무슨 일로 왔단 말인가? 왜 너는 고집스럽고 당당하게 어둠 속에 머물러 있지 않고 뒤로 음악과 삶의 웃음이 흐르고 있는 밝게 빛나는 창문 아래에 자리를 잡고 있단 말인가? 너를 거기로 가게 만든 그 병든 욕망, 즉 증오라고도 사랑이라고도 부를 수 있는 비참한 심정을 생기게 한 그 욕망을 나라고 모르겠는가?

나한테는 네 마음을 채우고 있는 온갖 비참한 심정이 전혀 낯설지 않아, 그런데 넌 나를 무안하게 만든다고 생각했어! 정신이라는 게 뭐야? 유희적으로 증오하는 것이다! 예술이란 무엇인가? 그리움을 형상화하는 것이다! 우리 둘의 고향은 기만당한 자들, 굶주리는 자들, 탄핵하는 자들 그리고 부정하는 자들의 나라야. 그리고 자기 경멸로 가득 찬 배반의 시간들 또한 우리 둘은 공통으로 갖고 있지. 우리는 삶과 어리석은 행복에 대한 굴욕적인 사랑에 빠져 있어. 하지만 너는 나를 알아보지 못했지.

착각이야! 착각이란 말야! …… 그리고 이와 같은 연민에 완전히 빠져 있을 때, 그의 깊숙한 곳 어디에선가 고통스러우면서도 달콤한 예감이 피어올랐다…… 그런데 저 사람만 착각하고 있는 걸까? 착각의 끝은 어디인가? 지상에서의 모든 그리움이 착각이 아니던가? 정신과 예술을 통한 정화와 언어를 통한 구원을 알지도 못하고 묵묵히 살아가는, 본능적으로 단순하게 살아가는 사람들에 대한 나의 그리움이 제일 먼저 착각이 아니던가? 아, 우리는 모두 형제자매들이고, 우리는 평화를 얻지 못하고 괴로워하는 의지의 피조물들이다. 우리는 서로를 알아보지 못한다. 우리에겐 다른 사랑이 필요하다, 다른 사랑이……

그리고 그가 집에서 자신의 책들과 그림들, 조용히 바라보고 있는 흉상들 사이에 앉아 있는 동안에 다음과 같은 부드러운 말이 그의 마음을 움직였다. "애들아, 서로 사랑하거라……"

토니오 크뢰거

1

비좁은 도시 상공에 겹겹이 낀 구름 뒤로 겨울 해가 그저 우윳빛으로 희미하게 빛을 내며 떠 있었다. 합각머리 모양의 지붕들이 길 양쪽으로 죽 들어서 있는 골목은 축축한 바람이 불었다. 때때로 얼음도 아니고 눈도 아닌 일종의 부드러운 우박 같은 것이 떨어졌다.

학교가 파했다. 해방된 학생들의 무리가 포석이 깔린 안뜰로, 격자문 바깥으로 쏟아져 나와서는 좌우로 흩어져 서둘러 가고 있었다. 키가 큰 학생들은 의젓하게 그들의 책 꾸러미를 왼쪽 어깨 위로 높이 들쳐 매고는 바람을 거슬러 노를 젓듯이 오른팔을 흔들면서 점심이 기다리고 있는 집을 향해서 갔고, 키가 작은 녀석들은 유쾌하게 종종걸음을 치며 뛰어갔다. 그 바람에 눈 섞인 물이 사방으로 튀고 물개 가죽 가방 안에 들어 있는 온갖 학용품들이 달그락거렸다. 그러나 보탄의 모자[12]를 쓰

12 보탄Wotan이 착용했던 챙이 넓은 모자. 보탄은 게르만 신화의 주신으로 보단Wodan이라고도 하며, 영어로는 오딘Odin이다.

고 주피터처럼 수염을 기른 채 위엄있게 걸어가는 주임 교사 앞에서는 모두가 여기저기서 공손한 눈을 하며 모자를 벗고 인사를 드렸다……

“이제야 오는 거니, 한스?” 차도 위에서 오랫동안 기다리던 토니오 크뢰거가 말했다. 그러면서 그는 다른 친구들과 이야기를 나누며 교문에서 나오는 친구에게 미소를 지으며 다가갔다. 그러나 그 친구는 이미 친구들과 함께 그곳을 떠나려던 참이었다…… “왜 무슨 일이야?” 하고 그가 묻더니 토니오를 쳐다보았다…… “아 참, 그렇지! 그럼 우리 좀 걸어볼까.”

토니오는 아무 말도 안 했고, 그의 두 눈은 흐릿해졌다. 한스는 그들이 오늘 오후에 함께 산책을 좀 하기로 했던 것을 잊고 있다가 이제야 비로소 다시금 그 사실이 생각났던 걸까? 그런데 토니오 자신은 그 약속을 한 후부터는 거의 줄곧 그것만을 학수고대하였는데 말이다!

“자 그럼, 애들아, 안녕!” 하고 한스 한젠은 친구들에게 말했다. “나는 크뢰거랑 좀 더 걸으려고 해.” — 그리고 두 사람은 왼쪽 길로 돌아섰고, 반면 다른 아이들은 오른쪽 길로 어슬렁거리며 갔다.

한스와 토니오는 학교 수업이 끝난 후에 산책할 시간을 가졌다. 왜냐하면 그들은 4시에야 비로소 점심을 먹는 집안의 아이들이었기 때문이다. 그들의 아버지들은 대사업가인데다 공직자들이었고 이 도시의 유력한 인사들이었다. 한젠 가문은 이미 여러 세대 전부터 저 아래 강변에 널찍한 목재 적재장을 소유하고 있었는데, 그곳에서는 엄청나게 큰 기계톱들이 왱왱 씽씽 요란한 소리를 내며 나무들을 잘라냈다. 반면 토니오는 크뢰거 영사의 아들이었다. 사람들은 크뢰거 영사가 경영하는 회사 상호가 검고 큼지막하게 찍힌 곡물 자루들이 마차에 실려 거리를 지나가는 광경을 매일같이 보았다. 조상 대대로 살아오던 유서 깊은 그의 대저택은 도시 전체를 통틀어 가장 으리으리한 집이었다…… 두 친구는 아는 사람들이 많아 줄곧 모자를 벗어야만 했고 심지어는 많은 사람이 열네 살짜리 아이들에게 먼저 인사를 하기도 했다……

둘은 책가방을 양어깨에 메고 있었고, 둘 다 따뜻하고 좋은 옷을 입고 있었다. 한스는 짧은 해군 반코트를 걸쳤는데, 그 위로는 해군복 상의의 파랗고 넓은 칼라가 양어깨와 등 뒤로 늘어져 있었다. 한스는 짧은 리본이 달린 덴마크 선원 모자를 쓰고 있었는데, 그 모자 아래로 연한 금발의 머리카락이 삐져나와 있었다. 그는 무척이나 귀엽고 잘생긴 데다가, 어깨는 떡 벌어지고 허리는 날씬했으며, 두 눈썹 사이는 널찍하였고 예리하게 번득이는 강철색의 파란 눈을 가지고 있었다. 반면 토니오의 둥근 털모자 아래에는 상당히 남국적이고 윤곽이 날카로운 갈색 얼굴이 자리하였는데, 그 얼굴에서는 부드럽게 그늘진 검은 두 눈이 너무 무거운 듯한 눈꺼풀을 한 채 꿈꾸는 듯이, 약간 겁먹은 듯이 바깥쪽을 내다보고 있었다…… 입과 턱은 유난히도 부드러워 보였다. 토니오가 아무렇게나 막 되는 대로 걸어갔다면, 한스는 검은 양말을 신은 날씬한 두 다리로 매우 탄력 있고 절도 있게 걸어갔다.

토니오는 말이 없었다. 그는 마음이 괴로웠다. 그는 약간 비스듬히 난 두 눈썹을 찌푸리고 휘파람이라도 불 듯 입술을 둥글게 한 채 고개를 옆으로 기울이며 먼 곳을 바라보았다. 이것은 그만의 독특한 자세와 표정이었다.

갑자기 한스가 토니오의 팔짱을 끼면서 옆에서 토니오를 바라보았다. 왜냐하면 한스는 지금 뭐가 문제인지 잘 알고 있었기 때문이다. 몇 걸음 걸어가는 동안에도 토니오는 아직 입을 열지 않았지만, 단번에 그의 기분이 많이 누그러졌다.

"정말 내가 약속을 잊었던 건 아냐, 토니오." 한스는 이렇게 말하고 자기 발밑의 보도를 내려다보았다. "길이 이렇게 젖어 있고 바람이 불어서 오늘은 산책할 수 없을 거로 생각했을 뿐이야. 하지만 난 그래도 아무런 상관이 없어. 그런데도 네가 나를 기다려줘서 너무 다행이라 생각해. 네가 집에 갔을 거로 생각하고 화가 나려던 참이었거든."

이 말을 듣고 토니오는 마음속으로 환호성을 지르며 뛸 듯이 기뻤다.

"그랬구나, 자, 그럼 걸어가 보자!" 토니오가 들뜬 목소리로 말했다. "물레방아 둑길, 홀스텐 성문의 둑길을 걷다가, 그렇게 해서 너의 집까지 데려다줄게, 한스…… 아니, 괜찮아, 그러고 나서 나 혼자 집에 가는 건 전혀 상관없어. 다음에는 네가 나를 데려다주면 돼."

사실 토니오는 한스가 말한 것을 아주 완전히 믿지는 않았다. 그는 한스가 그들 둘이서 하는 이 산책에 자신이 생각하고 있는 절반만큼의 비중도 안 둔다는 것을 분명히 느끼고 있었다. 그렇지만 한스가 자신이 한 약속을 잊은 것에 대해 뉘우치고 있고 자기와 화해하려고 애쓰는 것을 알 수 있었다. 그는 그런 화해를 뿌리칠 생각이 전혀 없었다……

문제는 토니오가 한스 한젠을 사랑하고 한스로 인해 벌써 많은 괴로움을 겪었다는 사실이었다. 가장 많이 사랑하는 사람이 패배자이고, 괴로움을 겪어야만 한다. — 이런 단순하고 가혹한 교훈을 열네 살 난 토니오의 영혼은 이미 삶에서 터득하고 있었다. 말하자면 그는 이러한 경험을 마음에 새겨 두고 거기에서 어느 정도 기쁨을 느끼곤 했지만, 그 자신이 그런 경험에 순응하여 거기서 실제로 이득을 끌어내는 그런 성격은 아니었다. 또한 그는 학교에서 강요하는 지식보다 이런 교훈을 훨씬 더 중요하고 흥미 있게 생각하는 편이기도 했다. 그래서 고딕식 아치형의 교실에서 수업을 받을 때도 이렇게 통찰한 교훈들을 밑바닥까지 느껴보고 충분히 심사숙고하곤 했다. 이런 일에 몰두할 때면 그는 마치 바이올린을 들고(그는 바이올린을 연주할 줄 알았다) 자기 방 안을 이리저리 돌아다니면서, 저 아래 정원의 오래된 호두나무 가지 아래에서 춤을 추듯 솟아오르는 분수의 찰랑거리는 물줄기 소리에 맞춰, 할 수 있는 한 아주 부드러운 소리로 화음을 넣어줄 때와 아주 비슷한 만족감을 느꼈다.

분수, 오래된 호두나무, 그의 바이올린, 그리고 저 멀리에 있는 바다, 즉 방학이면 찾아가 여름날의 꿈을 귀 기울여 들을 수 있는 발트해, 이런 것들이 그가 사랑하는 것들이었고, 말하자면 그는 이런 것들에 에워싸여 있었으며, 이런 것들 사이에서 그의 내면적인 삶이 영위되고 있었던 것이다. 그는 시를 쓸 때 이런 이름들을 시에 매우 효과적으로 활용할 수 있었고, 실제로 토니오 크뢰거가 가끔 지어 놓은 시에서도, 이런 이름들이 항상 반복해서 울려 나오곤 했다.

그가 자신이 쓴 시를 적은 한 권의 공책을 가지고 있다는 사실이 자신의 실수로 알려졌는데, 이 사실이 동급생들뿐 아니라 교사들에게도 매우 좋지 않은 인상을 주게 되었다. 크뢰거 영사의 아들인 토니오에게는 그들의 태도에 대해 언짢게 생각하는 것이 한편으로는 어리석고 비열하다는 생각이 들었다. 그래서 그는 언짢게 생각하는 대신에 동급생들과 교사들을 경멸했다. 그렇지 않아도 그는 그들의 좋지 않은 태도를 역겹게 생각하였고, 이들 개개인의 약점을 이상할 정도로 훤히 꿰뚫어 보고 있었다. 그러나 또 다른 한편으로는 시를 쓴다는 것이 방종한 짓이며 원래 온당치 못한 짓이라는 것을 그 자신도 느끼고 있어서, 그것을 이상한 짓거리라고 간주하는 모든 사람의 의견에 어느 정도 수긍하지 않을 수 없었다. 하지만 그렇다고 해서 그러한 사실이 그가 시를 쓰는 것을 그만두게 할 수는 없었다.

그는 집에서 시간을 헛되이 보냈고, 수업 시간에는 태만하고 산만한 정신으로 보내서 선생님들로부터 좋지 않은 평점을 받았기 때문에, 늘 한심하기 그지없는 성적표를 집으로 가져왔다. 이에 대해 그의 아버지는 사색적인 파란 눈에 세심하게 옷을 입었고 키가 훤칠하고 항상 단춧구멍에 들꽃 한 송이를 꽂고 다니는 신사였는데, 그 점에 대해 몹시 화를 냈고 걱정하는 기색을 보였다. 하지만 토니오의 어머니, 머리카락이 검고 아름다우며 콘수엘로라는 이름으로 불리던 어머니, 아버지가 그 언젠가 지도의 저 아래쪽에서 데려왔기 때문에 — 이 도시의 다른 부인들과는 완전히 달랐던 어머니한테는 성적표 따위는 아무래도 상관이 없었다……

토니오는 피아노와 만돌린을 훌륭하게 연주하는, 검은 머리의 정열적인 어머니를 사랑했다. 그리고 그는 아들이 사람들에게서 의심스러운 평가를 받아도 어머니가 괴로워하지 않는다는 것이 기뻤다. 그러나 또 다른 한편으로는 아버지의 노여움이 훨씬 더 위엄이 있고 존경할 만하다고 느꼈다. 그리고 그가 아버지로부터 꾸지람을 들어도 근본적으로 아버지의 태도에는 전적으로 공감한 반면 어머니의 명랑한 무관심을 약간 방종하다고 느꼈다. 때때로 그는 대충 이런 생각을 하기도 했다. 나는 단지 있는 그대로의 나로 충분해. 나 자신을 바꾸고 싶지도 않고 바꿀 수도 없어. 느슨하게 살아가고, 고집부리고, 나 말고는 누구도 생각하지 않은 것들에 마음을 쏟을 거야. 적어도 이런 나를 엄하게 나무라고 벌주는 것은 당연하겠지. 입맞춤하거나 음악으로 그냥 넘길 문제가 아니야. 그래도 우리는 초록색 마차를 타고 다니는 집시들이 아니라 점잖은 사람들이고 영사 크뢰거의 가족들, 크뢰거 가문의 사람들이란 말이야…… 또한 그는 간혹 이렇게 생각하기도 했다. 나는 왜 이렇게 유별나서 세상 모든 것과 충돌하고, 선생님들과는 사이가 안 좋고, 다른 소년들 사이에 있으면 서먹서먹한 것일까? 저 착실한 학생들과 건실하고 평범한 학생들을 좀 봐라. 그들은 선생님들을 우스꽝스럽게 여기지 않고, 시를 쓰지 않으며, 누구나 그렇게 생각하고 큰 소리로 말할 수 있는 것만을 생각하지. 그들은 자기들이 정말 정상적이라고 생각하고, 모든 것과 그리고 모든 사람과 일치감을 느낄 것임이 틀림없어! 그건 틀림없이 좋은 느낌일 거야…… 그러나 나는 도대체 뭐람? 그리고 이 모든 게 앞

으로 어떻게 되어갈까?'

자기 자신과 삶에 대한 자신의 관계를 바라보는 이러한 방법과 버릇이 한스 한젠에 대한 토니오의 사랑에 중요한 역할을 했다. 토니오가 한스를 사랑한 것은 우선 그가 미소년이었기 때문이다. 그러나 그다음에는 한스가 모든 면에서 자신과 정반대라고 여겨졌기 때문이다. 한스 한젠은 우등생이었고, 그뿐만 아니라 영웅처럼 승마, 체조, 수영을 잘하는 씩씩한 장부라서 모든 사람으로부터 인기를 누리고 있었다. 선생님들은 거의 애정을 가지고 그를 대하고 있었고, 그를 부를 때 성이 아닌 이름을 불렀으며, 온갖 방법으로 그를 격려해 주었다. 동급생들도 그에게 환심을 사려고 애를 썼다. 그리고 길거리에서는 신사들과 숙녀들이 그를 붙잡아 세우고는 그의 덴마크 선원 모자 아래로 삐져나온 연한 금발의 머리카락을 만져보면서 이렇게 말했다. "안녕, 한스 한젠, 너의 머리숱이 참 탐스럽구나! 여전히 반에서 일등이지? 엄마 아빠한테 안부 말씀 전해 주렴, 멋진 도련님 ……"

한스 한젠은 이런 아이였다. 그리고 토니오 크뢰거는 그를 알고 난 후부터 그를 바라볼 때마다 동경을 느꼈는데, 그것은 가슴을 짓누르며 불타오르는 질투심이 섞인 동경이었다. '너처럼 그런 파란 눈을 지니고, 온 세상 사람들과 그토록 정상적이고 행복한 관계를 맺으며 살 수 있다면 얼마나 좋을까!'하고 토니오는 생각했다. '너는 언제나 단정한 모습으로, 모두가 다 인정하는 방식으로 일을 하지. 너는 학교 숙제를 다하고 나서는 승마 교습을 받거나 실톱으로 작업을 하지. 너는 심지어 방학 중 바닷가에 있을 때조차도 노를 젓거나 돛배를 타거나, 수영하느라 여념이 없지. 네가 그러는 동안 나는 빈둥거리며 백사장에 멍하니 누워 바다 위를 휙 스쳐 지나가면서 신비롭게 바뀌는 자연의 말 없는 표정들을 응시하고 있을 따름이지. 그러나 그 때문에 너의 두 눈은 그렇게 맑은 거겠지. 나도 너처럼 되면 좋으련만……'

그는 한스 한젠처럼 되려고 시도하지는 않았다. 그리고 어쩌면 정말 진심으로 이런 소망을 품는 것조차 생각하지 않았을지 모른다. 그러나 그는 지금 자신의 있는 그대로의 모습을 한스가 사랑해주기를 간절히 갈망했다. 그래서 그는 자신의 방식대로, 즉 천천히 진심으로, 헌신적으로, 괴로워하면서 애처롭게 한스의 사랑을 얻으려고 했다. 그러나 이 애처로움으로 말할 것 같으면 사람들이 그의 이국적인 외모에서 기대할 수 있을 법한 그 어떤 격렬한 열정보다 더 심오하고 더 애타게 불타오르는 그런 애처로움이었다.

그런데 그의 구애의 노력이 아주 헛된 것은 아니었다. 말이 난 김에 하는 말이지만, 한스는 어려운 문제들을 표현할 수 있는 말솜씨에 있어서는 토니오가 자신보다 우월하다는 것을 인정하였기 때문이다. 그래서 한스는 자신에 대한 토니오의 사랑에 유별나게 강력하고 애정 어린 감정이 살아 숨 쉬고 있다는 것을 잘 알고 있었고, 여기에 대해 고마운 마음을 드러내 보였으며, 자기 자신도 호의를 표함으로써 토니오에게 상당한 행복감을 안겨주기도 했다. — 그러나 한스는 또한, 토니오에게 질투와 환멸의 고통을 적지 않게 안겨주었고, 정신적 공동체를 만들어 보려는 노력이 허사가 되어 버리는 상당한 고통도 안겨주었다. 왜냐하면 한스 한젠의 존재 방식을 부러워하긴 했지만, 이상하게도, 토니오는 한스를 자기 자신의 존재 방식 쪽으로 끊임없이 끌어오려고 노력했는데, 그 노력은 기껏해야 한순간 성공할 수 있었고, 설령 성공했다 하더라도 얼핏 보기에 성공한 것처럼 보이는 것에 불과했기 때문이다.

"나는 요즘 놀라운 것을 읽었어, 뭔가 굉장한 거야." 토니오가 말했다. 그들은 걸어가면서, 뮐렌 가에 있는 이베르젠 씨의 가게에서 10페니히를 주고 산 한 봉지의 과일사탕을 나눠 먹고 있었다. "너도 그걸 읽어 봐야 해, 한스. 그건 쉴러의 〈돈 카를로스〉[13]라는 작품이야…… 네가 원한다면 그 책 빌려줄게……"

"아냐, 괜찮아." 한스 한젠은 말했다. "그만둬, 토니오, 그건

---

13 〈Don Carlos〉: 스페인 왕 펠리페 2세의 아들 돈 카를로스의 비극적 생애를 다룬 실러(Friedrich Schiller)의 5막 희곡.

나에게 어울리지 않아. 나는 계속 말에 관한 책들을 읽을 거야. 너도 알잖아, 그 책 안에는 근사한 사진들이 들어있거든. 네가 언젠가 우리 집에 오면 그 사진들을 보여줄게. 그건 고속으로 촬영한 스냅 사진들인데, 빠른 걸음으로 걷고, 질주하고 도약하는 말들을 촬영한 것들이야. 동작이 너무 빨라 실제 육안으로는 도저히 볼 수 없는 모든 자세들을 다 볼 수 있어……"

"모든 자세를 다?" 토니오는 그저 예의상 말했다. "그래, 그건 참 굉장하겠구나. 그러나 〈돈 카를로스〉로 말할 것 같으면, 그건 모든 상상을 초월해. 그 책에는 네가 읽어 봐야 할 너무도 아름다운 대목들이 있어. 말하자면 읽는 사람의 가슴을 쾅 하고 내리치며 충격을 줄 정도이지……"

"쾅 소리가 난다고?" 한스 한젠은 물었다…… "어째서?"

"예를 들어, 거기에는 왕이 후작에게 속아서 우는 대목이 나오는데…… 그러나 후작은 오직 왕자를 위하는 마음에서 왕을 속인 거야, 알겠니? 왕자를 위해 자신을 희생한 거지. 그런데 그때 왕이 울었다는 소식이 밀실에서 별실로 전해져. '우셨다고?' '폐하께서 우셨다고?' 궁정의 모든 신하는 몹시 당황해하고, 그 소식이 사람들의 가슴을 깊이 파고들게 돼. 평소에 왕은 지독히 완고하고 엄격한 사람이기 때문이야. 그러나 왕이 운 이유를 충분히 이해할 수 있어. 그래서 사실 나는 왕자에 대한 안쓰러움과 후작에 대한 안쓰러움을 합한 것보다 왕에 대한 안쓰러움이 더욱 커. 왕은 항상 아주 외로웠고 사랑을 받지 못하고 지내다가, 이제야 한 사람을 발견했다고 생각했는데, 바로 그 사람이 왕을 배반하다니 말이야……"

한스 한젠은 옆에서 토니오의 얼굴을 쳐다보았다. 그런데 이 얼굴 속의 그 무언가가 한스로 하여금 그 화제에 대해 관심을 갖게 했음이 틀림없었다. 왜냐하면 한스가 갑자기 자기 팔을 토니오의 팔 아래 끼워 넣으면서 이렇게 물었기 때문이다.

"토니오, 그가 대체 어떤 식으로 왕을 배반하지?"

토니오는 감동하여 가슴이 뭉클해졌다.

"응, 그건 말이야!" 토니오가 말하기 시작했다. "브라반트와 플란데른으로 가는 모든 편지들이……"

"저기 에르빈 이머탈이 온다!" 한스가 외쳤다.

토니오는 말을 멈추었다. '저 이머탈이란 녀석!'하고 그는 생각했다. '지옥이 입을 벌려 저 녀석을 그만 집어 삼켜버렸으면 좋으련만! 왜 하필 지금 나타나 우릴 방해할 게 뭐람! 제발 저 녀석이 우리와 함께 걸어가면서 길 가는 내내 승마 교습에 관한 얘기나 안 했으면 좋겠는데'…… 토니오가 이런 생각을 하는 이유는 에르빈 이머탈도 한스와 마찬가지로 승마 교습을 받고 있기 때문이다. 그는 은행장의 아들이었으며 여기 도시 외곽의 성문 앞에 살고 있었다. 구부정한 다리와 가느다란 실눈을 지닌 이머탈은 벌써 책가방도 놔두고 온 채로 가로수길을 걸어 그들 둘을 향해 다가오고 있었다.

“안녕, 이머탈!” 한스가 말했다. “난 크뢰거와 산책을 좀 하고 있어……”

“난 시내로 가야 해.” 이머탈이 말했다. “볼 일이 있거든. 그렇지만 너희들하고 조금은 함께 걷지…… 너희 거기 갖고 있는 거 과일사탕이지? 그래, 고마워! 몇 개 먹을게. 한스, 우린 내일 또 교습 시간이 있어.” 교습 시간이라 하는 것은 승마 교습 시간을 말하는 것이었다.

“와 신난다!” 한스가 말했다. “얘, 난 이제 가죽 각반을 받을 거거든. 얼마 전에 내가 리포트에서 ‘수(秀)’를 받았기 때문이야……”

“크뢰거, 넌 아마 승마 교습 안 받지?” 이머탈이 물었다. 이때 그의 두 눈은 그저 반짝이는 째진 틈 같았다……

“그래……” 토니오는 아주 불분명한 어조로 대답했다.

“크뢰거, 너도 네 아버지한테 부탁드려서 교습을 받지, 그래.” 한스 한젠이 자신의 의견을 말했다.

“응……” 토니오는 성급하면서도 심드렁하게 대답했다. 토니오는 한스가 그의 성(姓)을 부르며 말을 걸어왔기 때문에 한순간 목구멍이 죄어드는 듯한 기분이었다. 그런데 한스도 이 점을 느낀 것 같았다. 왜냐하면 한스가 해명하듯 이런 말을 했기 때문이다.

"내가 너를 크뢰거라고 성을 부르는 이유는 네 이름이 아주 이상해서 그래. 얘, 미안해. 하지만 난 네 이름이 정말 마음에 안 들어. 토니오…… 그건 도저히 이름이라고 하기 어려워. 하긴 그게 네 탓은 아니지. 아니고말고!"

"네 탓은 아니야. 네 이름이 그런 인상을 주는 것은 아마도 그것이 이국적으로 들리고 뭔가 좀 유별나기 때문이지……" 이머탈이 말하면서, 마치 좋게 말해주려는 듯한 태도를 보였다.

토니오의 입이 씰룩거렸다. 그는 정신을 가다듬고 다음과 같이 말했다.

"그래, 어리석은 이름이지. 나도 차라리 하인리히나 빌헬름이라는 이름으로 불렸으면 좋겠어. 이건 진심이야. 그러나 안토니오라는 우리 외삼촌 한 분의 이름을 따서 내가 세례를 받았기 때문에 이렇게 된 거야. 내 어머니는 저 멀리 건너편 남쪽에서 오셨거든……"

그러고 나서 그는 입을 다물었다. 그러고는 그 둘이 말에 대해, 그리고 승마용 가죽 제품에 관해 이야기하도록 그냥 내버려 두었다. 한스는 이미 이머탈과 팔짱을 끼고 있었으며, 〈돈 카를로스〉 따위로는 그에게 결코 불러일으킬 수 없을…… 그런 친숙한 관심을 보이면서 거침없이 술술 이야기를 하고 있었다. 이따금씩 토니오는 울고 싶은 충동이 코끝으로 찌릿하게 치밀어 오르는 것을 느꼈다. 또한 그는 자꾸만 떨리는 턱을 억지로 고정하고자 무척 애를 썼다……

자기의 이름을 한스가 좋아하지 않았던 것이다. — 그렇다고 이를 어쩐단 말인가? 그 친구 자신은 한스라는 이름을 갖고 있고 이머탈은 에르빈이란 이름을 갖고 있다. 좋지, 그 이름들은 어느 누구에게도 낯선 생각이 들게 하지 않는, 일반적으로 인정받는 이름들인 것이다. 그러나 '토니오'는 어딘가 이국적이고 유별난 이름이었다. 그랬다, 그가 원하든 원치 않든 간에 그는 모든 점에서 어딘가 유별난 데가 있었다. 그리고 그는 초록색 마차를 타고 유랑하는 집시족이 아니라 크뢰거 영사의 아들이며 크뢰거 가문 출신임에도 불구하고, 고독하였고 정상적이고 평범한 사람들로부터 소외되어 있었다…… 그러나 그들이 단둘이 있을 때는 그를 토니오라고 불러주던 한스가, 제3자가 끼어들면, 왜 그와 함께 있는 것을 창피해하기 시작하는 것일까? 가끔은 한스가 그와 가까이 지내며 그의 사람이 된 적도 있었다. 그건 사실이었다. '토니오, 그가 대체 어떤 식으로 왕을 배반하지?'하고 한스가 물으면서 그의 팔짱을 끼기도 했었다. 하지만 그러다가도 이머탈이 오면, 한스는 안도의 한숨을 내쉬며 그를 버리고는, 까닭 없이 그의 생소한 이름을 비난했던 것이었다. 이 모든 것을 꿰뚫어 보지 않으면 안 된다는 것은 얼마나 가슴 아픈 일이던가!…… 한스 한젠은 그들이 단둘이 있을 때는 사실 그를 약간은 좋아했다. — 토니오는 그것을 알고 있었다. 그러나 제3자가 오면, 한스는 그 사실을 창피해하면서 그를 희생시켰다. 그러고 나면 그는 다시금 고독하게 되는 것이었다. 그는 필립 왕을 생각했다. 왕은 울었다……

"이거 큰일 났군!" 에르빈 이머탈이 말했다. "이제 난 정말 시내로 가야 해! 얘들아, 잘 가! 그리고 과일사탕, 잘 먹었어!" 이렇게 말하고 나서 그는 길가에 있는 벤치 위로 펄쩍 뛰어오르더니, 구부정한 다리로 그 위를 따라 달리다가 급한 걸음걸이로 가버렸다.

"나는 이머탈이 좋아!" 한스가 강조해서 말했다. 한스는 자신의 친근감과 혐오감을 밝히면서, 이런 감정들을 마치 은총을 베풀 듯 골고루 나누어주는 듯한, 못된 버릇과 자의식이 강한 기질을 갖고 있었다…… 그러고 나서 한스는 내친김에 계속 승마 교습 시간을 얘기해댔다. 이제는 한젠 가의 저택까지도 더 이상 먼 거리가 아니었다. 둑들을 넘어가는 그 산책길은 그다지 많은 시간을 요구하지 않았다. 그들은 손으로 모자를 꽉 움켜잡고서, 습기 찬 강풍이 불어 앙상한 가지들이 우두둑우두둑 신음 소리를 내는 나무들 앞을 고개를 숙인 채 걸어갔다. 그러는 동안에도 한스는 말을 계속했고 토니오는 단지 가끔가다가 '아 그래' 나 '응 응' 따위의 인위적인 대답을 한스의 말에 섞어 넣을 따름이었으며, 한스가 이야기에 열중한 나머지 다시 팔짱을 낀 사실에 대해서도 그다지 기뻐하지 않았다. 왜냐하면 그것은 아무 의미도 없는 외견상의 접근에 지나지 않았기 때문이다.

이윽고 그들은 기차역에서 멀지 않은 곳에서 둑길을 벗어났다. 그러고는 기차가 연기를 내뿜으면서 둔중하면서도 조급하게 지나가는 것을 바라보면서, 심심풀이로 차량의 수를 세어 보았으며, 모피로 몸을 감싼 채 맨 끝 차량 위에 우뚝 앉아 있는 한 남자에게 손짓해 보였다. 그러다가 그들은 보리수 광장 옆, 도매상(都賣商) 한젠 씨의 저택 앞에서 멈춰 섰다. 그러자 한스는 아래에 있는 정원 문 위에 몸을 싣고 좌우로 몸을 흔들어서 그 문의 돌쩌귀 안에서 삐거덕거리는 소리를 내는 것이 얼마나 재미있는 장난인지를 상세히 실연해 보여주는 것이었다. 그러나 그런 다음엔 그는 작별을 고했다.

"자, 이제 들어가 봐야겠어." 그가 말했다. "잘 가라, 토니오! 다음번에는 내가 너를 집으로 데려다줄게. 정말이야, 믿어줘!"

"안녕, 한스!" 토니오가 말했다. "산책 잘했어."

악수하는 그들의 손은 아주 축축했고 정원 문의 녹이 묻어나 있었다. 그러나 한스가 토니오의 두 눈을 보았을 때, 한스의 귀여운 얼굴에 뭔가 후회하는 듯한 기색이 나타났다.

"참, 말이 났으니 말인데 다음번에는 나도 〈돈 카를로스〉를 읽어 볼게!" 그가 재빨리 말했다. "밀실에서 우는 그 왕 얘기는 틀림없이 재미있을 거야!" 이렇게 말하고 나서 그는 가방을 한쪽 팔 아래에 끼고는 앞마당을 통해 달려 들어갔다. 집 안으로 사라지기 전에 그는 다시 한번 뒤돌아보면서 고개를 끄덕여 보였다.

그래서 토니오 크뢰거는 마음이 아주 밝아져서 날 듯이 가벼운 발걸음으로 그곳을 떠났다. 바람이 뒤에서부터 그의 등을 밀어주었다. 그러나 그가 그렇게 가벼운 마음으로 그곳을 떠날 수 있었던 것은 비단 바람 때문만은 아니었다.

한스가 〈돈 카를로스〉를 읽을 것이다. 그렇게 되면 그들 둘은 이머탈이나 그 어떤 다른 아이도 거기에 끼어들 수 없는, 무엇인가 서로 얘기할 수 있는 공동의 화제를 갖게 될 것이다! 그렇게 된다면 그들 둘은 서로 얼마나 잘 이해하게 되겠는가! 누가 알겠는가? — 어쩌면 토니오가 자신처럼 한스도 시를 쓰게끔 만들 수 있을지도? …… 아니, 아니야, 그는 그것까지는 원치 않는다! 한스는 토니오와 같이 되어서는 안 되고 현재 있는 그대로의 한스로 머물러 있어야 해. 모두가 사랑하고 그중에서도 토니오가 가장 사랑하는 그런 밝고 씩씩한 한스로 남아 있어야 해! 하지만 그럼에도 불구하고 한스가 〈돈 카를로스〉를 읽는 것이 해가 되지는 않을 거야…… 이런 생각을 하면서 토니오는 나지막하고 유서 깊은 성문을 지나 항구를 따라 걷다가 합각머리 지붕들이 늘어서 있는 그 가파르고 바람 불고 축축한 골목길을 걸어서 자기 부모의 저택이 있는 데까지 올라갔다. 그 당시 그의 심장은 살아 있었다. 그 속에 그리움이 있었고, 우울한 질투심과 아주 약간의 경멸감, 그리고 완전하고도 순결한 행복감이 그 안에 숨 쉬고 있었다.

2

금발의 잉에, 잉에보르크 홀름! 높다랗고 뾰족한 고딕식 건물에 겹겹이 둘러싸이고 분수가 있는 광장 옆에 살고 있던 의사, 홀름의 딸! 그녀가 바로 토니오 크뢰거가 열여섯 살 때 사랑한 사람이었다.

어쩌다 그렇게 되었나? 이미 그전에도 그는 수백 번이나 그녀를 보아왔었다. 그런데 어느 날 저녁 그는 어떤 불빛 아래에 있는 그녀를 보게 되었다. 그녀는 어느 여자 친구와 얘기를 나누면서 다소 오만하게 깔깔 웃으면서 고개를 옆으로 돌렸고, 그녀의 손을, 유별나게 가늘거나 유별나게 고상하거나 그러지 않은 어린 소녀다운 손을 자기 나름으로 뒷머리께로 가져가는 모습을 그는 보았다. 이때 하얀 망사 천으로 된 소매가 뒤로 흘러내리는 바람에 그녀의 팔꿈치가 드러나 보였다. 그리고 그는 그녀가 단어 하나를, 대수롭지 않은 어떤 단어 하나를, 자기 나름의 방식으로 강조해서 말하는 것을 들었는데, 그때 그녀의 목소리에는 어떤 따뜻한 울림이 있었다. 그래서 그의 심장이 어떤 황홀한 감정에 휩싸이게 되었다. 그것은 그가 이전에, 그가 아직 아무것도 모르는 조그만 소년이었을 그 당시에, 한스 한젠을 바라보면서 간혹 느끼곤 했던 황홀감보다 훨씬 더 강렬한 것이었다.

이날 저녁 그는 굵게 땋아 내린 금발과 길쭉하게 생긴, 웃고 있는 푸른 두 눈과 주근깨가 살짝 덮여 있는 콧마루가 있는 그녀의 모습을 가슴에 담고 집으로 갔다. 그러고는 그녀의 목소리 속에 담겨 있던 그 울림이 계속 들려오는 통에 잠을 이룰 수 없었다. 그래서 그녀가 그 대수롭지 않은 단어를 발음했을 때의 그 강세음을 낮은 소리로 흉내 내어 보면서 짜릿한 전율을 느꼈다. 경험에 비추어 그는 이것이 사랑이라는 것을 알 수 있었다. 하지만 그는 사랑이 그에게 많은 고통과 번민, 그리고 굴욕을 가져다줄 뿐 아니라 게다가 또 마음의 평화를 파괴하고 가슴을 온갖 멜로디로 가득 채울 것이라는 사실을 정확히 알고 있었다. 그리하여 어떤 일을 잘 마무리하여 침착한 가운데에 뭔가 완전한 것을 만들어 낼 수 있는 마음의 안정을 갖지 못하게 된다는 것을 그는 잘 알고 있었던 것이다. 하지만 그럼에도 불구하고 그는 이 사랑을 기쁜 마음으로 받아들였으며 거기다가 자기 자신을 전적으로 내맡겼다. 그리고 전심전력을 다해 그 사랑을 가꾸어 나갔다. 왜냐하면 그는 사랑이 풍요로움과 생동감을 불러일으킨다는 것을 알고 있었기 때문이다. 그리고 그는 침착한 가운데에서 뭔가 완전한 것을 만들어내는 대신 자신이 풍요롭고 생기에 넘치는 것을 동경했기 때문이다……

토니오 크뢰거가 명랑한 잉에 홀름에게 홀딱 반한 이 사건은 후스테데 영사(領事) 부인의 널찍한 응접실에서 일어났다. 그날 저녁에는 마침 후스테데 부인이 춤 교습 장소를 마련할 순번이었던 것이다. 그것은 상류층 가정의 자녀들만이 참가하는 개인교습 코스였는데, 아이들은 그들의 부모네 집에 차례로 돌아가며 모여서는 춤과 예절에 관한 수업을 받게 되어 있었다. 바로 이 목적을 위해 매주 함부르크로부터 크나크라는 발레 선생이 특별히 초빙되어 오고 있었다.

그의 이름은 프랑수아 크나크(François Knaak)였다. 그런데 그는 어떤 남자였던가! "여러분에게 제 자신을 소개할 수 있게 된 것을 영광으로 생각합니다(Jae l'honneur de me vous représenter)" 하고 그가 말했다. "제 이름은 크나크입니다(mon nom est Knaak)…… 그런데 이러한 자기소개는 고개를 숙이는 동안에 하는 것이 아니라 다시 똑바로 선 자세에서 해야 하는 겁니다. 목소리를 낮추면서, 그럼에도 불구하고 분명하게 말해야 합니다. 자기 자신을 프랑스어로 소개할 경우가 매일 있는 일은 아니지요. 그러나 이 언어로 정확하고 나무랄 데 없이 자기소개를 할 수 있다면, 독일어로도 비로소 잘할 수 있게 되는 것입니다." 검은색 비단 연미복이 그의 살찐 엉덩이에 찰싹 달라붙은 모양에 얼마나 놀랐는지! 그의 바지는 부드러운 주름을 이루며 큰 공단(貢緞) 리본 장식을 한 에나멜 구두 위로 내려왔으며, 그의 갈색 두 눈은 그 특유의 아름다움에 취해 노곤한 행복을 느끼며 이리저리 주위를 휘둘러보고 있었다.

그의 과도한 자신감과 예의 바른 태도에는 누구든지 압도당하지 않을 수 없었다. 그는 이 집의 안주인한테로 걸어가서 — 그런데 아무도 그 사람처럼 탄력 있게, 물결치듯 몸을 흔들면서도 마치 임금처럼 걸어갈 수 없을 것이다 — 고개 숙여 절을 한 다음, 상대방이 손을 내밀 때까지 기다렸다. 그 손을 잡게 되었을 때는 나지막한 목소리로 감사의 말을 하고는 용수철처럼 튀는 동작으로 뒤로 물러서서는 왼발을 축으로 하여 몸을 돌리는 동시에 발끝으로 바닥을 누르고 있던 오른발을 갑자기 옆으로 들어 올렸다. 그러고는 허리를 좌우로 흔들면서 그 자리를 떠났다……

사람들이 모여 있는 장소에서 나가고자 할 때는 뒷걸음질을 쳐서 허리를 굽힌 가운데에 문 쪽으로 나가야 했다. 의자 하나를 가져올 때도 의자의 다리 하나를 잡는다거나 바닥에 질질 끌고 와서는 안 되고 등받이를 살짝 잡고 들고 와서는 소리 없이 내려놓아야 했다. 서 있을 때는 두 손을 배 위에 깍지 끼고 있거나 혀를 입술 가장자리에 내밀고 있으면 안 되었다. 그런데도 그렇게 하는 사람이 있으면, 크나크 씨는 그런 모습을 똑같이 흉내 내어 그 사람 본인이 그런 자세에 대해 평생 구역질을 느끼도록 만들곤 했다……

이것이 그의 예절 교육이었다. 그러나 춤에 관해서라면, 크나크 씨는 아마도 예절 분야보다도 훨씬 더 높은 기량을 갖추고 있는 것 같았다. 널찍하게 치워놓은 응접실 안에는 샹들리에의 가스등들과 벽난로 위의 촛불들이 타고 있었다. 마룻바닥 위에는 활석 가루가 뿌려져 있었고, 교습생들은 말없이 반원형으로 빙 둘러 서 있었다. 그러나 양쪽으로 젖혀진 커튼 저편에 있는 옆방에서는 어머니들과 아주머니들이 비로드 의자에 앉아 손잡이가 달린 쌍안경으로 크나크 씨가 구부린 자세로 양손의 두 손가락을 사용하여 자기 연미복의 솔기를 살짝 잡고서 탄력 있는 두 다리로 마주르카 춤의 동작마다 시연해 보여주고 있는 모습을 관찰하고 있었다. 하지만 그가 자신의 관객들을 깜짝 놀라게 해 주고 싶을 때면, 꼭 그래야 할 이유가 없는데도 갑자기 마룻바닥에서 재빨리 솟구쳐올라 공중에서 어지러울 정도로 빠른 속도로, 마치 악기를 두드리듯 두 다리를 공중에서 마구 빙빙 돌렸다. 그러다가 이내 그의 잔치에 모인 사람들의 가슴을 철렁하게 만드는 쿵!하고 둔중한 소리를 내면서 다시 이 지상으로 되돌아오는 것이었다……

이 무슨 이해할 수 없는 원숭이인가! 토니오 크뢰거는 마음속으로 생각했다. 그러나 그는 잉에 홀름이, 그 명랑한 잉에가 자주 무아지경의 미소를 흘리면서 크나크 씨의 동작들을 주목하고 있는 것을 보았다. 그리고, 놀랍도록 숙달된 이 모든 동작들을 보고 사실 토니오도 그 어떤 찬탄 같은 것을 느끼지 않을 수 없었던 것은 비단 동작 때문만은 아니었다. 크나크 씨의 두 눈은 얼마나 안정되어 있는가! 그것은 전혀 교란할 수 없는 시선이었다. 그 눈은 사물이 복잡하고 슬프게 되는 곳까지 속내를 깊이 들여다보지 않았다! 그 눈은 자신이 갈색이고 아름답다는 것 이외에는 아무것도 알지 못했다. 하지만 바로 그 때문에 그의 자세가 그다지도 당당할 수 있는 것이었다! 그렇다, 그 사람처럼 그렇게 걸을 수 있으려면 어리석지 않으면 안 된다. 그래야 사랑스러워 보였기 때문에 사람들의 사랑을 받을 수 있는 것이었다. 그는 잉에가, 그 귀여운 금발의 잉에가 크나크 씨를 쳐다보는 것을 사실 그대로 아주 잘 이해할 수 있었다. 그러나 대체 그 자신을 그렇게 쳐다보는 소녀란 결코 없을 거란 말인가?

아, 하지만 그런 일도 있었다. 변호사 페어메렌 씨의 딸, 막달레나 페어메렌 같은 소녀가 그랬다. 부드러운 입에다 진지함과 몽상으로 가득 찬 크고 검은, 빛나는 두 눈이 있는 그 소녀가 그랬다. 그녀는 춤을 출 때 자주 쓰러지곤 했다. 그러나 숙녀 쪽에서 춤출 상대를 선택하는 기회가 되면 그에게 다가왔다. 그녀는 그가 시를 쓰고 있다는 사실을 알고 있었고, 그 시를 자기한테 보여 달라고 두 번이나 청했으며, 가끔 고개를 숙인 채 멀리서부터 그를 바라보곤 했다. 하지만 그게 그에게 무슨 상관이란 말인가? 그는, 토니오는 잉에 홀름을, 그가 시 나부랭이를 쓴다고 틀림없이 그를 경멸하고 있을 그 금발의 명랑한 잉에를 사랑하고 있었던 것이다⋯⋯ 그는 그녀를 바라보았다. 행복감과 조롱으로 가득 차 있는 그녀의 좁다란 푸른 실눈을 바라보았다. 그래서 질투 비슷한 그리움이, 그녀로부터 소외되어 있고 그녀에게는 영원히 낯선 존재일 수밖에 없다는 쓰라리고 뼈아픈 고통이, 그의 가슴에 자리 잡고 불타고 있었다⋯⋯

"제 1조 앞으로 en avant!" 크나크 씨가 말했다. 이 때 이 남자가 콧소리를 얼마나 훌륭하게 발음하는지는 어떤 말로도 설명할 수 없을 것이다. 카드리유[14]를 추는 연습이 진행되고 있었는데, 토니오 크뢰거는 자신이 잉에 홀름과 같은 조라는 것을 알고 소스라치게 놀랐다. 그는 될 수 있는 대로 그녀를 피했지만, 그럼에도 불구하고 계속해서 그녀 가까이에 다가가게 되었다. 그는 그녀에게 접근하지 않으려고 눈을 피했지만, 그럼에도 불구하고 그의 시선은 끊임없이 그녀에게로 향했다⋯⋯ 이제 그녀는 빨간 머리의 페르디난트 마티센의 손에 이끌려 미끄러지듯 달려와서, 땋은 머리를 뒤로 젖히고는 길게 숨을 내쉬며 그의 맞은편에 섰다. 피아노 연주자 하인첼만 씨가 뼈마디가 굵은

---

14 Quadrille: 프랑스의 나폴레옹 1세 때 처음으로 궁정에서 유행한 4인조의 춤이다.

손으로 건반을 두드리기 시작했고, 크나크 씨가 지휘명령을 내리자 카드리유가 시작되었다.

그녀는 그의 앞에서 이리저리 움직였다. 걸으면서 또는 돌면서 앞뒤로 몸을 움직였다. 그녀의 머리카락에서, 또는 그녀가 입고 있는 옷의 부드러운 흰색 천에서 나오는 향내가 이따금 그에게 풍겨왔다. 그래서 그의 두 눈은 점점 더 흐릿해졌다. 너를 사랑해, 사랑하는 귀여운 잉에. 그는 속으로 말했다. 그러면서 그는 그녀가 그렇게 즐겁게 춤에 열중하느라 자기를 거들떠보지도 않는 데에 대한 자신의 모든 고통을 그 말에 담았다. 슈토름의 그지없이 아름다운 시 한 편이 그의 머릿속에 떠올랐다. "난 자고 싶은데, 넌 춤을 추어야 하는구나." 사랑하고 있는데 춤을 추어야 하는 이 굴욕적인 모순이 그의 마음을 고통스럽게 했다……

"제1조 앞으로!" 하고 크나크 씨가 말했는데, 그것은 다시 한 바퀴를 돌 차례였기 때문이다. "경례 Compliment!" "숙녀들의 작은 물레방아 Moulinet des dames! 손을 잡아요 Tour de main!" 이렇게 말할 때 그가 프랑스어 '드 de'의 묵음 '으 e' 를 얼마나 우아하게 꿀꺽 삼키는지는 아무도 묘사할 수 없을 것이다.

"제2조 앞으로!" 토니오 크뢰거와 그의 여자 파트너가 춤출 차례가 되었다. "경례!" 그래서 토니오 크뢰거는 고개를 숙여 인사를 했다. "숙녀들의 작은 물레방아!" 그래서 토니오 크뢰거는 머리를 숙이고 눈썹을 음울하게 찌푸린 채 자기의 한 손을 네 명의 숙녀들의 손 위에다, 따라서 잉에 홀름의 손 위에도 얹었다. 그러고는 '물레방아'를 추기 시작했다.

주위에서 킥킥거리며 웃는 소리가 났다. 크나크 씨가 놀랐을 때 상투적으로 하는 발레 동작을 해 보였다. "오, 이런!" 하고 크나크 씨가 소리쳤다. "그만, 그만! 크뢰거 군이 숙녀들 틈으로 끼어들었어요! 물러나요, 크뢰거 양! 뒤로 물러나요, 원 이런! 이제 다들 잘 알아들었는데, 당신만 이해를 못 하셨군요! 얼른! 저리 가요! 물러나란 말이에요!" 이렇게 말하면서 그는 노란 비단 손수건을 꺼내더니 그것을 휘둘러 토니오 크뢰거를 그의 자리로 쫓아 보냈다.

모두 웃었다. 소년들과 소녀들도 웃었고, 커튼 너머의 귀부인들도 웃었다. 크나크 씨가 이 돌발 사건으로 아주 우스꽝스러운 일을 만들어놓았기 때문이다. 그래서 모두 연극 극장에라도 온 것처럼 흥겨워했다. 단지 하인첼 씨만 무미건조한 사무적 표정을 하고서 연주를 계속하라는 지시가 내려지기를 기다리고 있었는데, 그는 크나크 씨의 이런 극적 효과에 대해 이미 감각이 무뎌져 있었던 것이다.

이윽고 카드리유가 다시 시작되었다. 그리고 휴식 시간이 되었다. 하녀가 포도 젤리가 든 유리잔이 가득한 쟁반을 받쳐 들고 달그락거리는 소리를 내며 문으로 들어왔고, 그녀의 뒤를 따라 요리사가 건포도 케이크 한 판을 들고 들어왔다. 그러나 토니오 크뢰거는 그 자리를 살짝 빠져나와서 몰래 복도로 나갔다. 그러고는 두 손으로 뒷짐을 진 채 덧창이 내려진 한 창문 앞으로 가서 섰다. 이때 그는 그 덧창을 통해서는 아무것도 내다볼 수 없었기 때문에 그 앞에 서서 바깥을 내다보는 척하는 것이 우스꽝스러운 일이라는 것을 미처 생각하지 못했다.

그러나 그는 그토록 많은 회한과 그리움으로 가득 차 있는 자신의 마음속을 들여다보고 있었다. 왜, 무엇 때문에 그는 여기에 와 있는 것일까? 왜 그는 자기 방 창가에 앉아 슈토름의 〈임멘 호수〉[15]를 읽으며 이따금씩 눈을 들어, 해묵은 호두나무가 둔탁하게 우두둑 소리를 내는 저녁 무렵의 정원을 내다 보지 않고 있는 것일까? 그곳이 그가 있어야 할 자리였을 것이다. 다른 사람들이야 춤을 추면서 활기 있게 마음껏 재주를 부리라지!…… 아니, 아니야! 그럼에도 불구하고 그의 자리는 여기다. 여기서 그는 자신이 잉에의 근처에 있음을 알 수 있으니까. 비록 그가 고독하게 멀리 떨어진 곳에 서서 저 안쪽에서 들려오는 웅성거리고 쨍그렁거리는 소리와 웃음소리 속에서 따뜻한 삶의 울림이 있는 그녀의 목소리를 구별해 내려고 애쓰고 있긴

15 〈임멘 호수 *Immensee*〉: 독일 시적 사실주의의 대표 작가인 테오도르 슈토름(Hans Theodor Woldsen Storm 1817-1888)의 소설.

하지만 말이다. 웃고 있는 너의 길쭉한 푸른 눈, 너 금발의 잉에여! 〈임멘호수〉를 읽지 않고, 결코 그런 작품을 쓰려는 시도조차 하지 않는 사람만이 너처럼 그렇게 아름답고 명랑할 수가 있는 거야. 그게 슬픈 일이지!……

그녀가 와야 할 것이다! 그녀는 그가 가버린 걸 알아차리고 그의 기분이 어떤지를 느껴봐야 할 것이다. 그러고는 몰래 그를 뒤쫓아 와서는 단지 동정심 때문일지언정 그의 어깨 위에 손을 얹고, '우리에게로 들어와요. 기분 내요. 난 당신을 사랑해요.' 라고 말해야 할 것이다. 그래서 그는 자기 등 뒤에 인기척이 있는지 귀를 기울이며, 그녀가 올지도 모른다는 어리석은 긴장감 속에서 기다렸다. 그러나 그녀는 절대 오지 않았다. 그런 일은 이 세상에서는 일어나지 않는 법이다.

다른 모든 사람과 마찬가지로 그녀도 그를 비웃었던가? 그랬다. 그가 그녀를 위해서나 자기 자신을 위해서 그 사실을 정말 부인하고 싶었음에도 불구하고, 그녀는 그를 비웃었던 것이다. 그런데도 그는 단지 자기가 그녀 곁에 있다는 사실에 몰두해 있었기 때문에 '숙녀들의 작은 물레방아'를 같이 추었던 것이다. 그런데 그게 뭐 어쨌다는 것인가? 아마도 언젠가는 비웃는 일을 그만두게 될지도 모르지! 이를테면, 최근에 어떤 잡지사에서 그의 시 한 편을 받아주지 않았던가! 비록 그 시가 채 출간되기도 전에 그 잡지가 폐간돼버리긴 했지만 말이다. 그가 유명해져서 그가 쓴 모든 작품이 인쇄되는 날이 올지도 모른다. 그렇게 돼도 잉에 홀름이 그것에 아무런 감명도 받지 않을지는 두고 볼 일이다…… 그녀는 **아무런** 감명도 받지 않을 것이다. 그럼, 그렇고말고. 걸핏하면 넘어지는 막달레나 페어메렌은 물론 감명을 받겠지. 그러나 잉에 홀름, 푸른 눈을 가진 명랑한 잉에는 결코 감명을 받지 않을 거야. 그렇다면 유명해지는 것도 다 소용없는 일이 아닌가?……

이런 생각을 하니 토니오 크뢰거의 가슴은 고통스럽게 죄어들었다. 유희적이면서도 우울한 경이로운 창조력이 자신의 내부에서 꿈틀거리고 있음을 감지하면서 그와 동시에, 자신이 동경하는 사람들은 그 창조력이 닿지 않는 저 반대편에서, 거기에 닿을 수 없음을 기쁘게 여기면서 그것과 마주 서 있음을 알아챈다는 것은 매우 가슴 아픈 일이다. 그러나 비록 그가 닫힌 덧창 앞에 외로이, 외톨이 신세가 되어 희망도 없이 서서 비탄에 잠긴 채, 마치 창밖을 내다볼 수 있는 척하지만, 그럼에도 불구하고 그는 행복했다. 왜냐하면 그때 그의 심장이 살아 있었기 때문이다. 그 심장은 그대 잉에보르크 홀름을 위해 따뜻하고 슬프게 고동치고 있었고, 그의 영혼은 자신을 부정하는 가운데서도 지극한 행복을 느끼며 금발의 그대를, 밝고도 건방질 정도로 평범한 조그만 그대의 인격을 감싸 안았던 것이다.

그가 달아오른 얼굴을 하고서 음악과 꽃향기와 유리잔이 부덮치는 소리가 어렴풋이 들려오는 외로운 장소에 이렇게 서서, 멀리서 들려오는 잔치의 소음 속에서 그녀의 낭랑한 목소리를 가려들으려고 애쓴 적이 한두 번이 아니었다. 비록 그녀 때문에 고통스러워하고 있었지만, 그래도 그는 행복했다. 그는 걸핏하면 넘어지는 막달레나 페어메렌과는 말을 나눌 수 있었고, 그녀는 그를 이해하면서 그와 함께 웃기도 하고 그에게 진지한 표정을 지어 보이기도 했다. 반면 금발의 잉에는 그가 그녀 옆에 앉아 있을 때도, 그에게는 멀고, 낯설고 서먹서먹하게 느껴졌는데, 그것은 그의 언어는 그녀의 언어가 아니었기 때문이다. 그럼에도 불구하고 그는 행복했다. 왜냐하면 행복이란 사랑받는 것이 아니라고 그는 자신에게 말했기 때문이다. 사랑받는 것은 허영심을 채우려는, 혐오감이 뒤섞인 만족일 뿐이다. 행복은 사랑하는 것이며, 어쩌면 사랑하는 상대에게 살짝 다가갈 수 있는 작은 기회들을 포착하는 것일지도 모른다. 그래서 그는 이런 생각을 마음속 깊이 새겨 두었고, 이것을 충분히 생각해 보았으며 밑바닥까지 느껴보았다.

변치 않는 마음! 토니오 크뢰거는 생각했다. 내 마음 변치 않고 이 목숨 살아 있는 한, 잉에보르크, 너를 사랑하리라! 그는 이렇게 좋은 마음을 갖고 있었다. 그럼에도 불구하고 그의 마음속에서는, 매일같이 한스 한젠을 보는데도 그를 완전히 잊어버리지 않았느냐는 일말의 희미한 두려움과 슬픔이 속삭이고 있었다. 그런데 꼴사납고도 가련한 노릇은 이 희미하고도 약간 고약한 목소리가 옳다는 사실이었다. 그것은 세월이 흘러 토니오 크뢰거가 더 이상 옛날처럼 그 명랑한 잉에를 위해 죽음을 불사할 수 없는 때가 왔다는 사실이었다. 왜냐하면 그는 자기 나름대로 이 세상에서 놀랄만한 많은 일을 해낼 수 있겠다는 의욕과 힘을 자기 자신 속에서 느꼈기 때문이다.

그래서 그는 그 티 없이 맑고 순수한 자신의 사랑의 불꽃이 활활 타오르는 제단 주위를 조심스럽게 빙빙 돌다가 그 앞에 무릎을 꿇었다. 그리고 변치 않는 마음을 간직하고자 했기 때문에 온갖 방법을 다 써서 그 불꽃을 휘저으며 불씨를 살리려고 했다. 그런데도 얼마 지나지 않아 알지 못하는 사이에, 무슨 조짐이나 시끄러운 소리도 없이 그 불꽃은 사그라지고 말았다.

그러나 토니오 크뢰거는 변치 않는 마음이란 이 지상에는 있을 수 없다는 사실에 대해 놀라움과 환멸감에 가득 차서, 그 불 꺼진 차가운 제단 앞에 아직 한동안 서 있었다. 그러고 나서 그는 양어깨를 으쓱하고는 제 갈 길을 갔다.

3

그는, 약간 태만하고도 어슬렁거리는 태도로 혼자 휘파람을 불며 고개를 비스듬히 하고서 먼 곳을 바라보면서 자기가 가야 할 길을 갔다. 그런데 만약 그가 길을 잘못 갔다면, 그것은 몇몇 사람에게는 바른길이라는 것이 아예 없었기 때문이다. 사람들이 그에게 대체 무엇이 되고 싶으냐고 물을 때면, 그는 그때그때 일정하지 않은 대답을 하곤 했다. 그는 수천 가지의 존재 가능성을 자신 속에 품고 있다고 말하곤 했기 때문이다(그리고 이미 이런 사실을 글로 적어 놓기도 했었다). 그러면서도 동시에 그는 이것들이 실은 전부 불가능한 것들뿐이라는 사실을 속으로는 의식하고 있었던 것이다……

그가 협소한 고향 도시를 떠나기 전에 이미, 그 도시는 그를 붙잡고 있던 고리들과 끈들이 소리 없이 풀려져 있었다. 유서 깊은 크뢰거 가문은 점차 허물어지고 와해되는 상태에 빠져들게 되었으며, 사람들이 토니오 크뢰거의 존재와 본성도 이와 같은 상태가 보여주는 특징들 중의 하나로 여기는 데에는 그럴 만한 이유가 있었다. 이 집안의 어른인 그의 아버지의 어머니가 돌아가시고, 그 후 얼마 되지 않아 그의 아버지, 단춧구멍에 들꽃을 꽂고 세심하게 옷을 입는, 생각에 깊이 잠기는 그 키가 큰 신사가 그녀의 뒤를 따라 죽음의 길을 갔다. 크뢰거 가의 큰 저택은 그 위엄 있는 역사와 함께 팔려고 내놓은 물건이 되었고, 회사는 등록이 말소되었다. 하지만 토니오의 어머니, 그랜드 피아노와 만돌린을 기막히게 연주하고 이 모든 것에는 아무 관심도 없는, 아름답고 정열적인 그의 어머니는 일 년의 상기(喪期)가 지난 뒤에 재혼했다. 상대는 음악가, 이탈리아 이름을 지닌 연주가였는데, 그녀는 푸른 하늘이 있는 먼 나라로 그를 따라 갔다. 토니오 크뢰거는 어머니의 이런 처신을 약간 단정치 못하다고 생각했다. 그러나 어머니가 그렇게 못 하도록 말릴 자격이 그에게 있었던가? 그는 시나 쓰면서, 대체 자기가 장차 무엇이 될 생각인지에 대한 대답조차도 제대로 할 수 없었는데 말이다……

그래서 그는 습기 찬 바람이 합각머리 지붕들을 맴돌며 휘파람 소리를 내는 그 한적한 고향 도시를 떠났다. 그의 어린 시절 친구들인 분수와 정원의 해묵은 호두나무를 떠났으며, 그가 그렇게도 사랑하던 바다도 떠났다. 그런데 그는 이런 것들과도 헤어지면서 아무런 고통을 느끼지 못했다. 왜냐하면 그는 그사이에 자라서 철이 들어, 자신이 처한 상황을 제대로 파악했기 때문이다. 그래서 그는 자신을 그토록 오랫동안 품 안에 안고 지켜준 그 졸렬하고 저속한 생활에 대해 조소를 금할 수 없었다.

그는 이 지상에서 가장 숭고한 것으로 생각되는 힘에 전적으로 헌신했으며, 그것을 위해 봉사하는 것이 자신의 사명이라고 느낀 힘, 그에게 고귀함과 명예를 약속한 힘, 무의식적이고 말 없는 삶 위에 미소 지으며 군림하는 정신과 언어의 힘에 완전히 몸을 바쳤다. 젊은 열정으로 그는 그 힘에 헌신했고, 그리고 그 힘은 자신이 선사할 수 있는 모든 것을 선물함으로써 그에게 보상했으며, 그 대가로 가져가곤 하는 모든 것을 그에게서 가차 없이 빼앗아갔다.

그 힘은 그의 눈초리를 날카롭게 만들었고, 사람들의 가슴을 부풀게 하는 위대한 단어들을 꿰뚫어 보도록 만들었으며, 그에게 사람들의 영혼과 자신의 영혼을 들여다볼 수 있게 해 주었다. 그 힘은 그에게 혜안을 갖게 해 주어 그에게 세계의 내부를 보여주었으며, 말과 행동 뒤에 숨어 있는 모든 궁극적인 것을 보여주었다. 그러나 그가 본 것은 이것, 우스꽝스러움과 비참함 — 바로 우스꽝스러움과 비참함이었다.

그때 인식의 고통, 그리고 인식의 자만과 더불어 고독이 밀려왔다. 명랑하지만 감정이 무딘 순진한 사람들이 그를 좋아하지 않은 것은, 그의 이마에 찍힌 반점이 그들에게 거슬렸기 때문이다. 그러나 그에게는 차츰차츰 단어와 형식에 대한 쾌감 역시 달콤해졌다. 그는 표현의 즐거움이 우리를 깨어있게 하고 우리에게 생기를 주지 않는다면, 영혼을 아는 것만으로는 틀림없이 우울해질 거라고 말하곤 했기 때문이다(그리고 이것도 이미 글로 적어 두었다)……

그는 여러 대도시에서 살았고, 자신의 예술을 좀 더 풍성하게 성숙해지길 기대했던 남쪽 나라에서 살았다. 그를 남쪽으로 이끈 것은 어머니의 피였는지도 모른다. 그러나 그의 가슴은 죽었고 사랑이 없었기 때문에 그는 육체의 모험에 빠져들게 되어 쾌락과 뜨거운 죄 속으로 깊숙이 추락했으며, 이때 말할 수 없는 고통을 겪었다. 아마도 저 남쪽 나라에서 그를 그토록 고통스럽게 한 것은 그의 체내에 있는 아버지의 유산이었을지도 모른다. 명상에 잠겨 들꽃을 단춧구멍에 꽂고 말쑥하게 차려입은 그 키 큰 신사 말이다. 그곳 남쪽에서 그를 고통스럽게 했던 아버지의 기질은 이따금 그의 마음속에 미약하지만 그리운 추억이 꿈틀거리게 했다. 그것은 한때 자신의 것이었지만 지금은 온갖 쾌락 속에서도 찾지 못한 영혼의 기쁨에 대한 추억이었다.

관능에 대한 역겨움과 증오심, 그리고 순수함과 품위 있는 평화를 향한 갈망이 그를 사로잡았지만, 그러는 동안에도 그는 은밀한 생산의 환희 속에서 생동하고 피어오르고 싹을 틔우는 상춘의 온화하고 달콤한 향기를 머금은 예술의 공기를 호흡했다. 이리하여 그는 이 얼음장 같은 정신과 소모적인 뜨거운 관능 사이를 이리저리 불안정하게 오가며 양심의 가책을 느끼는 가운데에 기진맥진한 삶을 살아가게 되었다. 그것은 그가, 토니오 크뢰거가 기본적으로 혐오하는 엄청나게 유별난, 방종하고 비정상적인 삶이었다. 이 무슨 잘못된 길인가!하고 그는 가끔 생각했다. 내가 이 모든 기이한 모험에 빠져들다니, 대체 어떻게 이런 일이 있을 수 있게 되었는가? 난 태생적으로 초록 마차를 타고 다니는 집시는 아니지 않은가……

그러나 그의 건강이 약해지는 만큼 그의 예술성은 날카로워지면서 까다로워지고, 뛰어나고, 소중하고, 섬세해졌고, 진부한 것에 대해 예민하게 반응하고, 분별과 취향의 문제에 있어서 지극히 민감해졌다. 그가 처음 등단했을 때, 관계자들 사이에서 많은 박수갈채와 큰 환호성이 터져 나왔다. 그가 내어놓은 것은 유머로 가득 차 있었고 고뇌를 아는 작품이었기 때문이다. 그래서 그의 이름, 한때 그의 선생님들이 꾸짖으며 불렀던 그 이름, 호두나무며 분수, 바다에 부치는 그의 최초의 시에 서명했던 바로 그 이름, 남쪽의 것과 북쪽의 것이 조합된 그 울림, 이국적인 입김이 서린 이 시민 계급의 이름은 순식간에 탁월한 것을 지칭하는 대명사가 되었다. 그 음색, 이국적인 입김이 서린 이 시민 계급의 이름은 순식간에 탁월한 것을 지칭하는 대명사가 되었다. 그의 작품들에는 자신의 체험들이 고통스러울 정도로 철저하게 묘사된 데다 끈질기게 버티며 명성을 추구하는 보기 드문 근면성이 어우러져 있었기 때문이다. 또한 이 근면성은 까다롭고 민감한 그의 취향과 싸우면서 격렬한 고통을 겪는 가운데에 비범한 작품들이 탄생하도록 했다.

그는 살기 위해 일을 하는 사람처럼 일하지 않고, 일하는 것 말고는 아무것도 원하지 않는 사람처럼 일했다. 그것은 살아 있는 인간으로서의 자신은 아무것도 아니라고 생각하기 때문이다. 그는 자신이 오로지 창작자로서만 간주되기를 원하며, 그

밖의 경우에는 희미하고도 눈에 띄지 않게 다니고자 한다. 마치 화장을 지운 배우가 아무 역할도 하지 않을 때는 아무런 존재도 아닌 것처럼 말이다. 그는 말없이 고립된 채 눈에 띄지 않게 일하면서 재능을 사교를 위한 장식품으로 여기는 소인배들을 한없이 경멸했다. 이들은 가난하거나 부유하거나, 아무렇게나 남루하게 입고 돌아다니거나 개성 있는 넥타이로 사치를 부리거나 간에, 행복하고 근사하게 예술적으로 사는 것을 가장 먼저 생각했다. 훌륭한 작품들이란 곤궁한 삶의 압박 속에서만 생겨난다는 것, 생활하는 자는 창작을 하지 못하며, 완전히 창작자가 되기 위해서는 죽어서야 가능하다는 것을 모르는 채 말이다.

4

"제가 방해되나요?" 토니오 크뢰거가 아틀리에의 문지방에서 물었다. 리자베타 이바노브나는 그가 모든 것을 터놓고 말하는 친구인데도 손에 모자를 들고 약간 몸을 굽히기까지 했다.

"아이고 무슨 말씀을, 토니오 크뢰거, 격식 차리지 말고 그냥 들어와요!" 그녀는 버릇대로 통통 튀는 억양으로 대답했다. "당신이 어린 시절 좋은 가정교육을 받아서 뭐가 예법에 맞는다는 것을 알고 있다는 건 다들 잘 알고 있어요." 이렇게 말하면서 그녀는 왼손에 들고 있던 팔레트에 붓을 꽂아 놓고 오른손을 그에게 내밀었다. 그러고는 깔깔 웃으며 고개를 가로저으면서 그의 얼굴을 바라보았다.

"그래요, 그렇지만 당신이 일하고 있어서요." 그가 말했다. "어디 봐요…… 오, 그동안 많이 했군요." 이렇게 말하고서 화가(畫架)의 양쪽으로 의자들 위에 기대어 있는 다채로운 스케치들을 번갈아 가며 바라보았다. 그러고는 선으로 그어진 정방형의 그물로 뒤덮여 있는 커다란 캔버스를 바라보았다. 그 캔버스 위에 그려진, 형체가 희미한 어지러운 목탄 스케치에 첫 물감 자국들이 나타나기 시작하고 있었다.

이것은 뮌헨 셸링 가 어느 뒷건물 안, 여러 층을 올라가 도착한 방에서의 일이었다. 북향으로 난 널따란 창 너머 바깥에는 푸른 하늘이 있었고, 새들이 지저귀고 있었으며, 그리고 햇볕이 내리쬐고 있었다. 열린 천창을 통해 쏟아져 들어오는 싱그럽고 감미로운 봄의 숨결이 넓은 작업공간을 가득 채우고 있는 정착제와 유화물감의 냄새와 뒤섞여 있었다. 밝은 오후의 황금빛이 아무런 방해를 받지 않고 넓고 삭막한 아틀리에 안으로 밀려 들어와서는, 약간 손상된 마룻바닥, 작은 유리병들, 튜브들, 붓들로 뒤덮여 있는 창문 아래의 허드레 탁자와, 벽지를 바르지 않은 벽에 액자 없이 걸려 있는 습작들을 거침없이 비추고 있었으며, 찢어진 비단으로 된 병풍도 비추고 있었다. 이 병풍은 문 근처에 세련된 가구들이 비치된 하나의 작은 공간을 만들어 거실 겸 휴식 공간으로 쓸 수 있게 되어 있었다. 그 황금빛 햇살은 화가(畫架) 위에서 완성되어 가고 있는 작품과 그 앞에 있는 여성 화가와 시인도 비추고 있었다.

그녀는 대략 토니오와 비슷한 나이, 그러니까 서른을 조금 넘긴 나이인 것 같았다. 그녀는 물감으로 여기저기 얼룩진 암청색 앞치마가 달린 작업복을 입고서 나지막한 걸상에 앉은 채 한 손으로 턱을 괴고 있었다. 잘 다듬었으나 귀밑머리가 이미 약간 희끗희끗해지기 시작하고 있는 그녀의 갈색 머리칼은 살짝 물결치면서 양쪽 관자놀이를 뒤덮고 있었다. 그리고 이 머리카락은 슬라브인의 특징을 지닌, 말할 수 없이 호감 가는 갈색 얼굴을 에워싸고 있었다. 뭉툭한 코와 날카롭게 튀어나온 광대뼈와 새카맣게 반짝이는 작은 두 눈이 있는 얼굴이었다. 그녀는 긴장한 채, 자기 작품이 마음에 들지 않는 듯, 말하자면 좀 화가 난 듯한 표정으로 삐딱하게 눈을 가늘게 뜨고 자신의 작품을 유심히 쳐다보고 있었다……

그는 그녀 옆에 서서 오른손을 허리에 받친 채, 왼손으로는 성급하게 자신의 갈색 턱수염을 배배 꼬고 있었다. 그는 비스듬히 기운 두 눈썹을 긴장한 나머지 침울하게 씰룩거리면서 여느 때처럼 혼자 나지막이 휘파람을 불고 있었다. 그는 지극히 세심하고도 주의 깊은 옷차림을 하고 있었는데, 꼼꼼하게 재단된 차분한 회색 양복을 입고 있었다. 그러나 유난히 단순하고 정확하게 가르마를 탄 어두운 갈색 머리칼 아래로 훤칠하게 드러난 이마에는 신경질적인 경련이 일어나고 있었고, 남국풍으로 생긴 얼굴은 마치 단단한 석필로 덧그려 뚜렷한 윤곽이 새겨진 것처럼 어느덧 벌써 이목구비가 뚜렷해 보였다. 다른 한편 그의 입의 윤곽은 매우 부드러워 보였고, 턱의 생김새는 매우 연약해 보였다…… 잠시 후 그는 손으로 이마와 두 눈을 쓰다듬으면서 몸을 돌렸다.

"오지 말 걸 그랬어요." 그가 말했다.

"왜 그렇게 생각하시죠, 토니오 크뢰거?"

"방금 나는 내 작품을 쓰다가 일어나 오는 겁니다. 리자베타. 그래서 지금 내 머릿속이 바로 이 캔버스와 똑같아요. 하나의 뼈대, 여러 번 수정하여 지저분해진 흐릿한 스케치, 몇 군데 물감으로 얼룩진 부분, 그래요. 그런데 이제 여기 와서 똑 같은 것을 보고 있군요. 집에서도 날 괴롭히던 그 갈등과 대립을 여기서도 다시 보고 있어요."라고 말하며 그는 허공에 대고 코를 킁킁거리며 냄새를 맡았다. 이상해요. 한 가지 생각에 사로잡히면, 어디서든 그 생각이 표현되는 것 같으니 말이에요. 심지어 바람 속에서도 그 생각의 **냄새를 맡게 되거든요**. 정착제 냄새와 봄의 향기가 난단 말입니다. 그렇지 않나요? 예술 그리고 — 그래요, 그것과 대응되는 다른 개념은 뭘까요? '자연'이라고 말하지 마세요, 리자베타, '자연'은 사람을 이렇게 기진맥진하게 만들지는 않아요. 아, 아녜요, 난 차라리 산책이나 할 걸 그랬어요. 산책한다고 해서 내 기분이 더 좋아졌을지는 의문이지만 말이에요. 5분 전에 여기서 멀지 않은 곳에서 한 동료를 만났어요. 아달베르트라는 단편소설 작가 말입니다. '빌어먹을 봄 같으니라고!' 그는 공격적인 어투로 이렇게 말하더군요. '봄은 언제나 가장 잔인한 계절입니다! 당신 핏속에서 무엇인가가 점잖지 못하게 근질거리고, 가당치도 않은 수많은 감정이 당신을 불안하게 하는데도, 당신은 제대로 생각을 할 수 있나요, 크뢰거? 그런데도 최소한의 핵심적 효과를 위해 침착하게 작품을 다듬을 수 있겠어요? 그리고 당신이 그 감정들이 무엇인지 살펴보면 그것은 금세 아주 진부하고, 완전히 쓸데없는 것으로 그 정체가 드러난단 말입니다. 그래서 나로 말하자면, 난 이제 카페로 갑니다. 그곳은 계절의 변화와는 무관한 중립적인 지역이니까요. 아시겠어요? 말하자면 그곳은, 현실과 떨어져 있는, 더 고귀한 착상들만을 떠올릴 수 있는, 문학적인 것을 위한 고상한 영역이란 말입니다……'. 이렇게 말하고 그는 카페로 들어가 버렸습니다. 어쩌면 나도 그를 따라 들어가야 했는지도 모르겠어요."

리자베타는 재밌어하는 표정을 지었다.

"좋아요, 토니오 크뢰거. '점잖지 못한 근질거림'이란 표현이 좋아요. 그 사람 말이 어느 정도는 맞아요, 정말 봄에는 작업

하기가 썩 좋다고 할 수는 없으니까요. 그렇지만 내 말을 좀 들어보세요. 그럼에도 난 여기 이 작은 일을 끝내야겠어요. 아달베르트라면 조그만 핵심적 효과라고 말할 작은 일이지요. 그런 다음 '응접실'에 가서 차를 마셔요. 그리고 당신이 하고 싶은 얘기를 다 털어놓으세요. 오늘은 당신이 할 말을 잔뜩 갖고 오신 게 훤히 보이니까 말이에요. 그때까지 어디 좀 앉으시지요. 예컨대 저기 궤짝 위에라도 좋고요. 당신이 입고 있는 귀족풍의 신사복이 더러워질까 염려되지 않으시다면요……"

"아, 내 옷 같은 건 신경 쓰지 마세요, 리자베타 이바노브나! 당신은 내가 찢어진 벨벳 재킷이나 빨강 비단 조끼 차림으로 돌아다니길 바라는 건가요? 예술가란 인간들은 항상 그 내면에 모험을 잔뜩 품고 있는 자들입니다. 그러니 겉으로라도 잘 차려입고 다녀야겠지요, 젠장. 그리고 마치 점잖은 사람처럼 처신해야 하겠지요…… 아니에요, 난 할 말을 잔뜩 갖고 온 건 아닙니다." 이렇게 말하고서 그는 그녀가 팔레트에 물감을 섞을 준비를 하는 것을 지켜보았다. "당신도 듣고 계시다시피, 내 생각을 온통 가득 채우고 있어서 내 일을 방해하는 것은 단 하나의 모순된 문제일 뿐입니다…… 방금 우리가 무슨 얘기 했었죠? 아달베르트, 그 단편 소설가 얘기였지요, 그런데 그는 정말이지 자긍심이 강하고 확고한 사람이지요. '봄은 가장 잔인한 계절이에요'라고 말하고서 그는 카페로 들어가 버렸지요. 사람이란 자신이 무엇을 원하는지 알아야 하니까요, 그렇지 않습니까? 실은 봄에는 나도 신경질적으로 됩니다. 나도 봄이 일깨우는 곱고 진부한 추억과 감정들 때문에 혼란스러워진답니다. 그렇다고 해서 다만 나는 봄을 욕하거나 경멸할 수가 없을 따름입니다. 사실 나는 봄 앞에서 나 자신이 부끄러워지기 때문입니다. 봄이 지닌 순수한 자연성과 의기양양한 젊음 앞에서 내가 부끄러워진다는 겁니다. 그러니 나는 아달베르트가 이런 사실을 전혀 모르는 것에 대해 그를 부러워해야 할지, 경멸해야 할지 모르겠군요……

봄에는 일이 잘 안 됩니다. 그건 확실해요. 왜 그럴까요? 사람들이 느끼기 때문입니다. 그런데, 창작하는 자는 느껴도 된다고 생각하는 사람은 풋내기지요. 진짜 정직한 예술가라면 누구나 서툰 사람의 이런 소박한 오해에 대해서 웃게 되지요. — 아마도 우울한 미소일지 모르겠지만, 아무튼 미소를 머금게 될 것입니다. 왜냐하면 사람들이 말하는 내용은 결코 핵심이 될 수 없고, 그 자체로 무심한 소재에 불과하기 때문이지요. 미학적 형상을 만들어내려면 유희적이고도 차분한 우월성을 갖고 그 소재를 짜 맞출 줄 알아야 하기 때문이지요. 당신이 말하려는 것에 너무 지나치게 신경을 쓰거나, 그 내용을 위해 당신의 심장이 너무 따뜻하게 뛴다면 당신은 틀림없이 완전히 실패하고 말 것입니다. 당신은 격정적이고, 감상적으로 될 것이며, 당신의 손에서 뭔가 어색한 것, 졸렬하게 진지한 것, 자제력이 없는 것, 반어성이 없는 것, 양념이 덜된 것, 지루하고 진부한 것이 나오게 될 겁니다. 그렇게 되면 당신은 사람들한테서 무관심한 반응 이외에는 아무것도 얻지 못하게 되고, 결국 당신 자신에게서는 환멸과 참담한 고통만을 느끼게 될 것입니다…… 사실 다 그런 거니까요, 리자베타. 감정이란, 마음에서 나오는 따뜻한 감정이란 항상 진부하고 쓸모없는 것입니다. 예술적이란 것은 단지 우리들의 망가지고 기교적인 신경조직의 과민함이며 냉혹한 황홀경일 따름입니다. 우리 예술가들은 그 무엇인가 인간이 아닌 존재가 되거나 비인간적으로 될 필요가 있으며, 우리 자신은 인간적인 것과 이상하게도 동떨어지고 무관한 관계에 있어야 할 필요가 있습니다. 인간적인 것을 연기해내고, 그것을 가지고 유희하며, 그것을 효과적으로 멋있게 표현할 수 있으려면, 또한 적어도 그렇게 하려는 시도라도 하고 싶으면 말입니다. 문체와 형식, 그리고 표현을 위한 재능도 벌써 인간적인 것에 대한 이러한 냉정하고 까다로운 태도, 말하자면 그 어떤 인간적인 빈곤화와 황폐화를 전제로 하고 있습니다. 어쨌든 확실한 것은 건강하고 강한 감정은 몰취미하다는 사실입니다. 예술가가 인간이 되고 느끼기 시작하자마자 그는 끝장입니다. 아달베르트는 그걸 알고 있었던 겁니다. 바로 그 때문에 그는 카페 안으로, 그 '동떨어진 영역' 안으로 들어가 버린 겁니다. 예,

바로 그겁니다!"

"그렇다면 그 사람은 그냥 내버려 두세요"라고 말하면서 리자베타는 양철 대야에 담긴 물에 손을 씻었다. "당신이 그를 따라갈 필요는 없지요."

"그럼요, 리자베타. 나는 그를 따라가지 않습니다. 그 이유는 오직 내가 가끔 봄 앞에서 나의 예술가 기질을 조금 부끄러워할 줄 알기 때문입니다. 내 말 좀 들어보십시오. 나는 가끔 낯선 사람이 쓴 편지들을 받는답니다. 나의 독자들한테서 오는 칭찬과 감사의 편지들인데, 감동한 사람들이 보내오는 경탄의 글들이지요. 나는 이 편지들을 읽습니다. 그리고 나의 예술이 여기서 불러일으킨 그 따뜻하고 서툰 인간적인 감정에 직면하여 감동이 밀려듭니다. 행간에서 읽히는 그 열광적인 소박함을 보고 나는 일종의 동정심에 사로잡히게 됩니다. 만일 이 정직한 독자가 한 번이라도 무대 뒤를 들여다본다면, 그리고 그 순진한 독자가, 착실하고 건전하고 점잖은 사람은 도대체 글을 쓰고, 행동을 모방하고, 작곡을 하는 일 따위는 하지 않는다는 사실을 알게 된다면 그 정직한 독자는 얼마나 놀라고 제정신이 번쩍 들지 모른다고 생각하며 나는 낯이 뜨거워집니다…… 그렇지만 나는 이 모든 사실에 구애받지 않고 독자의 경탄을 나의 창조적 재능을 위해 이용합니다. 그러한 경탄을 몹시 진지하게 받아들이고, 위대한 인간의 역을 연기하는 원숭이 같은 표정을 지으며 나 자신을 고양하고 나 자신에게 자극을 주기 위함이지요…… 아아, 내 말을 가로막지 말아요, 리자베타! 당신에게 말하지만, 나는 인간적인 것에 동참하지도 않으면서 인간적인 것을 표현하기란 가끔 죽을 정도로 피곤합니다…… 그런데 도대체 예술가가 남자인가요? 거기에 대해서는 '여자'에게 물어봐야겠지요. 우리 예술가들이란 모두들 약간은 교황청의 저 거세된 성가대원들의 운명과 흡사한 것 같습니다…… 우리는 아주 감동적으로 멋지게 노래를 부릅니다. 하지만 — "

"당신은 좀 부끄러운 줄 알아야 합니다, 토니오 크뢰거 씨. 자, 그럼 차 마시러 가요. 물이 곧 끓을 거예요. 그리고 여기 파피로스[16]가 있으니 피우세요. 당신은 소프라노로 노래하는 데까지 이야기하다 말았어요. 그러니 거기서부터 계속 이야기하세요. 하지만 당신은 부끄러운 줄 아셔야 해요. 당신이 얼마나 자긍심에 가득 찬 열정으로 당신의 천직에 헌신하고 있다는 걸 내가 모른다면 몰라도, 그런 당치 않은 말씀을 하시다니……"

"천직이란 말은 하지 마세요, 리자베타 이바노브나! 당신에게 분명히 말해 두지만 — 문학이란 것은 결코 소명이 아니라 일종의 저주입니다. 그것이, 이 저주가 언제부터 느껴지기 시작할까요? 일찍부터, 끔찍할 정도로 일찍부터 느낍니다. 사람

16 Papyros: 러시아산 담배

이 아직 당연히 신과 세상 사람들과 더불어 평화와 조화 속에서 살아가야 할 시기에 벌써 이 저주를 느끼기 시작합니다. 당신은, 어떤 낙인이라도 찍힌 듯, 다른 사람들, 일상적이고 정상적인 사람들과 이유를 알 수 없는 대립 관계에 있다는 것을 느끼기 시작합니다. 당신을 다른 사람들로부터 분리하는 반어, 불신, 대립, 인식, 감정의 심연이 점점 더 깊어져서, 당신은 고독해집니다. 그리고 그때부터는 서로 간에 더 이상 이해 불가능한 것입니다. 이 무슨 운명입니까! 이런 운명을 끔찍한 것으로 느낄 정도로 가슴이 충분히 생동하고 있고, **사랑으로 충만**해 있다는 것을 전제로 하고서 하는 말입니다!…… 당신이 수천 명의 다른 사람들 가운데 섞여 있어도 당신의 이마에 찍힌 낙인을 의식하고, 누구나 다 그 낙인을 알아본다고 느끼기 때문에 당신의 자의식은 불타오르는 겁니다. 나는 천재적인 재능을 지닌 한 남자 배우를 알고 있었는데, 인간으로서의 그는 병적인 소심증과 불안감에 시달려야 했습니다. 예술가로서는 완벽하지만, 인간으로서는 불쌍한 그를 이렇게 만든 것은 연기하지 않거나 배역을 못 맡아 연기를 하지 못한 데다가 그의 자의식까지 극도로 예민해졌기 때문이지요…… 예술이 시민적인 직업이 아니라 운명으로 미리 정해진 저주받은 직업임을 아는 예술가, 그런 진정한 예술가를 군중 속에서 찾아내는 것은 그다지 날카로운 시선이 아니더라도 그리 어려운 일이 아닙니다. 자신이 유별나고 남들과 어울리지 않는다는 느낌, 남이 자신을 알아보고 관찰하고 있다는 느낌, 무언가 왕과 같으면서도 동시에 어딘가 당황해하는 사람의 표정이 그의 얼굴에 드러나 있거든요. 평복을 입고 백성들 속을 걸어가는 군주의 표정에서 이와 비슷한 모습을 관찰할 수 있을 겁니다. 그러나 이런 경우에는 평복도 소용이 없어요, 리자베타! 당신이 변복하고, 가장해보세요! 휴가 중인 외교관이나 근위대 중위와 같은 옷차림을 해보세요! 아무리 그래봤자 당신이 눈을 뜨자마자, 그리고 한마디 말을 입 밖에 내기 무섭게, 누구나 다 당신은 인간이 아니라, 그 어떤 낯설고 생소한, 별난 존재라는 것을 알게 될 것입니다……

그러나 예술가란 **어떤 존재인가요?** 안일하고, 인식하는 일에 게으른 인류가 다른 질문과는 달리 이 질문에서만큼은 끈질긴 태도를 보여 왔습니다. '그런 건 하늘이 내린 재능이야', 어떤 예술가에게 감명을 받은 착실한 사람들은 이렇게 겸허하게 말합니다. 그들의 선량한 견해로는 명랑하고 숭고한 감명을 주려면 그 원천인 예술가 또한 무조건 명랑하고 숭고한 사람임이 틀림없다는 것이지요. 그 때문에, 어쩌면 여기서 문제가 되는 것이 극도로 나쁜 조건하에서 생겨난, 극도로 의심스러운 '재능'일 수도 있다고 의심하는 사람은 아무도 없다는 말입니다…… 예술가들은 쉽게 상처를 받는다는 것은 잘 알려져 있습니다. — 그리고 이런 일은 건전한 양심과 건실한 바탕의 자존감을 지닌 사람들한테는 잘 일어나지 않는다는 것도 잘 알려져 있어요…… 사실 나는, 리자베타, 내 영혼 깊은 곳에서 — 정신적 차원으로 말하자면 — 예술가란 유형에 대해서 전적으로 **혐의를** 품고 있어요. 그것은 저 북쪽의 협소한 도시에 사셨던 명예로운 내 조상들이라면 누구나 자기 집에 들어온 어떤 요술사나 모험을 일삼는 곡예사들에게 품었을 법한 그런 혐의 말입니다. 다음 이야기를 한번 들어보세요. 나는 한 은행가를 알고 있는데, 백발이 성성한 사업가인 그 사람은 단편소설을 쓰는 재능을 갖고 있어요. 그는 한가한 시간에 이 재능을 활용하는데, 그의 작품들은 간혹 아주 탁월하지요. 이렇게 섬세한 자질에도 불구하고 — 나는 '불구하고'라고 말합니다 — 이 남자에게 전혀 흠이 없는 것은 아닙니다. 그 반대로 그는 이미 무거운 벌을 받아 옥살이한 적도 있는데. 그것도 납득할 만한 이유에서 말입니다. 그렇습니다, 아주 특이하게도 그가 자신의 재능을 알게 된 것은 비로소 감옥 안에서 일어난 일이었으며, 죄수로서의 경험들이 그의 모든 작품에 나타나는 기본 모티프가 되고 있습니다. 이런 사실에서 약간 대담한 추론을 해보자면, 작가가 되기 위해서는 교도소 같은 곳에 정통할 필요가 있다고 말할 수도 있겠다는 것입니다. 그러나 그의 예술적 기질의 뿌리이자 원천과 밀접한 관계가 있는 것은 감옥에서의 체험들보다는 오히려 **그를 감옥에 들어가게 만든 그 요인 자체**일지도 모른다는 의구

심이 들진 않나요—? 단편소설을 쓰는 은행가, 그건 아주 드문 일이 아닌가요? 하지만 범죄를 모르는, 흠결이 없는 건실한 은행가가 소설을 쓴다는 것, **그건 있을 수 없는 일입니다**…… 그래요, 이제 웃으시는군요. 그래도 내 말은 반쯤은 진담입니다. 이 세상에서 예술성과 그 인간적 감화의 문제보다 더 골치 아픈 문제는 없습니다. 가장 전형적인, 그리고 그 때문에 가장 막강한 예술가의 가장 경이로운 작품을 택하세요. '트리스탄과 이졸데' 같은 병적이고 심히 외설적인 작품 하나를 택하여 그 작품이 건전하고, 지극히 정상적이라고 느끼는 젊은이에게 끼치는 영향을 관찰해보세요. 당신은 그 젊은이가 정신적으로 고양되고, 새로운 힘을 얻어, 따뜻하고 성실한 감격에 사로잡혀 어쩌면 자신도 '예술가다운' 창작을 해보겠다는 자극을 받는 모습을 관찰하게 될 겁니다…… 그는 선량한 딜레탕트지요! 우리 예술가들의 내면은 그가 '따뜻한 가슴'과 '정직한 열광'으로 꿈을 꿀지도 모르는 것과는 근본적으로 다른 모습이지요. 나는 예술가들이 여성들과 젊은이들에게 둘러싸여 환호를 받는 것을 봤습니다만, 나는 그들의 속사정을 **알고 있었습니다**…… 예술가 기질의 유래, 예술가 기질에 부수적으로 따르는 현상들, 그리고 그 기질의 조건들에 관해서 우리는 번번이 이상야릇하기 짝이 없는 경험들을 하곤 하지요……"

"다른 예술가들한테서 말인가요, 토니오 크뢰거 — 실례지만 — 당신 자신한테서도 그런 경험을 한다는 말인가요?"

그는 아무런 대답도 하지 않았다. 그는 비스듬한 두 눈썹을 찡그리고는 혼자 휘파람을 불었다.

"찻잔을 이리 주세요, 토니오. 차가 진하지 않으니 한잔 더 드세요. 그리고 담배도 한 개비 더 피우세요. 말이 나온 김에 하는 말인데, 당신이 사물을 보듯이 꼭 그렇게 사물을 볼 필요가 없다는 것을 당신 자신이 잘 알고 계시겠지요……"

"그건 호레이쇼[17]의 대답이군요, 리자베타. '사물을 그렇게 관찰하는 것은 사물을 너무 세밀하게 관찰하는 것'이라는 말이지요, 그렇지 않습니까?"

"내 말은, 사물을 다른 쪽에서도 똑같이 정확하게 살펴볼 수 있다는 거예요, 토니오 크뢰거. 나는 그림 그리는 어리석은 여자일 뿐이에요. 그리고 내가 당신의 말에 뭔가 대답이라는 걸 할 수 있다면 내가 당신의 독설로부터 당신의 직업을 약간 변호할 수 있다면, 내가 내놓는 대답은 분명히 전혀 새로운 것은 아니고, 다만 당신 자신도 잘 알고 있는 것을 상기시키는 것에 지나지 않을 거예요…… 그러니까, 이를테면 문학의 작용이란 정화시켜 주고 신성하게 만들어 주고, 인식과 언어를 통해 열정을 가라앉힐 수 있다는 것을 말이에요. 이해하고 용서하고

---

17 Horatio: 셰익스피어의 연극《햄릿》에 나오는 햄릿의 충실한 친구의 이름.

사랑하기 위한 도정으로서의 문학, 구원해 줄 수 있는 언어의 힘, 인간 정신 전체를 두고 볼 때 가장 고귀한 현상인 문학적 정신, 문학을 하는 사람은 완전한 인간으로 성자와도 같다 — 사물을 **이렇게** 관찰하는 것이 사물을 충분하게 세밀히 관찰하는 것이 아닐까요?"

"당신은 그렇게 말할 권리가 있어요, 리자베타 이바노브나, 당신네 나라 작가들의 작품, 숭배할 만한 러시아 문학을 두고 볼 때는 그렇습니다. 사실 정말이지 러시아 문학이야말로 당신이 말하는 그런 신성한 문학이지요. 그러나 나는 당신의 항변을 무시한 게 아닙니다. 그것도 오늘 내 마음속에 들어있는 생각에 포함되어 있습니다…… 나를 좀 봐주세요. 난 그렇게 엄청나게 활기찬 모습을 보이고 있진 않습니다. 어때요? 조금 늙고, 예민하고 피곤해 보이죠, 그렇지 않습니까? 이제 다시 '인식'의 문제로 돌아가 보자면, 천성이 선량하고 온화하며 호의적이고 약간 감상적이면서 심리적인 통찰안(眼) 때문에 아주 쉽게 심신이 지쳐 파멸 상태에 이르게 되는 한 인간을 생각해 볼 수 있겠습니다. 그는 슬픈 세상사에 압도당하지 않고, 관찰하고, 주의 깊게 살피다가 아무리 괴로운 일도 자신의 사고 체계 속에 받아들여야 합니다. 그리고 존재의 혐오스러운 허구에 대해 미리부터 도덕적 우월감에 가득 차서 기분이 좋은 척해야 합니다. 네, 물론 그래야지요! 그렇지만 표현한다는 온갖 즐거움에도 불구하고 이런 일이 가끔은 당신에게 조금 버거운 일이라고 느낄 때가 있을 겁니다. 모든 것을 이해한다는 것은 모든 것을 용서한다는 것일까요? 나는 정말 모르겠습니다. 내가 인식의 구토라고 부르는 게 있어요, 리자베타. 인간에게는 어떤 사안을 꿰뚫어 보는 것만으로도 벌써 죽을 정도로 싫어지는 (그래서 그것과 화해할 기분이 전혀 나지 않는) 그런 상태 말입니다. 햄릿의 경우가 그렇죠. 전형적인 문학자인 저 덴마크 사람의 경우가 바로 그런 상태이지요. 그는 알도록 태어나지는 않았으면서도 알도록 소명 받는다는 것이 무엇인지 알고 있었습니다. 눈물에 젖은 감정의 베일을 꿰뚫고 통찰해야 하고, 인식하고, 주의 깊게 살피고 관찰해야 합니다. 그리고 손과 손이 서로를 휘어잡고 얽히고, 입술과 입술이 서로를 더듬어 찾고 있는 순간들에서도, 인간의 시선이 감정에 눈이 멀어 보지 못하는 순간에도 미소를 지으며 관찰한 것을 챙겨 두어야 하는 것입니다. — 이것은 파렴치한 짓입니다. 리자베타, 이것은 비열하고 분노가 치미는 일입니다…… 하지만 분노해 봐야 무슨 소용이 있겠습니까?

이 사안의 또 다른 일면, 이에 못지않게 재미있는 일면은 물론 모든 진리에 대한 오만불손한 둔감성, 무관심, 반어적 권태입니다. 이 세상 그 어디서도 이미 산전수전 다 겪은 재기 넘치는 사람들이 모인 데만큼 말이 없고 절망적인 곳은 없다는 것은 사실이지요. 모든 인식이 그들에게는 낡고 지루하지요. 어떤 진리를 말해 보세요. 당신이 깨달아 터득하게 되어 어느 정도 젊은이다운 기쁨을 느끼는 그런 진리 말입니다. 그러면 그들은 당신의 하찮은 깨우침에 대해 콧방귀를 뀌며 답할 겁니다…… 아, 그렇습니다, 리자베타. 문학은 사람을 피곤하게 만듭니다. 정말입니다, 확신하는데, 인간 사회에서는 회의(懷疑)에 빠져 자신의 의견을 보류하고 있으면 바보 취급을 받을 수 있지요. 사실은 단지 거만하거나 용기가 없어서 그럴 뿐인데 말입니다……'인식'에 대해서는 이쯤 해둡시다. 그러나 '언어'의 문제에 대해서 말하자면, 이것이 인간을 구원해 준다기보다는 오히려 인간의 감정을 차갑게 만들고 인간의 마음을 얼음 위에 올려놓는 것이 아닐까요? 진지하게 하는 말입니다. 인간의 감정을 문학적 언어를 통해 그토록 신속하고 피상적으로 처리해 버리는 데에는 얼음같이 차디찬, 분개할 정도로 불손한 사정이 숨어 있는 것입니다. 당신의 가슴이 너무 벅차오르면, 당신은 어떤 감미롭거나 숭고한 체험에 온통 사로잡혀 있다고 느낄 겁니다. 이보다 더 간단한 일이 없지요! 당신은 글쟁이한테로 가는 겁니다. 그러면 모든 것이 최단기간에 정리되어 나올 겁니다. 그는 당신 일을 분석하고, 명확히 표현하고, 적절한 명칭을 부여하고, 자기 생각을 말하고, 견해를 밝힐 것입니다. 당신을 위해 그 모든 문제를 영원히 처리하여, 아무런 관심도 줄 필요가 없는 것으로 만들 것입니다, 그리고 그 일에 고맙다는 인사도 받지 않을 것입니다. 그러나 당신은 마음이 가벼워지고 진정되고 나서 맑은 정신으로 집에 갈 것인데, 대체 그 문제의 어떤 점으로 인해 조금 전까지도 당신이 그렇게 달콤한 혼란에 빠질 수 있었는지 의아하게 생각할 것입니다. 그런데 당신은 진정 이 냉혹하고 자만심이 센 사기꾼의 편을 드시렵니까? 말로 표현된 것은 해결된 것이다 — 이것이 그의 신조입니다. 온 세계가 말로 되었으면 그것으로 세계가 해결된 것이고 구원된 것이며, 처리되었다는 겁니다…… 아주 좋은 말이죠! 그렇지만 나는 허무주의자는 아닙니다……"

"아니지요, 당신은 — " 리자베타가 말했다…… 그녀는 차를 뜬 숟가락을 입 근처에 막 대려다가 그 자세로 그냥 굳어버리고 말았다.

"아, 그렇지요…… 아, 그럼요…… 정신 차리세요, 리자베타! 살아 있는 감정에 관한 한 나는 허무주의자가 아닙니다. 보십시오, 글쟁이는 삶이 말로 표현되어 '해결된' 후에도 삶을 사는 것을 여전히 계속해 나가리라는 사실을, 그렇게 살아가는 삶을 부끄러워하지 않는다는 사실을 근본적으로 이해하지 못합니다. 하지만 보세요, 문학을 통한 온갖 구원에도 불구하고 삶은 굴하지 않고 계속해서 죄를 짓고 있어요. 정신의 눈으로 보면 모든 행위가 죄악이기 때문이지요……

나는 결론을 내릴 단계에 이르렀습니다. 리자베타. 내 말 좀 들어보세요. 나는 삶을 사랑합니다, — 이것은 일종의 고백입니다. 이 고백을 받아주시고 간직해 주세요, — 나는 이 고백을 아직 아무에게도 하지 않았습니다. 사람들은 내가 삶을 증오한다거나 두려워한다거나 경멸한다거나 혐오한다고 말했고, 심지어는 이런 말을 글로 쓰고 활자화하기도 했습니다. 나는 이 말들을 즐겨 들었으며 그런 말에 귀가 솔깃하기도 했지요. 그러나 그렇다고 해서 그 말이 틀리지 않다고는 할 수 없지요. 나는 삶을 사랑해요…… 미소를 짓고 있군요, 리자베타, 난 그 이유를 알고 있습니다. 그러나 제발 부탁입니다만, 내가 지금 말하고 있는 것을 문학이라고 간주하지는 말아주세요. 체사레 보르자[18]나 그를 추앙하는 그 어떤 도취적인 철학을 생각하지는 말아주세요. 그는, 저 체사레 보르자는 나에게 아무런 의미도 없습니다. 나는 그를 조금도 높게 평가하지 않고, 중히 여기지 않으며, 어떻게 그런 비정상적이고 마적인 것이 이상으로 추앙받을 수 있는지 결코, 영원히 이해할 수 없을 것입니다. 그렇습니다. 삶은 정신과 예술에 대한 영원한 대립 개념으로서 — 우리와 같이 평범하지 않은 사람들에게는 피비린내 나는 위대성과 야성적인 아름다움의 환영(幻影)으로서 나타나거나, 평범하

18 Cesare Borgia (1475/76~1507): 체사레 보르자는 르네상스 시대 이탈리아의 전제군주이자 교황군 총사령관으로서, 마키아벨리의 《군주론》의 이상적인 전제군주의 모델로 알려져 있다.

지 않은 것으로서 나타나는 것이 아닙니다. 정상적이고 예의 바르며 사랑스러운 것이 우리가 동경하는 영역이며, 그것이 바로 유혹적인 진부성 속에 자리 잡고 있는 삶인 것입니다. 친애하는 리자베타, 세련된 것, 상궤를 벗어난 것, 악마적인 것을 궁극적 목표로 삼고 그것에 아주 깊이 열광하는 자는 아직은 예술가가 아닙니다. 그리고 악의 없고 단순하며 생동하는 것에 대한 동경을 모르는 자, 약간의 우정과 헌신, 친밀감, 그리고 인간적인 행복에 대한 동경을 모르는 자는 아직 예술가가 아닙니다 — 평범한 것이 주는 온갖 희열에 대한 은밀하고도 애타는 동경을 알아야 한다는 겁니다!……

인간적인 친구 한 명! 인간들 가운데 친구 한 사람을 갖고 있다면 내가 자랑스러워하고 행복할 것으로 생각하시겠습니까? 그러나 지금까지 나는 악마나 요괴, 하계(下界)의 악령 그리고 인식으로 인해 말을 잃은 유령들, 즉 글쟁이들 가운데서만 친구들을 갖고 있었습니다.

간혹 나는 어느 강단에 나아가, 어느 홀 안에서 내 말을 들으러 온 사람들을 마주할 때가 있어요. 그럴 때면 나는 청중을 쓱 둘러보고 있는 나 자신을 관찰하게 됩니다. 나에게 온 사람들이 누구인지, 누구의 찬사와 감사가 나에게 밀려올지, 나의 예술이 이 자리에서 어떤 사람들과 이상적인 합일을 이룰까 하는 질문을 마음에 품고서 남몰래 강당 안을 둘러보고 있는 나 자신을 발견하게 된단 말입니다…… 리자베타, 나는 내가 찾고 있는 것을 발견할 수 없어요. 내가 잘 알고 있는 무리이자 교구민들만 발견하게 됩니다. 마치 초기 기독교도들의 모임과도 같이 아둔한 몸과 섬세한 영혼, 항상 넘어지곤 하는 사람들, 내 말을 이해하시겠지만, 말하자면 시를 삶에 대한 부드러운 복수로 여기는 사람들, — 항상 괴로워하고 그리움에 젖어 있는 불쌍한 사람들 뿐이고, 저 다른 부류의 사람들, 푸른 눈을 가진 사람들 중에서는 아무도 오지 않는단 말입니다, 리자베타. 그들은 정신을 필요로 하지 않으니까요!……

그런데 사정이 다르면 좋겠다고 생각하는 것도 유감스럽게도 결국 논리적 일관성이 부족한 꼴이 되지 않을까요? 삶을 사랑함에도 불구하고 온갖 술수로써 그것을 자기 편으로 끌어들이려고 애쓰는 것, 섬세함과 우울함을 위해, 완전히 병적이고 귀족적인 문학을 위해 삶을 봉사시키려는 것은 모순이지요. 그렇게 되면, 예술의 나라는 그 영토가 점점 늘어나는 반면, 건강과 순진무구의 나라는 지상에서 점점 더 작아질 것입니다. 우리는 이 건강한 나라의 아직 남아 있는 부분을 아주 조심스럽게 보존해야만 할 것이며, 스냅 사진이 들어 있는 승마 교본을 훨씬 더 좋아하는 사람들을 시의 세계로 유혹하려 해서는 안 될 것입니다!

왜냐하면 따지고 보면, — 예술의 세계에서 뭔가를 해보려고 애쓰는 삶의 모습보다 더 딱한 광경이 어디 있겠습니까? 우리 예술가들은 어느 누구보다도 딜레탕트를 더 철저하게 경멸합니다. 이 생활인들은 게다가 기회가 되면 언젠가는 예술가가 될 수 있을 것으로 생각하지요. 정말이지, 이런 종류의 경멸은 내가 몸소 겪은 가장 절실한 체험들에 속합니다. 나는 어느 훌륭한 집에 초대를 받아 손님들과 함께 있었어요. 사람들은 먹고 마시고 한담을 하고 있었지요. 사람들은 서로를 잘 알고 있었기에, 나도 잠시나마 악의가 없고 정상적인 사람들 사이에서 그들과 같은 부류의 사람으로 뒤섞일 수 있다는 것에 대해 기쁘고 고맙게 느끼고 있었어요. 그런데 갑자기(이런 일이 나에게 일어났습니다) 어떤 장교가 자리에서 일어났어요. 잘 생기고 건장한 소위였는데, 나는 그자가 자신의 명예로운 제복에 어울리지 않는 행동을 하리라고는 결코 상상도 할 수 없었어요. 그는 분명한 말로 허락을 구했는데, 그것은 자작시 몇 구절을 우리에게 낭독해 주겠다는 것이었어요. 사람들은 당황해서 미소를 지으며 그의 요청을 허락해 주었습니다. 그래서 그는 자신의 계획을 실행에 옮기게 되었습니다. 그는 그때까지 자기 윗옷의 옷자락 안에 감춰 두고 있었던 종이쪽지 하나를 보면서 자신의 작품, 음악과 사랑에 바치는 무엇인가를 낭독했는데, 요컨대 그 시는 깊이 느낀 흔적은 있었으나 또 그만큼 감동을 주진 못했습니다. 그때 나는 어느 누구라도 붙들고 물어보고 싶었습니다. 소위가! 세상의 주인이! 정말로 그는 그런 짓을 할 필요가 없는 사람이었습니다……! 그런데, 아니나 다를까, 당연한 결과가 나타나고야 말았습니다. 모두 실망한 표정을 지으며 입을 다물고 있었고, 인위적인 박수 소리가 조금 나더니 주위에 심히 언짢은 분위기가 감돌았습니다. 내가 의식하게 된 첫 번째 정신적 사실은 이 사려 깊지 못한 젊은이가 좌중에 끼쳐놓은 당혹감에는 나도 일말의 책임을 느낀다는 것이었습니다. 그리고 의심할 여지 없이 나에게도 비웃고 경원시하는 사람들의 시선이 쏠렸습니다. 그 청년이 내 영역에 들어와 서툰 짓을 했기 때문이지요. 그러나 두 번째로 의식하게 된 사실은, 내가 조금 전까지만 해도 그의 존재와 본성을 충심으로 존경했던 그 사람이 내 눈에 갑자기 조그맣게, 한없이 조그맣게 보이기 시작했다는 것입니다…… 동정심에서 나오는 호의가 내 마음을 사로잡았어요. 나는 용기 있고 마음씨 좋은 다른 몇 명의 신사들과 마찬가지로 그에게 다가가서 격려해 주었습니다. '축하합니다, 소위님! '재능이 뛰어나시네요! 정말 대단했습니다!' 이렇게 말하면서 나는 하마터면 그의 어깨를 두드려줄 뻔했지요. 그러나 호의라는 것이 한 명의 소위를 상대로 느껴야 하는 감정일까요?…… 그의 잘못이었지요! 그는 거기 서서 몹시 낭패한 가운데에 자신이 저지른 오류의 값을 치르고 있었습니다. 자신의 목숨을 그 대가로 내놓지 않고 예술의 월계수에서 이파리 하나, 단 하나의 이파리쯤은 따도 된다고 생각한 오류 말입니다. 안되고 말고요, 이 점에 있어서 나는 나의 동료이자 범죄를 저지른 은행가 편을 들겠습니다. — 그런데 리자베타, 내가 오늘 햄릿처럼 말이 많다고 생각하지 않으세요?"

"이제 말씀 다 하셨어요, 토니오 크뢰거?"

"아닙니다. 하지만 더 이상 아무 말도 하지 않겠습니다."

"그만하면 충분하기도 해요. — 대답해 주기를 기다리시나요?"

"대답해 주실 말이 있습니까?"

"있는 것 같아요. — 토니오, 나는 당신이 하는 말을 처음부터 끝까지 잘 들었어요. 이젠 당신이 오늘 오후에 말 한 모든 것에 알맞은 대답을 해 드리지요. 그리고 이 대답이 당신을 그토록 불안하게 만들었던 문제에 대한 해답이기도 합니다. 자, 그럼! 그 해답은 바로 이겁니다. 지금 거기 앉아 있는 그대로 당신은 그저 한 시민이라는 사실입니다."

"내가요?"라고 그는 물었다. 그러고는 약간 주저앉는 듯했다……

"그렇지요? 충격이 심할 겁니다. 또 당연히 그래야 하고요. 그래서 판결의 강도를 좀 낮춰줄게요. 나는 그 정도는 할 수 있으니까요. 당신은 길을 잘못 든 시민입니다, 토니오 크뢰거 — 길을 잃고 헤매는 시민이지요."

— 침묵이 흘렀다. 그러다가 그는 단호히 일어서더니 모자와 지팡이를 집어 들었다.

"고마워요, 리자베타 이바노브나. 이제 난 안심하고 집으로 갈 수 있겠군요. **나는 해결되었으니까요.**"

5

가을 무렵 토니오 크뢰거는 리자베타 이바노브나에게 이렇게 말했다.

"그래요, 난 이제 여행을 떠나요, 리자베타. 바람을 좀 쐬어야겠어요, 훌쩍 떠나 먼 곳을 찾아가 볼까 합니다."

"그렇다면, 어떻게요? 다시 이탈리아로 갈 생각인가요?"

"맙소사, 내게 이탈리아 이야기는 꺼내지도 마세요, 리자베타! 나는 이탈리아라면 경멸할 정도로 관심이 없어졌어요! 내가 거기에 속해 있다는 망상을 했던 것도 오래전의 일이에요. 예술의 고장, 그렇지요? 비로드같이 푸른 하늘, 뜨거운 와인과 달콤한 관능…… 한마디로, 난 그런 것들을 좋아하지 않아요. 난 포기하겠습니다. 이 모든 남국의 아름다움은 나의 신경을 날카롭게 만들어요. 나는 또한 동물처럼 검은 눈빛을 가진, 끔찍할 정도로 활력에 넘치는, 저 아래쪽에 사는 모든 사람들을 좋아하지 않습니다. 이 라틴족들의 눈에는 양심이라는 게 들어 있지 않거든요…… 아닙니다, 난 이제 잠시 덴마크로 갈까 합니다."

"덴마크로요?"

"그래요. 그곳으로 가는 게 내게 좋을 것이라 기대하고 있습니다. 공교롭게도 나는 어린 시절 내내 덴마크 국경 근처에 살았지만, 우연히도 거기까지는 한 번도 가본 적이 없습니다. 그럼에도 나는 옛날부터 그 나라를 잘 알고 있었고 사랑하고 있었습니다. 이런 북구적인 경향은 아버지로부터 물려받은 것임이 틀림없어요. 왜냐하면 내 어머니는 원래 남쪽 나라의 아름다움을 더 좋아하는 편이셨거든요. 하긴 어머니에게는 모든 것이 아무래도 좋았지만요. 그러나 저 위쪽에서 쓰여지고 있는 책들, 그 심오하고, 순수하며 유머 넘치는 책들을 생각해 보세요, 리자베타. — 내가 볼 때 그것을 능가하는 책들은 없어요, 나는 이 책들을 사랑해요. 스칸디나비아식 식사를 생각해 보세요. 그 비할 바 없는 식사는 소금기가 느껴지는 세찬 바닷바람 속에서만 소화 시킬 수 있지요.(내가 아직도 그런 음식을 소화 시킬 수 있을지는 잘 모르겠어요). 나는 어릴 적부터 그런 식사를 어느 정도 알고 있지요. 우리 고향에서는 이미 그렇게들 식사하니까요. 또한 이름들도 한번 생각해 보십시오. 저 위쪽 사람들이 붙여 달고 다니는 세례명들 말입니다. 그중에 상당수의 이름은 우리 고향에도 이미 있는 것이기도 해요. 이를테면 '잉에보르크'와 같은 소리를 들어보세요. 이는 한 점 흠결도 없는 시가 하프를 타고 흘러나오는 소리 같지요. 그다음에는 바다를 떠올려 보세요, — 그들에게는 저 위 발트해가 있지요!…… 한마디로 말해서 나는 저 위 쪽으로 갑니다, 리자베타. 나는 발트해를 다시 보고 싶고, 그 세례명들을 다시 듣고 싶고, 그 책들을 현지에서 읽어 보고 싶습니다. 나는 또한 크론보르크 성의 성채(城寨) 위에도 서보고 싶습니다. 유령이 햄릿에게 나타나 그 불쌍하고도 고귀한 청년을 곤경에 빠뜨려 죽음에 이르게 한 그곳 말입니다……"

"어떻게 가시는지 물어봐도 될까요? 어떤 코스를 택하시나요?"

"보통 가는 코스입니다." 그는 어깨를 으쓱하면서 말하고는 눈에 띌 정도로 얼굴이 빨개졌다. "그래요, 리자베타, 나는 내 고향, 나의 첫 출발점이었던 곳을 들를 겁니다. 13년 만이지요. 이건 좀 우스운 여행이 될지도 모르겠습니다."

그녀는 미소를 지었다.

"그게 바로 내가 듣고 싶었던 말이에요, 토니오 크뢰거. 그럼 부디 잘 다녀오세요. 내게 편지 쓰는 것도 잊지 마세요, 듣고 계시죠? 많은 체험이 담긴 편지가 기대되네요. 당신의 여행 — 덴마크 여행으로부터요……"

6

그리하여 토니오 크뢰거는 북쪽으로 갔다. 그는 안락한 여행을 했다.(내적으로 다른 사람들보다 훨씬 견디기 힘든 사람은 약간의 외적인 안락함을 누릴 정당한 권리가 있다고 그는 늘 말하곤 했기 때문이다.) 그는 도중에 쉬지 않고 계속 여행했다. 그래서 마침내, 그가 떠나왔던 그 협소한 도시의 첨탑들이 잿빛 하늘로 치솟아 있는 광경이 그의 눈앞에 펼쳐졌다. 거기서 그는 짧게 머무르면서 진기한 체험을 하게 되었다……

기차가 좁고, 연기에 그을린, 아주 친숙하게 느껴지는 역사 안으로 진입했을 때는 우중충하던 오후가 벌써 저녁으로 넘어가고 있었다. 그을음으로 더러워진 유리지붕 아래에서는 아직도 연기가 공처럼 둥글게 뭉쳐졌다가 다시 기다랗게 찢어지면서 이리저리 흩어지고 있었다. 그 광경은 토니오 크뢰거가 마음속에 조소만을 품고 이 곳을 떠나갔던 그 당시와 조금도 변함이 없었다. 그는 자기 짐을 찾아 호텔로 보내달라고 부탁해 놓고는 역사를 빠져나왔다.

역 밖에 한 줄로 늘어서 있는, 엄청나게 높고 넓은 검은색의 이두마차들이 바로 이 도시의 전세 마차들이었다! 그는 마차들 중 하나를 잡아타지는 않고 마차들을 그저 바라보기만 했다. 이 마차들뿐 아니라 그는 모든 것을 그렇게 바라보기만 했다. 이웃하고 있는 지붕들을 내려다보며 인사하고 있는 좁다란 합각머리 지붕들과 뾰쪽한 첨탑들을 바라보았고, 질질 끄는 억양에도 불구하고 속사포 같은 말투를 가진 느긋하고도 조야한 금발 머리 사람들이 자기 주위를 오가는 것도 바라보기만 했다. 그러자 그의 마음속에서는 일종의 신경질적인 웃음이 밀려 올라왔는데, 그것은 흐느낌과 은밀한 유사성을 지닌 웃음이었다. — 그는 도보로 천천히 걸었다. 그는 끊임없이 불어오는 축축한 바람의 압력을 얼굴에 느끼면서, 신화에 나오는 입상들이 난간에 서 있는 다리를 천천히 건너가서, 한동안 항구를 따라 걸어 보기도 했다. 아 이런, 이 모든 것이 얼마나 왜소하고 촌스러운지! 그동안의 세월 내내 이곳 합각머리 지붕들 사이로 난 이 비좁은 골목들은 이처럼 우스꽝스러울 정도로 가파르게 시내 쪽으로 뻗어 올라가고 있었던가? 선박의 굴뚝과 돛대들이 흐릿한 강물 위에서 바람을 받아 황혼의 어스름 속에서 조금씩 흔들리고 있었다. 내가 마음에 두고 있는 그 집이 위치한 저기 저 길로 올라가야 할까? 아니다, 내일 가보기로 하자. 지금 그는 몹시 졸렸다. 그의 머리는 여행으로 인해 무거웠으며, 느릿느릿 떠오르는 희미한 상념들이 그의 마음을 스쳐 지나가고 있었다.

지난 13년 동안 위장에 탈이 났을 때면 때때로 그는 그 비탈진 골목길에 있는, 발소리가 울리는 오래된 저택에 자신이 다시 와 있는 꿈을 꾸었는데, 그럴 때면 그의 아버지도 다시 거기에 와 있으면서 타락한 삶을 살고 있다고 그를 심하게 꾸짖으셨다. 그때마다 그는 아버지의 그런 꾸짖음을 매우 당연하다고 생각했었다. 그런데 지금 그의 현재의 상태도 사람을 미혹시키는 것인 줄 알면서도 그 그물에서 벗어날 수 없는 그런 꿈 장면들 중 하나와 전혀 다를 바 없었다. 그러한 꿈 장면들 속에서는 그것이 속임수인지 현실인지 자문해볼 수 있고, 그러다가 어쩔 수 없이 현실이 확실하다고 판정을 내리지만, 그럼에도 불구하고 결국은 꿈에서 깨어나고 만다…… 그는 행인이라곤 거의 보이지 않는 바람 부는 거리들을 걸어갔다. 바람에 맞서 고개를 숙인 채 마치 몽유병자와도 같이 자신이 묵으려는 호텔 쪽으로, 그 도시의 최상급 호텔이 있는 쪽으로 걸어갔다. 다리가 굽은 한 남자가 끝에 작은 불꽃이 타고 있는 장대를 든 채 건들거리는 수부(水夫)의 걸음걸이로 그의 앞으로 걸어오더니 가스등에 불을 붙였다.

대체 그의 상태는 어떠했었나? 그의 피로의 잿더미 아래에서 밝은 불꽃으로 타오르지 못한 채 이토록 어둡고 고통스럽게 희미한 빛을 내는 이 모든 것들은 다 무엇이란 말인가? 조용히, 조용히, 아무 말도 하지 말자! 아무 말도 입 밖에 내지 말자! 그는 바람을 맞아가며 꿈속에서 본 것같이 친숙한 그 어둑어둑한 골목들을 오랫동안 그렇게 걷고 싶었다. 그러나 모든 것이 너무 좁고 다닥다닥 가까이 붙어 있었다. 금방 그는 목적지에 도착해 버렸다.

시내의 높은 지대에는 아치형 가로등들이 있었는데, 방금 불이 켜졌다. 그곳에 호텔이 있었다. 그 앞에 놓여 있는 것은 그가 어릴 적에 무서워했던 두 마리의 검은 사자상이었다. 예나 다름없이 사자들은 재채기라도 하려는 듯한 표정으로 서로를 마주 바라보고 있었다. 그렇지만 그들은 당시보다 훨씬 더 작아진 것 같았다. — 토니오 크뢰거는 그 사자들 사이로 걸어 들어갔다.

도보로 왔기 때문에 그는 그다지 대단한 영접을 받지는 못했다. 수위와 검은 옷을 입은 매우 세련된 신사가 그를 맞이했는데, 그 신사는 절을 하고는 가느다란 손가락으로 연신 자기의 커프스를 소매 속으로 밀어 넣고 있었다. 그들은 시험하는 듯, 재는 듯 그를 머리부터 발끝까지 살피면서, 그의 사회적 지위를 조금이라도 규정짓고 사회계층과 시민계층에서의 위치를 어림잡아 그를 적당한 위치에 자리매김하려고 애쓰고 있는 게 분명했다. 하지만 만족스러운 결론에 이를 수 없어서 적당히 예의를 갖춰 대접하기로 결정한 것 같았다. 양 볼에 희미한 금발의 구레나룻을 하고, 오래되어 반질반질해진 연미복을 입은, 장미꽃 장식이 달린 소리 나지 않는 구두를 신은 온화한 인상의 종업원이 그를 두 층 위로 안내해 주었다. 그리하여 그는 고풍스러운 가구가 비치된 어느 깔끔한 방 안에 들어서게 되었다. 그 방의 창문 뒤로는 가정집 안마당들, 합각머리 지붕들, 그리고 호텔 가까이에 있는 교회 건물의 기이한 몸체들이 황혼의 여명 속에 마치 아름다운 중세풍의 그림처럼 펼쳐져 있었다. 토니오 크뢰거는 그 창문 앞에 한동안 서 있었다. 그러고 나서 그는 팔짱을 낀 채 널찍한 소파에 앉아 두 눈썹을 찌푸리고 혼자서 휘파람을 불었다.

방에 등불이 옮겨져 왔고, 그의 짐도 운반되었다. 동시에 그 온화한 인상의 종업원이 탁자 위에 숙박계를 갖다 놓았다. 토니오 크뢰거는 고개를 비스듬히 기울인 채 이름, 가족관계, 출신 등과 같은 것을 거기에 적어 넣었다. 그런 다음 그는 저녁 식사를 조금 주문하고 나서 소파 귀퉁이에 앉아 계속해서 허공을 바라보았다. 음식이 그의 앞에 놓였는데도, 그는 한참 동안 그것을 손대지 않고 그대로 두었다가 마침내 한두 입 먹고서는, 한 시간 동안 더 방 안을 왔다 갔다 하였으며, 그러다가 가끔씩 멈춰 서서 두 눈을 감기도 했다. 그런 다음 그는 느릿느릿한 동작으로 옷을 벗고는 잠자리에 들었다. 그는 이상한 그리움에 젖어 들게 하는 어지러운 꿈들을 꾸면서 오랫동안 잠을 잤다. —

잠에서 깨어났을 때 그는 그 방이 밝은 빛으로 가득 차 있는 것을 보았다. 혼란스런 마음으로 그는 조급하게 자신이 어디에 있는지 생각해 보았다. 그러고는 창문 쪽으로 걸어가 커튼을 열어젖혔다. 벌써 푸른색이 약간 퇴색해 버린 늦여름의 하늘에는 바람에 쥐어뜯긴 얇은 구름 조각들이 두둥실 흘러가고 있었다. 하지만 그의 고향 도시의 상공에는 태양이 빛나고 있었다.

그는 몸단장에 여느 때보다 더 세심한 주의를 기울였는데, 정성 들여 세수하고 면도를 했으며, 마치 깔끔하고 흠잡을 데 없는 인상을 주어야 하는, 반듯한 명문가를 방문하려는 듯이 산뜻하고 깔끔하게 치장했다. 그리고 옷을 입는 동안 그는 자신의 심장이 불안하게 두근거리는 소리에 가만히 귀를 기울여 보았다.

저 바깥은 정말 밝구나! 차라리 어제처럼 거리에 땅거미가 깔려 있었다면 그의 마음이 더 편안했을지도 모른다. 그런데 지금 그는 사람들의 시선을 받으며 저 밝은 햇볕을 뚫고 걸어가야 하는 것이다. 아는 사람들이라도 만나 멈춰 서게 되어, 지난 13년 동안 어떻게 지냈느냐는 질문을 받고 답변을 해야 하는 일이 생기지나 않을까? 아니야, 천만다행하게도 그를 아는 사람은 이젠 아무도 없으며, 설령 그를 기억하는 사람이 있다 해도 그를 알아보지는 못할 것이다. 그동안에 사실 그의 모습이 조금 변했으니 말이다. 그는 거울 속에 비친 자신의 모습을 주의 깊게 관찰해보았다. 그러다 문득 자신의 가면 뒤에서라면, 일찍이 일에 시달려 자기 나이보다 더 늙어 보이는 자신의 얼굴 뒤에서라면 좀 더 안전할 것이라고 느꼈다…… 그는 아침 식사를 방으로 가져오게 하고는 밖으로 나갔다. 수위와 검은 예복을 입은 그 세련된 신사의 깔보는 듯한 시선을 받으며 현관을 지나고 두 마리의 돌사자 사이를 지나 호텔 밖으로 나갔다.

어디로 가는 것인가? 그 자신도 잘 알 수 없었다. 어제와 똑같았다. 그가 이상하게도 품위 있고 아득한 옛날부터 잘 알고 있는 합각머리 지붕들과 작은 첨탑들, 아치형 길과 분수들이 다닥다닥 붙어 있는 광경을 주변에서 다시 보게 되자마자, 그리고 아득한 꿈속으로부터 정답고도 쓰라린 향내를 실어 오는 바람, 그 거센 바람의 압력을 다시금 얼굴에 느끼자마자, 마치 안개로 된 베일과 같은 것이 그의 의식을 뒤덮어 버리는 것이었다…… 그의 안면 근육에 긴장이 풀렸고, 고요해진 시선으로 그는 사람들과 사물들을 바라보았다. 그럼에도 불구하고 저기 저 길모퉁이에 이르면 잠에서 깨어나게 될지도 모르는 일이었다……

그는 어디로 가는 것인가? 그에게는 마치 자신이 접어든 이 방향이 이상하게도 회한으로 가득 찬 간밤의 슬픈 꿈과 관계가 있는 듯이 느껴졌다…… 그는 고깃집 주인들이 피 묻은 손으로 고기를 저울에 달고 있는 시청 건물의 아치형 지붕이 있는 통로들 밑으로 해서 시장 쪽으로 갔으며, 고딕식 분수가 높고 뾰쪽하게, 여러 각을 이루며 서 있는 시장광장으로 갔다. 거기서 그는 어떤 집 앞에서 멈춰 섰다. 그것은 여느 다른 집들과 마찬가지로 좁다랗고 소박한 합각머리, 양 날개에 투조(透彫)를 해놓은, 활모양으로 휘어져 올라간 합각머리 지붕을 한 집이었다. 그는 그 합각머리 지붕을 쳐다보는 데에 몰두하고 있었다. 그는 대문에서 문패를 읽었고 잠시 창문 하나하나를 눈여겨 바라보았다. 그런 다음 그는 천천히 몸을 돌려 계속 걸어갔다.

그는 어디로 가는 것인가? 집으로 가고 있었다. 그러나 그는 우회로를 택했으며, 시간이 있었기 때문에 성문 앞까지 산책했다. 그는 물레방아 둑길과 홀스텐 성문 쪽의 둑길을 지나갔으며, 나무들 속에서 솨솨 거리고 우두둑 소리를 내며 불어오는 바람 때문에 모자를 꽉 움켜잡았다. 이윽고 그는 정거장에서 멀지 않은 곳에서 둑의 초지(草地)를 벗어나, 굼뜨면서도 조급하게 칙칙 소리를 내며 기차가 지나가는 광경을 보았으며, 심심풀이로 연결 차량의 수를 세어보기도 했고, 맨 끝 차량 위에 우뚝 앉아 있는 남자를 바라보기도 했다. 하지만 보리수 광장에서 그는 거기 늘어서 있는 아름다운 저택들 중 한 저택 앞에서 걸음을 멈추고는 오랫동안 정원 안을 엿보고 창문들을 올려다보다가 마침내는 돌쩌귀 속에서 삐꺼덕거리는 소리가 나도록 격자 대문을 이리저리 흔들어 보았다. 그런 뒤에 그는 녹이 묻고 차가워진 자기 손을 잠시 바라보고는 계속 걸어갔다. 그 유서 깊고 땅딸막한 성문을 통과해서 항구를 따라 계속 걸어가다가 바람 부는 가파른 골목길을 올라가 그의 부모가 살던 집으로 갔다.

그 집은 자기 집의 합각머리보다 낮은 이웃집들에 둘러싸인 채 삼백 년 전과 다름없이 회색빛을 띠고 진지하게 서 있었다.

토니오 크뢰거는 현관문 위에 반쯤 퇴색해버린 글자로 적혀있는 그 경건한 격언을 읽었다. 그러고 나서 숨을 크게 들이쉬고는 안으로 들어갔다.

그의 심장은 불안하게 뛰었다. 왜냐하면, 지금 그가 지나가고 있는 일 층 문들 중의 한 문에서 사무복을 입고 귀 뒤에 펜을 꽂은 그의 부친이 걸어 나와 그를 불러 세우고는, 방종한 그의 생활 태도를 엄하게 꾸짖을지도 모른다고 생각했기 때문이다. 그렇다 하더라도 그는 그런 꾸지람을 매우 당연한 것으로 받아들였을 것이다. 그러나 그는 아무런 방해도 받지 않고 그냥 지나갈 수 있었다. 현관 안쪽의 바람막이 문은 닫혀 있지 않고 약간 열려 있었다. 그는 그것을 책망받을 일이라 여기면서도, 동시에 다른 한편으로는 마치 어떤 가벼운 꿈에서처럼 장애물들이 저절로 물러가고 경이로운 행운에 힘입어 아무런 방해도 받지 않고 앞으로 나아가고 있는 듯한 기분이 들었다…… 큼직큼직한 사각형의 석조 타일이 깔린 널찍한 마루에 그의 발걸음 소리가 울려 퍼졌다. 쥐 죽은 듯 고요한 부엌 건너편에는 예나 다름없이 마룻바닥에서 상당히 높은 곳에 이상하고 볼품없지만 깔끔하게 칠이 된 목조 단칸방들이 벽에서부터 공중으로 튀어나와 있었다. 그것들은 하녀들의 방으로서 마루에서 거기로 올라가려면 일종의 이동 사다리를 이용할 수밖에 없었다. 그런데 이곳에 있던 커다란 장롱들과 조각이 새겨진 궤짝들은 이제 더 이상 그곳에 없었다…… 이 저택의 아들은 그 육중한 계단을 올라가면서 흰색 칠이 되어 있고 장식으로 구멍이 뚫려 있는 나무 난간 위에 손을 짚곤 했다. 발걸음을 뗄 때마다 그는 손을 쳐들었다가는 그다음 발걸음을 옮길 때는 다시금 그 난간 위에 살며시 손을 내려놓았다. 그렇게 함으로써 그는 마치 이 오래되고 견고한 나무 난간에 대한 예전의 친밀감을 다시 회복하려고 조심스럽게 시도하는 것 같았다…… 그러나 그는 중간층으로 가는 입구 앞 층계참에서 그만 멈춰 서고 말았다. 문에는 하얀 팻말이 부착되어 있었는데, 거기에는 검은 글자로 '민중도서관'이라고 씌어 있었던 것이다.

민중도서관이라고? 토니오 크뢰거는 생각에 잠겼다. 그는 이곳이 민중과도, 문학과도 전혀 무관하다고 여겼었기 때문이다. 그는 문을 두드렸다…… 들어오라는 소리가 들려왔고 그는 그 말에 따랐다. 긴장되고 음울한 시선으로 그는 너무나 어울리지 않게 바뀐 내부를 들여다보았다.

그 층에는 세 개의 방이 안쪽으로 깊숙이 자리 잡고 있었고, 방에서 방으로 연결되는 문들은 열려 있었다. 네 벽면은 어두운 서가 위에 길게 줄지어 꽂혀 있는, 같은 형태로 제본된 책들로 거의 천정에 닿게 뒤덮여 있었다. 각 방에서는 일종의 카운터 같은 탁자 뒤에 초라한 행색의 사람이 한 명씩 앉아 뭔가를 쓰고 있었다. 그들 중 두 명은 토니오 크뢰거 쪽으로 고개만 돌릴 뿐이었지만, 입구 쪽 방에 있는 사람은 급히 일어나더니 두 손으로 탁자의 목판을 짚고 고개를 쑥 내밀면서 입술을 뾰쪽하게 하고 두 눈썹을 치켜올리고 연신 두 눈을 깜박거리면서 방문객을 쳐다보았다……

"실례합니다." 토니오 크뢰거가 그 많은 책으로부터 시선을 떼지 않은 채 말했다. "저는 이곳에 처음 온 사람인데, 이 도시를 구경하는 중입니다. 그런데 여기가 민중도서관이군요? 장서를 좀 둘러봐도 되겠습니까?"

"그러십시오!" 하고 관리가 말하면서 더욱더 심하게 눈을 깜박거렸다……

"그럼요, 이곳은 누구에게나 개방되어 있습니다. 그저 둘러보시기만 하시겠습니까…… 도서 목록을 하나 드릴까요?"

"괜찮습니다." 토니오 크뢰거가 대답했다. "저 혼자도 쉽게 알아볼 수 있습니다." 이렇게 말하고 나서 그는 책들의 등 위에 적힌 제목들을 살펴보는 척하면서 벽을 따라 천천히 걷기 시작했다. 그러던 끝에 책 한 권을 꺼내어 펼쳐 들고서 창가로 가서 섰다.

이곳은 아침 식사를 하는 방이었다. 아침마다 이곳에서 식사했으며, 푸른색 벽지로부터 제신(諸神)들의 흰색 입상이 두드러져 보이는 저 위 큰 식당에서 식사한 것이 아니었다…… 저기 저 방은 침실로 사용되었다. 거기에서 그의 아버지의 어머니가 돌아가셨다. 고령인 할머니는 힘겨운 투병 끝에 돌아가셨는데, 그것은 그녀가 향락을 즐기는 사교적 여성으로서 삶에 집착했기 때문이다. 그리고 나중에는 아버지 자신이 그곳에서 마지막 숨을 거두었다. 단춧구멍에 들꽃을 꽂고 다니는 키가 훤칠하고 정확하며, 조금은 슬픈 표정으로 생각에 잠긴 듯한 신사인 아버지 말이다…… 토니오는 그 당시 임종을 맞고 있는 부친의 침상 발치에 앉아 있었는데, 두 눈에 뜨거운 눈물을 머금고서 말 없는 어떤 격렬한 감정에, 사랑과 고통에 정직하게 그리고 송두리째 자신을 내맡기고 있었다. 그리고 그의 어머니, 아름답고 정열적인 어머니 역시 뜨거운 눈물에 몸이 완전히 풀려버린 상태로 침상 곁에 무릎을 꿇고 앉아 있었다. 그런 다음 그녀는 남국의 예술가와 함께 파란 하늘의 먼 나라로 가버렸다…… 그러나 저 뒤에 있는 방, 마찬가지로 온통 책으로 가득 차 있는, 지금은 초라한 행색의 한 남자가 지키고 있는, 더 작은 세 번째 방은 오랜 세월 동안 그 자신의 방이었다. 학교가 파하면 그는 바로 조금 전처럼 산책한 후에 저 방으로 돌아오곤 했었다. 저 벽면에 그의 책상이 놓여 있었고, 그 책상 서랍 속에 그는 진실하고도 미숙한 자신의 처녀 시들을 보관해 두었었다…… 호두나무…… 찌르는 듯한 비애가 그의 온몸을 훑고 지나갔다. 그는 옆으로 창밖을 내다보았다. 정원은 황폐하였으나, 그 해묵은 호두나무는 바람에 쏴쏴 소리를 내며 둔중하게 우두둑거리며 제

자리에 서 있었다. 토니오 크뢰거는 두 손에 들고 있던 책 위로 다시 눈길을 주었는데, 그것은 탁월한 문학 작품으로서 그도 잘 알고 있는 책이었다. 그는 그 검은 활자로 된 몇 줄의 문장을 내려다보면서 한동안 서술의 정교한 흐름을 따라가 보았다. 서술된 글은 형상화하려는 열정 속에서 어떤 핵심을 건드려 효과를 내며 상승하다가 커다란 감명을 주고 가라앉았다……

"그래, 정말 잘 쓴 글이야." 그는 이렇게 말하면서 그 작품을 도로 제자리에 꽂아두고는 돌아섰다. 그때 그는 그 관리가 여전히 꼿꼿이 선 채 열성적인 근무태도와 염려스러운 불신이 뒤섞인 표정으로 눈을 깜박거리고 있는 것을 보았다.

"제가 본 바로는 훌륭한 장서로군요." 토니오 크뢰거가 말했다. "이제 대충 살펴보았습니다. 대단히 감사합니다. 안녕히 계십시오." 이렇게 말하고 그는 문밖으로 나갔다. 그러나 그것은 미심쩍은 퇴장이라서, 그는 그 관리가 자신의 방문에 대해 극히 불안해하면서 아직도 몇 분 동안이나 거기에 서서 눈을 깜박거리고 있으리라는 것을 분명하게 느꼈다.

그는 그 집 안에 더 들어가 보고 싶은 기분이 나지 않았다. 그는 이미 고향 집에 와 있는 것이었다. 위층의, 둥근 기둥이 서 있는 현관 뒤 큰 방들에서는 낯선 사람들이 사는 모양이었다. 왜냐하면 계단 꼭대기가 전에는 없던 유리문으로 폐쇄되어 있었고, 거기에 누군가의 문패가 붙어 있었기 때문이다. 그는 그곳을 떠나 층계를 내려왔으며 발소리가 울리는 마루를 건너 자신의 생가(生家)를 떠났다. 어느 식당의 구석진 자리에서 그는 생각에 잠긴 채 부담이 되는 기름진 식사를 한 다음 호텔로 돌아갔다.

"볼일이 끝났습니다." 그는 검은 예복을 입은 그 세련된 신사에게 말했다. "오늘 오후에 떠나겠습니다." 이렇게 말하고 그는 계산서를 달라고 하면서, 코펜하겐의 증기선을 타는 항구까지 그를 태워다 줄 마차도 부탁했다. 그런 다음 그는 자기 방으로 올라가서 책상에 앉았다. 그러고는 말없이 꼿꼿한 자세로 앉은 상태에서 손으로 한쪽 빰을 괴고서 초점 없는 눈으로 책상 위를 내려다보았다. 한참 후에 그는 계산서에 적힌 금액을 지불하고 그의 물건들을 챙겼다. 약속된 시간이 되자 마차가 도착했다는 전갈이 와서 토니오 크뢰거는 떠날 채비를 갖추어 아래로 내려갔다. 아래층, 계단의 발치에서 검은 예복을 입은 그 세련된 신사가 그를 기다리고 있었다.

"죄송합니다!" 그가 말하고 가느다란 손가락으로 소맷부리를 소매에 밀어 넣고 있었다……"손님, 죄송하지만, 잠시 드릴 말씀이 있습니다. 이 호텔의 주인이신 제하제 씨께서 손님과 몇 마디 말씀을 나누고 싶어 하십니다. 형식적인 일이죠…… 저 뒤편에 계십니다…… 수고스럽지만, 저와 함께 그리로 좀 가 주시겠습니까…… 이 호텔의 지배인이신 제하제 씨 혼자만 계십니다."

그런 다음 그는 어서 따라오라는 몸짓을 하며 토니오 크뢰거를 로비 뒤편으로 데리고 갔다. 거기에는 정말 제하제 씨가 서 있었다. 토니오 크뢰거는 예전부터 그의 얼굴을 알고 있었다. 그는 키가 작고 뚱뚱하며 다리가 휜 사람이었다. 면도로 다듬은 구레나룻은 하얗게 세어 있었다. 하지만 그는 아직도 여전히 가슴이 훤히 트이게 재단한 연미복을 입고 있었고, 거기에다가 초록색으로 수놓은 벨벳 모자를 쓰고 있었다. 그런데 그는 혼자가 아니었다. 그의 옆, 그러니까 벽면에 부착된 작은 간이탁자 옆에는 헬멧을 쓴 경찰관 한 명이 서 있었다. 그 경찰관은 자신의 앞 탁자 위에 놓여 있는, 여러 가지 색으로 글씨가 쓰여 있는 서류에 장갑 낀 오른손을 올려놓고 있다가 정직한 병사의 표정을 하고서 토니오 크뢰거를 마주 보았다. 마치 상대가 자신을 보고 땅바닥에 주저앉을 수밖에 없기를 기대하고 있는 것 같은 표정이었다.

토니오 크뢰거는 두 사람을 차례로 쳐다보았고 기다려 보기로 했다.

"뮌헨에서 오셨습니까?" 하고 드디어 경찰관이 선량하고 묵직한 목소리로 물었다.

토니오는 그렇다고 대답했다.

"코펜하겐으로 가시는 거지요?"

"네, 덴마크의 어느 해수욕장으로 가는 길입니다."

"해수욕장이라고요? — 좋습니다. 그럼 신분증명서를 제시해 주셔야 합니다." 경찰관이 말했는데, 이때 그는 마지막 단어 '제시'를 특히 만족스럽게 발음했다.

"신분증이라……" 그는 아무런 증명서도 갖고 있지 않았다. 그는 자신의 서류 가방을 꺼내어 그 안을 들여다보았다. 그러나 거기에는 지폐 몇 장과, 여행 목적지에서 처리하려고 생각했던 단편소설 교정쇄만 들어 있을 뿐이었다. 그는 공무원들과 상대하는 것을 좋아하지 않아서 아직 한 번도 여권을 발급받은 적이 없었다……

"미안합니다만, 나는 신분증을 가지고 다니지 않습니다." 그가 말했다.

"그래요?" 하고 경찰관이 말했다…… "아무 증명서도 없다는 말인가요? — 이름이 어떻게 되시죠?"

토니오 크뢰거는 그에게 자신의 이름을 말해주었다.

"이게 사실이긴 하겠죠?!" 하고 경찰관이 말했다 그러고는 허리를 쭉 펴고 갑자기 콧구멍을 한껏 크게 벌리고 벌렁거리는 것이었다……

"틀림없는 사실입니다" 하고 토니오 크뢰거가 대답했다.

"대체 직업이 뭡니까?"

토니오 크뢰거는 침을 꿀꺽 삼키고는 확고한 목소리로 자신의 직업을 대었다. — 제하제 씨는 고개를 들고는 호기심에 가득 차서 그의 얼굴을 올려다보았다.

"흠!" 경찰관이 말했다. "그러니까 당신은 ㅇㅇㅇ라는 이름의 인물과 동일인이 아니라고 진술하시는군요." 그는 "인물"이라고 말하면서 여러 가지 색으로 글씨가 쓰여 있는 그 서류에서 다양한 종족의 음들이 기묘하게 혼합된 것으로 보이는 매우 복잡하고 낭만적인 이름의 철자를 하나하나 불러주었는데, 토니오 크뢰거는 그 이름을 다음 순간에 금방 다시 잊어버리고 말았다. "부모도 알 수 없고 신원도 불분명한 그 인물은" 그가 계속 말했다, "여러 가지 사기 행각과 여타 범법 행위 때문에 뮌헨 경찰의 수배를 받고 있으며 아마도 덴마크로 도주 중인 것 같다고 하는데요?"

"나는 그 사람과 동일인이 아니라고 진술할 뿐만 아니라 —" 하고 토니오 크뢰거는 말하면서 어깨를 신경질적으로 들썩였다. — 이 몸짓이 모종의 인상을 불러일으켰다.

"뭐라고요? 아, 네, 물론 그렇겠죠!" 하고 경찰관이 말했다. "그런데 당신은 아무것도 제시할 수 없지 않습니까!"

제하제 씨도 상황을 진정시키면서 중재에 나섰다.

"이 모든 것은 형식적인 절차입니다." 그가 말했다. "그 이상 아무것도 아닙니다! 이 경찰관은 자신의 직무를 수행할 뿐이라는 것을 생각해 주십시오. 어떻게든 손님께서 신분을 증명하실 수 있다면 좋을 텐데…… 무슨 서류라도……”

모두 아무 말이 없었다. 그는 자신의 정체를 알림으로써, 자신이 신원 불명의 사기꾼이거나, 초록 마차를 타고 다니는 집시 태생이 아니라 크뢰거 영사의 아들, 크뢰거 집안 출신이라고 제하제 씨에게 털어놓음으로써 이 일에 결말을 내어버릴 것인가? 아니다, 그는 그러고 싶지 않았다. 그리고 시민 질서를 준수하는 이 사람들이 근본적으로 조금은 옳지 않은가? 그는 그들의 처사에 어느 정도 동의하고 있었다…… 그는 어깨를 으쓱해 보이고는 계속 잠자코 있었다.

“거기 가지고 있는 건 대체 뭡니까?” 경찰관이 물었다. “거기 그 서류 가방 안에 든 것 말입니다?”

“여기 이것 말이오? 아무것도 없습니다. 교정쇄입니다.” 토니오 크뢰거가 대답했다.

“교정쇄라고요? 그게 뭐죠? 어디 좀 봅시다.”

그래서 토니오 크뢰거는 경찰관에게 자신의 작품을 건네주었다. 경찰관은 탁자 위에 그것을 펼쳐놓고 작품 내용을 읽기 시작했다. 제하제 씨도 옆으로 바짝 다가와서 같이 읽기 시작했다. 토니오 크뢰거는 그들을 어깨너머로 바라보면서 그들이 어느 대목을 읽고 있는지 관찰했다. 그것은 잘 된 장면으로서, 그가 탁월한 솜씨를 발휘하여 핵심적인 효과를 거둔 대목이었다. 그는 스스로에 대해 만족했다.

"보세요!" 그가 말했다. "여기 제 이름이 있지요. 제가 그 글을 쓴 것이고, 이제 출판될 것입니다. 아시겠어요."

"자, 이것으로 충분해요!" 하고 제하제 씨가 단호히 말하면서 그 교정쇄들을 간추려서 접은 다음 그에게 되돌려주었다. "자, 이만하면 충분하겠지요, 페터젠!" 그는 짤막하게 반복해서 말하고는, 슬쩍 두 눈을 감아 보이면서 이제 그만하라는 듯 고개를 가로저었다. "이분을 더 이상 붙잡아 두어서는 안 되네. 마차가 기다리고 있네. 손님, 작은 불편을 끼쳐드려 정말 죄송합니다. 이 경찰관은 자신의 임무를 수행했을 뿐이긴 합니다만, 저는 이 사람한테 즉각 말했어요, 잘못된 추적을 하고 있다고 말입니다……"

그랬어요? 하고 토니오 크뢰거는 생각했다.

경찰관은 완전히 동의하지 않은 것 같았다. 그는 "인물"이니 "제시"니 하면서 아직도 약간의 이의를 달고 있었다. 그러나 제하제 씨는 거듭 유감의 뜻을 표하면서 자기 손님을 안내하여 현관홀을 나오도록 했으며, 두 마리의 사자상(像) 사이를 지나 마차가 기다리고 있는 곳까지 배웅하고는, 토니오가 마차에 오르자 경의를 표하면서 손수 문을 닫아 주었다. 그러자 우스꽝스럽게 보일 정도로 높고 널따란 마차는 비트적거리고 삐걱거리고 요란한 소리를 내면서 가파른 골목길들을 굴러내려 항구로 갔다……

이것이 토니오 크뢰거가 자신의 고향 도시에서 체험한 이상한 체류였다.

7

밤이 찾아왔다. 토니오 크뢰거가 탄 배가 망망대해에 나왔을 때는 은물결이 반짝이며 출렁거리는 가운데 이미 달이 솟아오르고 있었다. 그는 점점 더 거세지는 바람을 피해 외투로 몸을 감싼 채 뱃머리의 돛대 곁에 서 있었다. 그러고는 저 아래 세차면서도 매끄러운 파도의 몸체들이 어둠 속에서 이동하고 떠도는 모습을 내려다보았다. 파도는 서로를 얼싸안고 출렁거렸고, 철썩하면서 서로 부딪치다가 전혀 엉뚱한 방향으로 흩어지면서 갑자기 새하얀 거품을 일으키며 반짝거리곤 했다……

그는 그네를 타고 있는 듯이 고요한 황홀감에 빠져 충만한 기분이 들었다. 그는 고향에서 자기를 사기꾼이라고 체포하려고 했던 것 때문에 조금은 의기소침했었다. — 비록 그가 그 일을 어느 정도는 당연하다고 생각하긴 했지만 말이다. 그러나 이윽고 그는 배에 올라탄 뒤에, 소년 시절에 아버지와 함께 가끔 그랬던 것처럼 짐을 싣는 광경을 구경했다. 일꾼들은 덴마크어와 저지독일어가 섞인 소리로 외치면서 증기선의 깊숙한 복부 부분에 짐을 가득 채우고 있었다. 또한 그는 짐꾸러미와 궤짝

외에도 북극곰 한 마리와 벵골호랑이 한 마리가 굵은 쇠창살 우리에 갇힌 채 아래로 실려 내려가는 광경을 바라보았다. 함부르크에서 온 것으로 보이는 이 동물들은 덴마크의 어느 동물원에 보내지는 것 같았다. 이런 광경을 보고 있노라니 의기소침했던 그의 기분이 조금 풀렸다. 그런 다음 배가 양쪽 얕은 강기슭 사이에서 강을 따라 미끄러져 가는 동안 그는 경찰관 페터젠의 심문 따위는 완전히 잊게 되었으며, 그전에 있었던 모든 일들, 즉 간밤의 감미롭고 슬프고 회한에 찬 꿈들, 그가 했던 산책, 호두나무의 광경이 다시금 그의 마음속에서 뚜렷하게 되살아났다. 그리고 그때 마침 바다가 활짝 펼쳐지자 저 멀리서 해변이 보였다. 그는 소년 시절 그 해변에서 여름날의 바다의 꿈에 귀를 기울이곤 했었고, 등대의 불빛을 보았으며, 부모님과 함께 묵었던 요양 호텔의 불빛도 보았다…… 발트해다! 그는 어떤 방해도 받지 않고 마구 불어오는 소금기를 머금은 세찬 바닷바람을 향해 머리를 치켜들고 있었다. 바닷바람은 그의 두 귀를 휩싸고 돌았으며, 그에게 가벼운 현기증과 얼얼한 마비증세를 불러일으켰다. 이런 마비 현상 속에서 온갖 나쁜 일, 고통과 방황, 의욕과 수고에 대한 기억이 슬그머니, 그리고 기분좋게 사라져 버렸다. 그리고 그는 주변에서 쏴쏴 들려오는 소리, 철썩거리는 소리, 치지직 거품을 일으키는 소리에서 마치 해묵은 호두나무가 쏴쏴 우두둑거리는 소리, 어느 정원의 대문이 삐걱거리는 소리를 듣는 것 같았다…… 날이 점점 더 어두워졌다.

"별들입니다, 와, 저 별들 좀 보세요" 하고 갑자기 어떤 드럼통 내부에서부터 나오는 것 같은 목소리가 묵직하게 노래하는 듯한 어조로 말했다. 그는 이미 그 목소리를 알고 있었다. 그것은 붉은색이 도는 금발 머리에다 소박하게 옷을 입은 한 남자의 목소리였다. 그의 눈꺼풀은 붉게 충혈되어 있었고, 외모는 마치 막 목욕한 것처럼 촉촉하고 차가워 보였다. 그는 선실에서 저녁 식사를 할 때 토니오 크뢰거의 옆자리에 앉아 있었는데, 소심하고 겸손한 동작으로 엄청난 양의 가재 오믈렛을 먹어대던 남자였다. 그 남자가 지금 그의 옆 난간에 기대어 엄지손가락과 검지손가락으로 턱을 받치고서 하늘을 올려다보고 있었다. 그는 축제 날처럼 들떠있으면서 동시에 명상적인 특이한 분위기에 젖어 있는 게 분명했다. 인간과 인간 사이의 빗장이 풀리고, 낯선 사람에게도 마음이 열리며, 평상시라면 부끄러워서 입을 꼭 닫고 말을 하지 않던 사물들에 대해서도 입을 열어 말을 하게 하는 그런 축제 분위기 말이다……

"보십시오, 선생님, 저 별들을 좀 보세요. 저기 별들이 총총히 박혀 반짝이는군요. 맙소사, 하늘이 온통 별천지이군요. 그런데 말입니다, 하늘을 올려다보면서 수많은 별들이 지구보다 백배나 더 크다는 사실을 상상해 본다면 어떤 기분이 들까요? 우리 인간은 전보를 발명했습니다. 그리고 전화와 근대의 많은 성과물들을 갖고 있습니다. 그렇지요, 우리는 그런 걸 갖고 있습니다. 그러나 저기 하늘을 올려다보노라면 우리가 근본적으로는 벌레, 가련한 벌레에 불과하고, 더 이상 아무것도 아니라는 사실을 인식하고 납득하지 않을 수 없습니다. — 선생님, 제 말이 맞습니까, 아니면 틀립니까? 그렇습니다, 우리는 벌레에 불과하다니까요!" 그는 스스로 대답하고는 겸허하게, 그리고 깊이 뉘우친 듯 하늘을 우러러보며 고개를 끄덕였다.

'아이고…… 안 되겠어, 이 친구 몸에는 도통 문학의 피가 흐르지 않는군!'하고 토니오 크뢰거는 생각했다. 그리고 곧 자기가 근래 읽었던 어떤 글이 떠올랐다. 그것은 어느 한 유명한 프랑스 작가가 쓴 우주론적이고 심리학적인 세계관에 대한 논문이었는데, 꽤나 세련되게 쓴 잡문이었다.

그는 깊은 체험에서 우러난 젊은이의 발언에 대해 대답 비슷한 말을 해주었다. 그러고 나서 그들은 배의 난간에 기댄 채 불안할 정도로 환해진 가운데 파도가 거센 저녁 바다를 내다보며 계속해서 서로 이야기를 나누었다. 이 여행 동무는 함부르크 출신의 젊은 상인이며 자신의 휴가를 이용하여 이렇게 증기선 유람여행을 하고 있다는 사실이 드러났다……

"증기선을 타고 잠시 코펜하겐으로 가보는 거야! 난 이렇게 생각했습니다. 그래서 지금 여기 이렇게 서 있는 겁니다. 지금까지는 아주 좋았어요. 그런데 가재 오믈렛을 먹은 것, 그건 옳지 않았어요. 이제 두고 보십시오, 오늘 밤에 폭풍우가 칠 테니까요. 선장이 직접 그렇게 말했거든요. 그런데 소화가 잘 안 되는 그런 음식을 배 속에 넣고 있다는 건 유쾌한 일은 못 됩니다."

토니오 크뢰거는 은근한 호감을 느끼며 정감 가면서도 어리석은 이 모든 말에 귀를 기울이고 있었다.

"그래요." 토니오 크뢰거가 말했다. "이 위쪽의 사람들은 너무 무거운 식사를 합니다. 그런 식사가 사람들을 굼뜨게 하고 우수에 잠기게 하지요."

"우수에 잠기게 한다고요?" 그 청년은 이렇게 되묻고는 어리둥절한 표정으로 그를 살펴보았다…… "선생님은 이 고장 분이 아니신 모양이지요?" 하고 그가 느닷없이 물었다……

"아, 네 그래요, 나는 먼 곳에서 왔습니다!" 토니오 크뢰거는 거부하는 듯한 모호한 팔 동작을 하면서 대답했다.

"그런데 선생님 말씀이 맞네요." 젊은이가 말했다. "우수에 잠기게 된다는 그 말은 정말로 맞는 말씀이에요! 저는 거의 언제나 우수에 잠기거든요. 하늘에 별들이 총총히 떠 있는 오늘과 같은 그런 저녁에는 특히 더 그렇습니다." 그런 다음 그는 다시금 엄지손가락과 검지손가락으로 턱을 괴었다.

이 사람은 틀림없이 시를 쓸 거야, 하고 토니오 크뢰거는 생각했다. 대단히 솔직하게 느낀 감정을 기록한 상인의 시를……

밤이 깊어졌다. 이제는 바람이 아주 세차게 불어 대화하기가 어려워졌다. 그래서 그들은 잠을 좀 자기로 하고, 서로 잘 자라는 인사를 나누었다.

토니오 크뢰거는 그의 선실의 좁다란 침대 위에 온몸을 쭉 뻗었으나 잠을 이룰 수 없었다. 세찬 바람과 그 바람이 실어 오는 아릿한 향내가 그를 묘하게 흥분시켰다. 그래서 그의 심장은 무언가 감미로운 것을 초조하게 기다리고 있는 듯 불안하게 두근거렸다. 또한, 배가 가파른 파도의 꼭대기에서 미끄러져 내려오고 스크루가 바닷물 바깥에서 경련을 일으키듯 겉돌 때마다 생기는 선체의 흔들림은 그에게 심한 메스꺼움을 느끼게 했다. 그는 다시 옷을 완전히 갖춰 입고 갑판으로 올라갔다.

구름들이 빠른 속도로 달을 스쳐 지나갔다. 바다는 춤을 추고 있었다. 둥글고 고른 파도들이 질서정연하게 밀려오는 것이 아니라, 바다는 저 멀리서부터 창백하고 가물거리는 빛을 발하며 찢어지고, 매를 맞아 마구 파헤쳐진 모습을 하고 있었다. 바다는 불꽃 모양의 뾰족하고 거대한 혓바닥을 날름거리며 핥고 솟아올랐다가, 거품이 가득한 깊은 골짜기들 옆에 톱니 모양의 어마어마한 형상들을 치솟게 했다. 그러고는 엄청난 힘을 지닌 두 팔을 휘둘러 미친 듯 날뛰며 물거품을 사방에 내동이 치는 것 같았다. 배는 힘겨운 항해를 하고 있었다. 배는 위아래로 마구 흔들거리고, 요동치며 신음하면서 이 광란의 와중을 뚫고 나아가고 있었다. 이따금 뱃멀미에 시달린 북극곰과 호랑이가 배 밑바닥에서 괴롭게 울부짖는 소리가 들려왔다. 방수포로 만든 외투에 고깔모자를 쓰고 허리띠에 손전등을 찬 한 남자가 다리를 떡 벌린 채 애써 몸의 균형을 잡으며 갑판 위를 왔다 갔다 하고 있었다. 그러나 저기 뒤쪽에서는 함부르크에서 온 그 청년이 뱃전 너머로 깊숙이 몸을 굽힌 채 음식을 토하고 있었다. 그는 토니오 크뢰거를 알아보자 속이 텅 비고 떨리는 목소리로 말했다. "아이고, 선생님, 자연의 이 엄청난 폭동을 좀 보십시오!" 그러나 그는 말을 잇지 못하고 급히 몸을 돌려 구토를 계속하지 않으면 안 되었다.

토니오 크뢰거는 팽팽하게 쳐 놓은 어느 밧줄 하나에 몸을 의지하고서, 걷잡을 수 없이 미쳐 날뛰는 바다의 이 모든 광경을 지켜보았다. 그의 마음속에서는 일종의 환호성이 터져 나왔는데, 그에게는 마치 그 환호성이 폭풍과 큰 파도를 압도하기에 충분히 강력한 것처럼 생각되었다. 사랑에 도취하여 바다에 바치는 노래 하나가 마음속에서 울려 나왔다. 그대, 내 젊음의 야성적 친구여, 우리 이렇게 다시 한번 한 몸이 되었구나…… 그러나 그 시는 거기서 끝이 났다. 그것은 완성되지 못했고, 완결된 형식을 얻지 못했으며, 차분하게 무언가 완전한 것으로 빚어지지 않았다. 그의 가슴이 살아 있었던 것이다……

그는 오랫동안 그렇게 서 있었다. 그러고 나서 그는 일등 선실 곁에 놓인 벤치 위에 몸을 쭉 뻗고 드러누워 별들이 반짝이는 하늘을 올려다보았다. 심지어 그는 약간 졸기까지 했다. 그리고 차가운 물거품이 그의 얼굴에 튈 때마다 반쯤 잠이 든 그에게는 그것이 마치 일종의 애무처럼 느껴졌다.

달빛 속에서 유령처럼 수직으로 솟아 있는 백악(白堊)의 바위들이 시야에 들어오더니 점점 더 가까이 다가왔다. 그것은 뫼엔섬이었다. 그사이 다시금 졸음이 덮쳐왔는데, 소금기를 머금은 물방울들이 튀어 얼굴을 따끔거리게 하고 표정이 굳어지게 하여 간혹 제정신이 들기도 하였다…… 그가 완전히 잠에서 깨어났을 때는 벌써 날이 밝아 있었다. 밝은 회색의 상쾌한 아침이었으며, 초록빛 바다는 비교적 조용했다. 아침 식사 때 그는 그 젊은 상인을 다시 보게 되었다. 그 청년은 아마도 어둠 속에서 그렇게 낯 뜨거운 시적인 말들을 입 밖에 낸 것이 창피했던지 얼굴이 새빨개졌다. 그는 다섯 손가락을 다 동원해서 얼마 안 되는 자신의 불그스름한 콧수염을 쓰다듬어 올리고는 토니오 크뢰거에게 군인처럼 큰 소리로 신속하게 아침 인사를 건네더니 불안한 듯 슬슬 그를 피하는 것이었다.

드디어 토니오 크뢰거는 덴마크에 상륙했다. 그는 코펜하겐에 도착하여 팁을 받았으면 하는 표정을 짓는 사람에게는 누구에게나 팁을 주었다. 그는 여행 안내서를 펼친 채 들고 다니며 자기가 묵고 있는 호텔을 중심으로 사흘 동안 도시 이곳저

곳을 돌아다녔다. 그러면서 그는 견문을 넓히려는 품위 있는 여행객처럼 처신했다. 그는 '국왕의 새 광장'과 그 한가운데에 있는 '말'을 구경했고, 경의에 찬 표정으로 성모 마리아 교회의 원기둥들을 올려다보았다. 그는 토르발트센[19]의 고상하고도 사랑스러운 조각 작품들 앞에서 오랫동안 서 있기도 했으며, 원형탑 위에 올라가 보기도 했고, 여러 성을 구경하기도 했다. 티볼리[20]에서는 다채로운 이틀 밤을 보내기도 했다. 그러나 사실 그가 본 것은 이게 전부는 아니었다.

둥글게 휘어지거나 사다리 모양으로 층이 진 합각머리들을 한 그의 고향 도시의 유서 깊은 집들의 모습과 흔히 완전히 똑같은 모습을 한 그 집들의 문패에서 그는 옛날부터 익히 잘 알고 있는 이름들을 보았던 것이다. 그 이름들은 그에게는 무언가 다정하고 소중한 것을 표시하고 있는 것 같았으며, 그럼에도 불구하고 그것들은 그 어떤 비난, 비탄, 잃어버린 것에 대한 동경 같은 것을 담고 있었다. 그리고 그가 생각에 잠겨 느긋한 표정으로 습기 찬 바닷바람을 들이마시며 걸어가는 곳 어디서

---

19 토르발트센: 베르텔 토르발트센(Bertel Thorvaldsen 1770~1844) 덴마크의 유명한 조각가.

20 티볼리(Tivoli): 코펜하겐의 유람공원. 1843년에 개장하였으며, 많은 소설가와 시인들이 이 공원을 사랑했다. 특히 동화작가 안데르센은 이곳을 자주 찾아 새로운 동화를 구상했다고 한다.

나 그는 금발에다 푸른 눈을 지닌 얼굴들을 볼 수 있었다. 그가 고향 도시에서 보냈던 그 날 밤에 이상하게도 구슬프고 회한에 찬 꿈속에서 보았던 것과 똑같은 생김새의 얼굴들 말이다. 그리고 탁 트인 길거리에서 어떤 눈길, 울리는 듯한 어떤 말 한마디, 어떤 깔깔대는 웃음소리가 그의 가장 깊은 마음속까지 와 닿는 수도 있었다……

그는 그 활기찬 도시에서 오래 견디지 못했다. 추억과 기대가 반반씩 뒤섞인 달콤하고도 어리석은 불안감에다가, 어딘가 조용한 해변에 누워 지내면서 이것저것 자세히 알려고 애쓰며 돌아다니는 관광객 행세를 더 이상 하지 않아도 되면 좋겠다는 생각이 그의 마음을 움직였다. 그래서 그는 다시 배를 타고 어느 흐린 날에 (바다는 검게 출렁이고 있었다.) 셀란트[21]의 해안을 따라 북쪽으로 올라가 헬싱키로 갔다. 거기서부터 그는 지체 없이 마차를 타고서 국도를 따라서 여행을 계속했다. 항상 해수면보다 약간 위쪽에 나 있는 길을 따라 45분쯤 더 달려가니, 마침내 종착지이자 그가 원래 오고자 한 목적지에 도달하게 되었다. 그것은 초록색 덧창문이 달린 백색 건물의 조그만 해변 호텔이었다. 그 호텔은 나지막한 집들이 늘어선 주택가의 한복판에 있었는데, 나무로 지붕을 얹은 호텔의 탑으로부터 덴마크와 스웨

---

21 Seeland: 덴마크 동부에 있는 섬.

덴 사이의 해협과 저 멀리 스웨덴의 해변을 내다볼 수 있었다. 그는 이곳에서 마차에서 내린 후 호텔에서 그를 위해 마련해둔 밝은 방을 받고서, 가지고 온 짐으로 선반과 옷장을 채우고는 당분간 여기서 지낼 채비를 했다.

8

벌써 9월이 성큼 다가와 있었다. 그래서 올스고르에는 더 이상 손님들이 많지 않았다. 각목을 댄 천장이 있는 커다란 홀이 1층에 있었는데, 이곳이 식당이었다. 식당의 높다란 창문들 바깥으로는 유리 베란다와 바다가 내다보였다. 이곳에서 식사할 때는 이 호텔 여주인이 식사를 주도했다. 그녀는 하얀 머리칼, 생기 없는 눈, 부드러운 장밋빛 뺨, 재잘거리는 듯한 불안정한 목소리를 지닌 나이 든 노처녀였다. 그녀는 항상 자신의 붉은 두 손이 식탁보 위에서 조금이라도 돋보이게 놓이도록 애썼다. 하얀 구레나룻과 푸르죽죽한 얼굴을 하고 목이 짧은 노신사 한 명이 그 자리에 있었다. 그는 수도 코펜하겐에서 온 어물 상인으로 독일어를 매우 잘했다. 그는 심한 변비를 앓고 있는 듯했고 뇌졸중 증상도 있는 것 같았다. 이렇게 짐작한 이유는 그가 짧게, 간헐적으로 숨을 쉬면서, 이따금 반지 낀 집게손가락을 쳐들어 한쪽 콧구멍을 막고는 다른 콧구멍을 세게 킁킁거려 약간의 공기를 들이쉬곤 했기 때문이다. 그럼에도 불구하고 그는 아침 식사 때는 물론이고 점심과 저녁 식사 때도 자기 앞에 놓여 있는 브랜디 병에서 술을 끊임없이 한 모금씩 마시곤 했다. 그 외의 손님이라곤 훈육관인지 가정교사인지를 대동하고 있는 키가 큰 미국 소년 셋뿐이었다. 그 가정교사는 말없이 자신의 안경을 이리저리 움직이며 고쳐 쓰곤 했고, 낮에는 소년들과 축구를 하기도 했다. 소년들은 적황색 머리칼의 한가운데를 가르마를 타고 있었고 시무룩하고 무표정한 얼굴을 하고 있었다. "미안하지만, 거기 소시지 같은 것 좀 건네줘요! Please, give me the wurst-things there!" 하고 한 소년이 영어로 말하면 "그건 소시지가 아니라 햄이야! That's not wurst; that's schinken!" 하고 다른 소년이 대꾸했다. 이런 정도의 말이 그 소년들과 가정교사가 좌중의 대화에 기여하는 게 전부였다. 그들은 이럴 때 말고는 그저 말없이 앉아서 뜨거운 물이나 마셨을 뿐이다.

토니오 크뢰거는 이 식탁에 다른 부류의 사람들이 함께 앉았으면 하고 바라지는 않았다. 그는 자신의 평화를 즐기고 있었고, 어물 상인과 여주인이 가끔 대화를 나눌 때 들리는 덴마크어의 후두음(喉頭音)들과 밝고 어두운 모음들에 귀를 기울였다. 그러다가 간혹 어물 상인과 날씨에 대한 간단한 얘기를 나누고는 몸을 일으켜 베란다를 지나 해변으로 다시 내려가기도 했다. 그는 이미 아침에 거기서 몇 시간을 보냈었다.

거기 해변에서는 이따금 조용하고 여름철 같을 때도 있었다. 바다는 은빛 반사광을 반짝이며 푸른색, 유리병 같은 초록색, 그리고 불그스름한 빛의 띠들을 이루며 나른하고 잔잔하게 쉬고 있었으며, 해초는 햇볕을 받아 건초처럼 말라 가고 있었다. 그리고 해파리들이 거기 백사장에 흩어져 수분을 증발시키며 말라 가고 있었다. 약간 썩는 냄새가 났고, 타르 냄새도 좀 났는데, 그것은 토니오 크뢰거가 모래 위에 앉아 등을 기대고 있는 어선에서 나는 냄새였다. — 그는 이처럼 탁 트인 수평선을 향해 앉아 있었던 것이지, 눈앞에 스웨덴 해안이 보이는 쪽으로 앉아 있었던 것이 아니었다. 하지만 바다의 고요한 숨결이 모든 만물을 깨끗하고도 신선하게 어루만지며 스쳐 지나갔다.

그러다가 폭풍우가 휘몰아치는 잿빛의 날들이 오기도 했다. 파도가 마치 들이받으려고 뿔을 대고 있는 황소들처럼 머리를 숙이고 노호하면서 해변을 향해 돌진해 오곤 했다. 그때 해변은 높은 곳까지 파도에 씻기면서 물에 젖어 반짝이는 해초와 조개 그리고 떠밀려 온 나뭇조각으로 뒤덮여 있었다. 길게 뻗은 파도의 언덕들 사이에는 구름에 뒤덮인 하늘 아래로 파도의 골짜기들이 연한 초록색 거품을 일으키며 쭉 펼쳐져 나가고 있었다. 그러나 구름들 뒤로 태양이 떠 있는 곳에서는 마치 수면 위에 벨벳을 깔아 놓은 것처럼 희끄무레한 빛이 반짝이고 있었다.

토니오 크뢰거는 자신이 그렇게 사랑하는 그 영원한 포효,

사람을 마비시킬 듯 둔중한 바다의 포효에 빠져들어 바람과 물보라에 휩싸인 채 서 있었다. 그가 몸을 돌려 그곳을 떠나자 갑자기 그의 주위에 온통 고요하고 따뜻한 기운이 도는 것 같았다. 그러나 그는 자기 등 뒤에 바다가 있다는 것을 알고 있었고, 그 바다는 소리쳐 부르고, 유혹하며, 인사를 해 왔다. 그는 미소를 지었다.

그는 풀밭에 나 있는 한적한 길을 따라 육지 쪽으로 걸어가고 있었는데. 얼마 안 가서 곧 너도밤나무 숲이 그를 맞아 주었다. 그 숲은 언덕을 이루며 그 지역의 안쪽으로까지 뻗쳐 있었다. 그는 한 나무에 몸을 기대고 이끼 낀 땅에 앉았는데, 나무줄기들 사이로 한 조각의 바다를 바라볼 수 있도록 자리를 잡았다. 이따금 파도 부서지는 소리가 바람에 실려 그에게 들려왔다. 그 소리는 마치 멀리서 널빤지 더미가 와르르 무너져 내리는 소리 같았다. 나무 꼭대기에서는 까마귀들이 쉰 소리로 황량하고 외롭게 울었다…… 무릎 위에 책 한 권을 올려놓고 있긴 했지만, 그는 단 한 줄도 읽지 않았다. 그는 깊은 망각 상태, 구원을 받아 시간과 공간을 초월하여 부유(浮游)하는 상태를 즐기고 있었다. 그런데 다만 때때로 어떤 슬픔이 그의 가슴을 찌르는 것 같았다. 그것은 그리움이나 회한과도 같이 잠시 스쳐가는 저릿한 감정으로서, 그는 너무 나른하고 너무 깊은 생각에 잠겨 있어서 그것이 어떤 감정이며, 어디서 유래한 것인지

따져 보지는 않았다.

이렇게 여러 날이 지나갔다. 하지만 그는 실제로 며칠이 지났는지 말할 수 없었을 뿐만 아니라 그것을 알고 싶은 생각도 없었다. 그러나 그러던 중 어떤 사건이 일어난 날이 왔다. 그 사건은 해가 중천에 떠 있고 주변에 사람들이 있는 동안에 일어났는데, 토니오 크뢰거는 그 일에 그다지 크게 놀라워하지도 않았다.

그날은 아침 출발부터가 축제 분위기로 황홀하게 시작되었다. 토니오 크뢰거는 매우 일찍, 그리고 아주 갑작스럽게 잠에서 깨어났다. 뭔지 자세히는 알 수 없지만, 막연히 놀라면서 잠자리에서 벌떡 일어나, 자기가 지금 어떤 기적 속을, 요정의 나라와도 같은 어떤 마법 거울 속을 들여다보고 있다고 생각했다. 스웨덴 쪽 해협을 향해 난 유리문과 발코니가 있고, 얇고 흰 망사 커튼이 거실과 침실을 갈라놓고 있는 그의 방은 연한 색의 벽지가 발라져 있었고, 환한 색의 가벼운 가구들이 비치되어 있어서 언제나 밝고 정겨운 인상을 주었다. 하지만 아직 잠에서 덜 깬 그의 두 눈은 이루 말할 수 없이 아름답고 향기로운 장밋빛 광선에 온통 휩싸인 채, 그 방이 그 어떤 초지상적인 변용(變容)과 성스러운 빛을 받으며 자신의 눈앞에 있는 것을 보았다. 그 장밋빛 광선으로 인해 벽들과 가구들은 황금빛으로 물들었고, 망사 커튼은 불타오르는 듯 은은하게 붉은색으로 변해가고 있었다…… 토니오 크뢰거는 무슨 일이 일어났는지 오랫동안 알아차리지 못했다. 그러나 유리문 앞에 서서 밖을 내다보았을 때, 그는 그것이 막 떠오르고 있는 태양 때문이라는 것을 알았다.

며칠 동안 날이 흐리고 비가 왔었다. 하지만 이제 한 폭의 연푸른 비단을 팽팽하게 펼쳐놓은 것 같은 하늘은 바다와 육지의 상공에서 희미하게 빛을 내며 청명하게 반짝이고 있었다. 그리고 둥근 태양은 붉고 황금빛으로 물든 구름들에 일부 가려지거나 둘러싸이기도 하면서, 반짝거리며 곱슬곱슬 주름진 바다 위로 장엄하게 솟아오르고 있었다. 바다는 그런 태양 아래에서 전율하며 발갛게 달아오르는 것 같았다…… 그날은 그렇게 시작되었다. 토니오 크뢰거는 혼란스럽지만, 행복한 마음으로 주섬주섬 옷을 입고는, 다른 손님들보다 먼저 아래층 베란다에서 아침 식사를 했다. 그런 다음 그 작은 목조 해수욕 막사에서부터 해협 속으로 한참 되는 거리를 헤엄쳐 나가본 다음, 몇 시간 동안이나 해변을 거닐며 산책을 했다. 그가 호텔로 돌아왔을 때, 호텔 앞에는 승합마차가 여러 대 서 있었다. 그리고 식당에 들어서면서부터 그는 식당 옆 피아노가 놓여 있는 응접실뿐만 아니라 베란다와 그 앞의 테라스에서도 소시민 복장을 한 많은 사람이 둥근 탁자에 앉아 활기찬 대화를 나누며 버터 바른 빵에 맥주를 마시고 있는 것을 보았다. 여러 가족이 함께 놀러 온 모양인지, 나이 든 사람들과 젊은 사람들이 함께 있었으며, 심지어 아이들도 두서너 명 있었다.

두 번째 아침 식사 때에 (식탁에는 차가운 음식들, 훈제 고기, 소금에 절인 음식과 구운 과자 등이 푸짐하게 차려져 있었다) 토니오 크뢰거는 무슨 일인지 물어보았다.

"손님들입니다!" 하고 어물 상인이 대답했다. "헬싱키에서 소풍을 겸해서 온 무도회 손님들이지요! 그래요, 큰일 났어요. 우린 오늘 밤, 잠은 다 잤습니다! 댄스파티가 열릴 겁니다. 춤과 음악 말입니다. 밤늦게까지 계속되지 않을까 걱정됩니다. 가족들의 모임으로서, 댄스파티를 겸한 소풍인데, 요컨대 예약 같은 걸 미리 했을 겁니다. 마침 날이 좋아 즐겁게 지내다 가겠군요. 그들은 배나 마차를 타고 와서 지금 아침 식사를 하는 중입니다. 나중에 그들은 차를 타고 시골로 더 들어갑니다. 그러나 저녁에는 다시 돌아온답니다. 그러고는 여기 이 홀에서 춤판을 벌일 겁니다. 그래요, 원 빌어먹을! 우린 눈도 못 붙일 겁니다……"

"그거 괜찮은 기분 전환이겠군요." 토니오 크뢰거가 말했다.

이 말이 있고 나서는 꽤 오랫동안 아무도 말을 하지 않았다. 여주인은 자신의 붉은 손가락들을 식탁보에 가지런히 놓이도록 신경 쓰고 있었고, 어물 상인은 오른쪽 콧구멍을 킁킁거려 약간의 공기를 들이마셨으며, 그 미국인들은 뜨거운 물을 마시면서 시무룩한 표정들을 짓고 있었다.

그때 갑자기 바로 그 사건이 일어났다. **한스 한젠과 잉게보르크 홀름이 홀을 가로질러 지나간 것이었다. —**

토니오 크뢰거는 수영을 하고 빠른 걸음으로 산책을 하고 난 다음이라 기분 좋은 피로를 느끼며 의자에 기대앉아 토스트에 훈제 연어를 얹어 먹는 중이었다. — 그러니까 그는 베란다와 바다 쪽을 향해 앉아 있었다. 그런데 갑자기 문이 열리더니 그 두 사람이 손을 잡고 안으로 들어오는 것이었다. — 어슬렁거리며 서두르지 않고서 말이다. 잉에보르크 홀름, 그 금발의 잉에는 크나크 씨의 무용 교습 시간에 늘 그랬듯이 밝은 옷차림이었다. 가벼운 꽃무늬 원피스는 복사뼈까지만 내려와 있었고, 어깨에는 흰색의 넓은 망사 레이스를 두르고 있었는데, V자로 재단되어 있어서 그녀의 부드럽고 매끈한 목이 드러나 보였다. 모자는 양쪽 끈으로 졸라매어 한쪽 팔에 걸려 있었다. 잉에보르크는 예전보다 어쩌면 조금은 더 성숙해진 것처럼 보였으며, 아름답게 땋은 머리를 지금은 머리둘레에 휘감고 있었다. 하지만 한스 한젠은 예나 지금이나 똑같았다. 그는 금 단추가 달린 선원용 반코트를 입고 있었다. 그 반코트 위로는 어깨와 등에 넓고 푸른 옷깃이 펼쳐져 있었다. 그는 짧은 끈이 달린 선원 모자를 축 내려뜨린 손에 들고서 그것을 태평스럽게 이리저리 흔들어 대고 있었다. 잉에보르크는 그녀의 좁다랗게 째진 눈을 다른 쪽으로 돌리고 있었다. 아마도 아침 식사를 하면서 자기를 쳐다보는 사람들의 시선이 약간 신경 쓰였던 모양이다. 하지만 한스 한젠은 이제 주위 사람들의 시선에는 아랑곳하지 않고 똑바로 고개를 들어 식탁 쪽으로 돌렸다. 그러고는 청회색 눈으로 도전적으로, 어느 정도는 경멸한다는 듯이 한 사람 한 사람씩 유심히 살펴보고 있었다. 심지어 그는 잉에보르크의 손까지 놓아 버리고는, 자신이 어떤 남자인지 보여주기라도 하려는 듯 자기 모자를 더욱 격하게 이리저리 흔드는 것이었다. 이렇게 그들 두 사람은 조용히 푸르러지고 있는 바다를 배경으로 토니오 크뢰거의 눈앞을 지나갔고, 홀을 길게 가로질러 반대편 문을 통해 피아노가 있는 방으로 사라졌다.

이것은 오전 11시 반에 일어난 일이었다. 그리고 요양객들이 아직 아침 식사를 하며 앉아 있는 동안 옆방과 베란다에 있던 일행이 자리에서 일어섰다. 그러고는 누군가가 또 식당 홀에 들어오는 일은 없이 모두 거기 있던 옆문을 통해 호텔을 떠났다. 바깥에서 사람들이 서로 농담을 던지고 웃음을 터뜨리며 마차에 올라타는 소리가 들렸고, 마차가 한 대씩 차례로 삐걱거리는 소리를 내며 움직이기 시작하여 국도 위에서 굴러가는 소리가 들려왔다……

"그러니까, 저 사람들이 다시 오는 거지요?" 토니오 크뢰거가 물었다……

"물론 다시 오지요!" 어물 상인이 대답했다. "아이고, 이걸 어쩌나. 그 사람들이 곡까지 주문해놨다는 걸 아셔야 합니다. 그런데 나는 바로 여기 이 홀 위에서 자야 한단 말입니다."

"그거참 괜찮은 기분전환이군요." 토니오가 아까 했던 말을 되풀이했다. 그러고 나서 그는 자리에서 일어나 그 자리를 떠났다.

토니오는 그날도 여느 날과 마찬가지로 해변과 숲에서 시간을 보냈고, 무릎에 책을 펼쳐놓고 있다가 눈을 깜빡이며 해를 쳐다보기도 했다. 그는 단 한 가지 생각만을 하고 있었다. 그것은 어물 상인이 장담한 대로, 그들이 다시 호텔로 돌아와서 무도회를 열 것이라는 생각이었다. 그래서 토니오는 아무런 감정 없이 살아온 지난 오랜 세월 동안 더 이상 맛보지 못했던 그런 불안하고도 달콤한 느낌이 섞인 즐거운 마음으로 그 파티를 기다리는 것 말고는 아무것도 하지 않았다. 어쩌다 여러 상상들이 서로 연결되면서, 한번은 멀리 있는 친지이자 소설가인 아달베르트가 얼핏 생각났다. 그는 자신이 원하는 게 무엇인지 알고 있었기 때문에 봄기운을 피하려고 카페로 가버렸던 사람이다. 그런데 토니오는 그 친구에 대해 생각하면서는 그저 양 어깨를 으쓱했다……

그날은 보통 때보다 일찍 점심 식사를 했다. 그리고 저녁 식사도 마찬가지로 평소보다 일찍 했는데, 홀에선 이미 무도회 준비가 한창이었기 때문에 피아노가 있는 방에서 식사했다. 식당 안은 그렇게 축제 분위기가 되어 모든 것이 어수선해졌다. 이윽고 날이 어두워졌다. 토니오 크뢰거가 자신의 방에 앉아 있었을 때 국도와 호텔 안이 다시금 활기를 띠게 되었다. 소풍을 갔던 사람들이 돌아온 것이었다. 또한, 헬싱키 방향에서 자전거와 마차를 타고 새로운 손님들이 도착하기도 했다. 그리고 이미 호텔 아래층에서는 바이올린을 조율하는 소리가 들렸고, 클라리넷의 코 막힌 소리 같은 연습 음들이 연이어 들려왔다……

이 모든 것은 아주 멋진 무도회가 열릴 것이라는 기대를 갖게 했다.

이제 소규모 오케스트라가 연주하는 행진곡이 시작되자, 그 행진곡의 정확한 박자의 둔중한 소리가 위층으로 울려 퍼졌다. 폴로네즈로 무도회가 시작된 것이다. 토니오 크뢰거는 한동안 조용히 앉아서 귀를 기울여 듣고 있었다. 그러나 행진곡 템포가 왈츠 박자로 넘어가고 있는 것을 들었을 때, 그는 자리에서 일어나 슬그머니 자신의 방에서 빠져나왔다.

토니오는 자신의 방 옆에 있는 복도에서부터 건물의 옆쪽 계단을 통해 내려오면 호텔의 측면 출입구에 이를 수 있었고 거기서부터는 어떤 방도 거치지 않고서도 유리 베란다 안으로 들어갈 수 있었다. 그는 마치 금지된 오솔길 위를 걷는 것처럼 소리 없이 남몰래 이 통로를 이용했던 것이다. 그는 행복에 넘쳐 요동치는 어리석은 음악에 저항할 수 없이 이끌려 조심스럽게 더듬으며 어둠 속을 뚫고 나아갔다. 그러자 그 음악 소리가 이미 또렷하고도 분명하게 그에게로 밀려왔다.

베란다에는 아무도 없었고, 불도 밝혀져 있지 않았다. 하지만 반짝이는 반사경을 단 커다란 석유등 두 개가 환하게 빛나고 있는 홀로 통하는 유리문은 열려 있었다. 그는 발소리를 죽이며 살금살금 그곳으로 다가갔다. 여기 어둠 속에 서서 남의 눈에 띄지 않은 채, 밝은 곳에서 춤을 추는 사람들을 엿볼 수 있다는 은밀한 즐거움에 그는 온몸이 짜릿해지는 기분을 느꼈다. 토니오는 조급한 마음으로 간절하게 자신이 찾던 두 사람에게 시선을 보냈다……

무도회가 시작된 지 30분도 채 지나지 않았는데도 벌써 즐거운 분위기가 무르익은 것 같았다. 하긴 그들은 온종일 모두 함께 아무런 걱정 없이 행복하게 시간을 보낸 다음 이미 몸이 달아오르고 흥분된 상태로 이곳으로 왔던 것이었다. 토니오 크뢰거가 과감하게 조금만 더 앞으로 몸을 내밀면 안을 들여다볼 수 있었던 피아노 방에는 몇몇 나이 든 남자들이 모여 담배를 피우고 술을 마시면서 카드놀이를 하고 있었다. 그러나 다른 남자들은 아내들 곁에서 전면에 놓여 있는 벨벳 의자에 앉거나 벽면에 기대고 앉아 춤을 구경하고 있었다. 그 남자들은 쭉 뻗은 무릎 위에 두 손을 올려놓은 채 여유 있는 표정으로 양 볼을 부풀리고 있었다. 리본이 달린 작은 모자를 머리 정수리에 쓴 어머니들은 가슴 아래로 팔짱을 끼고 고개를 옆으로 기울인 채 젊은 사람들이 요란하게 뛰노는 모습을 구경하고 있었다. 홀의 세로로 긴 한 쪽 벽면에 무대가 세워졌으며, 그 위에서 악사들이 최선을 다해 곡을 연주하고 있었다. 게다가 그중에는 트럼펫까지 하나 끼어 있었는데, 그 악기는 마치 자신의 소리를 두려워하기라도 하는 것처럼 어느 정도 주저하는 듯 조심스럽게 소리를 냈으나, 자꾸만 소리가 갈라져 혼자 튀거나 갑자기 고음의 쇳소리로 변하기도 했다…… 쌍쌍의 남녀들이 물결치듯이 서로 빙빙 돌며 움직이고 있었으며, 다른 쌍들은 서로 팔짱을 끼고 홀을 돌아다니고 있었다. 사람들은 무도회를 위해 차려입지는 않았고, 그저 야외에서 여름날 일요일을 보낼 때 입는 차림일 뿐이었다. 멋쟁이 신사들은 소도시 스타일로 재단된 양복을 입고 있었는데, 일주일 내내 아껴 두었던 옷이라는 걸 알 수 있었다. 한편 젊은 아가씨들은 코르셋 형 조끼에 작은 들꽃 다발을 꽂은 밝고 가벼운 옷차림을 하고 있었다. 그리고 아이들도 몇몇 홀에 있었는데, 이들은 자기들끼리 자기들 나름대로 춤을 추었으며, 심지어 음악이 잠시 멈추었을 때도 춤을 추었다. 연미복 차림의 다리가 긴 사람이 이번 축제의 사회자이며 무도회의 지휘자인 것 같았다. 그는 안경을 쓰고 파마를 한 시골 유지로, 우체국 부국장이나 그 비슷한 신분이었는데, 덴마크 소설에나 나올 법한 우스꽝스러운 인물이 실제로 나타난 것 같은 인상을 풍겼다. 땀을 뻘뻘 흘리며 분망하게 돌아다니고 열성을 다해 일에 몰두하던 그는 여기저기서 거의 동시에 모습을 드러냈고, 꼬리를 치며 분주하게 홀을 헤집고 다녔다. 그는 처음에는 재치 있게 발끝으로 선 채 등장해서는, 반질반질하고 앞이 뾰족한 군용 반장화를 신은 두 발을 복잡하게 서로 엇갈리게 포개며 걸었고, 두 팔을 허공에 휘저으며 지시를 내리는가 하면, 음악을 연주하라고 외치며 손뼉을 치기도 했다. 그리고 그가 이 모든 행동을 할 때마다 어깨 위에 그의 권위의 상징으로 부착된 커다란 알록달록한 리본의 끈들이 그의 뒤에서 나풀거리며 휘날렸는데, 그는 가끔 고개를 돌려 애정에 찬 눈빛으로 그 리본을 바라보곤 했다.

그랬다! 그들이 거기에 있었다. 오늘 낮에 햇빛이 비치는 가운데 토니오 크뢰거의 곁을 스쳐 지나갔던 그 두 사람이 거기에 있었던 것이다. 토니오는 그들을 다시 보게 되었으며, 그 둘을 거의 동시에 알아보고는 기쁜 나머지 깜짝 놀랐다. 이쪽, 문 바로 곁에, 토니오와 아주 가까운 곳에 한스 한젠이 서 있었다. 한스는 두 다리를 벌린 채 몸을 약간 앞으로 굽히고, 큼지막한 카스텔라 한 조각을 느긋하게 먹으면서 빵 부스러기를 받아내기 위해 빈손을 턱 밑에 받치고 있었다. 그리고 저기 벽 쪽에는 잉에보르크 홀름, 그 금발의 잉에가 앉아 있었다. 때마침 그 우체국 부국장 같은 인간이 꼬리를 흔들며 그녀에게 다가가더니 한 손은 등 뒤에 올리고 다른 손은 우아하게 가슴에 갖다 대면서 지극히 정중하게 몸을 굽혀 절을 한 다음 춤을 청하고 있었다. 하지만 잉에는 고개를 저으며, 너무 숨이 차서 좀 쉬어야겠다는 표시를 했다. 그러자 그 부국장은 잉에 옆에 자리를 잡고 앉았다.

토니오 크뢰거는 자신이 예전에 짝사랑하며 애를 태웠던 그 두 사람 — 한스와 잉에보르크를 바라보았다. 그들이 그렇게 둘인 것은 개별적 특징이나 옷차림이 비슷해서라기보다는 종족과 유형이 같았기 때문이다. 강철같이 파란 눈과 금발을 한 이 밝은 유형의 사람들은 청순함, 순수함, 명랑함, 그리고 동시에 거만하면서도 순박하며 쉽게 건드릴 수 없는 냉담한 이미지를 불러일으켰던 것이다…… 토니오는 그들을 바라보았다. 그는 한스 한젠이 예전과 똑같이 늠름하고 잘생긴 자태로, 넓은 양어깨와 날씬한 허리를 드러낸 채 선원복을 입고 거기 서 있는 모습을 바라보았다. 그리고 잉에보르크가 다소 거만하게 깔깔 웃으면서 고개를 옆으로 내젓는가 하면, 특별히 가냘프지도, 특별히 섬세하지도 않은 소녀의 손을 그 어떤 독특한 방식으로 뒷머리 쪽으로 가져가는 바람에 가벼운 소맷자락이 그녀의 팔꿈치에서 미끄러져 흘러내리는 것을 바라보았다. — 그때 갑자기 향수가 밀려와 그의 가슴을 커다란 고통으로 뒤흔들어 놓았기 때문에 아무도 자신의 얼굴에 경련이 일어나는 것을 보지 못하도록 그는 자신도 모르게 어둠 속으로 멀리 물러났다.

내가 너희들을 잊은 적이 있었던가? 토니오가 물었다. 아니, 단 한 번도 없었어! 너, 한스도 잊은 적이 없었고, 너, 금발의 잉에도 결코 잊은 적이 없었지! 정말이지 내가 작품을 써서 보여주고 싶은 사람들은 바로 너희들이었어. 그리고 내가 박수갈채를 받을 때면, 나는 남몰래 주위를 살펴보곤 했어. 혹시 너희들이 그중에 있나 하고 말이야…… 그래, 〈돈 카를로스〉는 읽었니, 한스 한젠? 네가 너희 집 정원 문 앞에서 내게 약속한 대로 말이야. 아니, 읽지 마라! 난 너한테 그걸 읽으라고 더 이상 요구하지 않아. 외로워서 우는 왕이 너와 무슨 상관이 있겠니? 넌 우울한 시 따위를 들여다보느라 너의 그 밝은 눈을 흐리게 하거나 어리석은 꿈에 빠지게 해서는 안 돼…… 너 같은 사람이 되고 싶구나! 다시 한번 시작하여, 너처럼 올바르고 즐겁고 순박하게, 규칙과 질서에 맞게, 하느님과 세상 사람들의 동의를 얻으며 자라나서, 악의 없고 행복한 사람들한테 사랑을 받으면서, 잉에보르크 홀름, 너를 아내로 삼고, 한스 한젠, 너와 같은 아들을 두고 싶구나! ― 인식의 저주와 창작의 고통이 주는 저주에서 벗어나 평범한 행복을 느끼며 살고 사랑하고 찬미하고 싶구나!…… 다시 한번 시작한다? 하지만 아무 소용이 없을 거야. 나는 다시 이렇게 되고 말 거야. — 모든 것이 지금까지와 똑같이 되고 말 것이다. 어떤 사람들에게는 올바른 길이란 게 아예 존재하지도 않기 때문에 그들은 필연적으로 길을 잃고 헤매게 되는 거니까.

이제 음악이 멈추었다. 휴식 시간이었다. 그래서 간식이 제공되고 있었다. 그 우체국 부국장인가 하는 사람이 청어 샐러드가 가득 담긴 쟁반을 손수 들고 바쁘게 돌아다니며 숙녀들의 시중을 들었다. 그러나 그가 잉에에게 작은 샐러드 접시를 건넬 때는 그녀 앞에서 한쪽 무릎을 꿇기까지 했다. 그러자 잉에는 그 모습이 즐거워서 얼굴을 붉혔다. 이제 홀 안에서도 유리문 아래에서 구경하고 있는 사람에게 주의를 기울이기 시작했다. 잘 생기고 상기된 얼굴을 한 사람들이 의아해하며 살피는 듯한 눈길을 그에게 보내기 시작한 것이다. 그럼에도 불구하고 그는 물러나지 않고 자기 자리를 지키고 있었다. 잉에보르크와 한스도 거의 동시에 그를 힐끗 스쳐보았는데, 거의 경멸의 의미가 담겨있다고 보일 정도의 저 완전한 무관심을 보여주는 시선이었다. 하지만 갑자기 그는 어디에선가 어떤 눈길이 자신에게 날아와 자신에게 머무르고 있는 것을 의식하게 되었다…… 그가 고개를 돌리자 그의 두 눈은 방금 느꼈던 그 시선과 곧바로 마주치게 되었다. 그에게서 그다지 멀지 않은 곳에 창백하고 갸름하고 고상한 얼굴을 한 어느 아가씨가 서 있었는데, 이 얼굴은 조금 전에도 이미 그의 눈에 들어온 적이 있었다. 그녀는 춤을 많이 추지 않았는데, 남자들이 그녀와 춤을 추려고 별로 애를 쓰지 않았기 때문이다. 그래서 그는 그녀가 씁쓸하게 입술을 꼭 다물고 외로이 벽에 기대어 앉아 있는 모습을 본 적이 있었던 것이다. 지금도 그녀는 혼자 서 있었다. 그녀도 다른 아가씨들처럼 밝고 보드라운 옷을 입고 있긴 했지만, 그녀가 입고 있는 원피스의 투명한 천 아래로는 깡마르고 볼품없는 그녀의 어깨가 희미하게 드러나 보였다. 그리고 야윈 목은 그 초라한 두 어깨 사이에 너무 깊숙이 박혀 있었기 때문에 그 조용한 아가씨가 약간 불구가 아닌가 하고 생각될 정도였다. 그녀는 얇은 반(半)장갑을 낀 두 손을 손가락들의 끝이 서로 살짝 맞닿도록 납작한 젖가슴 위에 올려놓고 있었다. 그녀는 고개를 떨군 채 축축하게 젖은 검은 두 눈으로 아래로부터 토니오 크뢰거를 올려다보고 있었다. 그는 시선을 돌려 버렸다……

여기, 그와 아주 가까운 곳에 한스와 잉에보르크가 앉아 있었다. 한스는 그녀에게로 가서 그녀 곁에 앉아 있었는데, 그녀는 어쩌면 그의 여동생일지도 몰랐다. 그들은 볼이 발그레한 다른 사람들에 둘러싸여 먹고 마시고 수다를 떨며 즐거워했으며, 낭랑한 목소리로 서로 놀리는 말을 주고받으면서 허공에 대고 환하게 웃어대기도 했다. 내가 그들에게 좀 가까이 갈 수는 없을까? 그래서 한스나 잉에에게 마침 생각나는 한마디 농담을 건네어서 그들이 그 농담에 대해 적어도 미소로나마 대답하지 않을 수 없도록 할 수는 없을까? 그렇게만 된다면 그는 행복할 것이다. 그는 그것을 간절히 바랐다. 그렇게만 된다면 그는 그 두 사람과 작은 공동체를 이루었다는 생각에 어느 정도 만족해서 그의 방으로 돌아갈 수 있을 것이다. 그는 자기가 할 수 있는 말을 이것저것 궁리해 보았다. 그러나 그는 그것을 말할 용기가 없었다. 설령 용기가 있다 하더라도 사정은 정말이지 매한가지였을 터였다. 그들은 그의 말을 이해하지 못할 것이며, 그가 용기를 내어 겨우 말한 것을 귀 기울여 들으면서 기이하다는 표정을 지을 것이다. 그도 그럴 것이 그들의 언어는 그의 언어가 아니기 때문이다.

이제 다시 춤이 시작될 모양이었다. 그 부국장이 포괄적인 활동을 전개하고 있었다. 그는 이리저리 바삐 돌아다니면서 모든 사람에게 춤출 상대를 고르라고 권했고, 종업원의 도움을 받아 가며 의자들과 유리잔들을 치웠으며, 연주자들에게는 연주를 시작하라는 명령을 내렸고, 어쩔 줄 모르고 우왕좌왕하고 있는 몇몇 굼뜬 사람들을 보고는 그들의 양어깨를 잡고 앞으로 밀어내고 있었다. 무엇을 하려는 것일까? 네 쌍씩 조가 짜이고 있었다…… 토니오 크뢰거는 끔찍했던 기억으로 인해 얼굴이 붉어졌다. 카드리유를 출 모양이었다.

음악이 시작되었다. 그리하여 각 쌍들이 서로 몸을 굽혀 인사를 하면서 서로 섞여들었다. 그 부국장이 지휘했다. 세상에, 그는 프랑스어로 지휘를 했는데, 타의 추종을 불허하리만큼 뛰어나게 비음들을 발음했다. 잉에보르크 홀름이 토니오 크뢰거 바로 앞에서, 유리문 바로 곁에 있는 조에서 춤을 추고 있었다. 그의 앞에서 그녀는 이리저리 움직이고, 앞으로 갔다 뒤로 갔다 하면서 걷기도 하고 빙 돌기도 했다. 그녀의 머리카락에서인지 아니면 원피스의 부드러운 천에서인지 풍기는 어떤 향기가 이따금 그에게까지 와 닿았다. 그래서 그는 예전부터 자기가 잘 알고 있는 어떤 감정에 잠겨 두 눈을 감았다. 그는 지난 며칠 동안 이런 감정의 향기와 쓰라린 자극을 아련하게 느꼈었는데, 이제 그 감정이 다시금 그를 찾아와 감미로운 고통에 사로잡히게 했다. 이게 무슨 감정이었을까? 동경? 애정? 질투, 자기경멸?…… 숙녀들의 작은 물레방아! 금발의 잉에여, 너는 웃었지? 내가 '숙녀들의 작은 물레방아'를 추며 그토록 비참하게 웃음거리가 되었을 때 너는 날 비웃었지? 그런데 이제 내가 제법 유명한 사람이 된 오늘도 넌 날 비웃을 거니? 그래, 너는 그러겠지. 그리고 그러는 것이 또 너무나도 당연하겠지! 그리고 설령 내가 아홉 개의 교향곡과《의지와 표상으로서의 세계》와〈최후의 심판〉을 순전히 혼자서 완성해 내었다손 치더라도 — 너는 영원히 비웃을 권리가 있어…… 그는 그녀를 바라보았다. 그러니까 그의 머릿속에는 그가 오랫동안 새로 기억해 낸 적은 없지만, 그 자신에게 아주 친숙하고 그 자신과 서로 통하는 시구가 하나 떠올랐다. "나는 자고 싶은데, 넌 춤을 춰야겠다는 거구나"가 그것이었다. 그는 이 시구에서 말하는 감정을 너무나도 잘 알고 있었는데, 그것은 애수에 차고 북구적이며, 진실하고도 서투르면서 둔하고 굼뜬 감정이었다. 잠을 잔다는 것은…… 행동으로 옮겨 춤을 춰야 한다는 의무감 없이 달콤하고도 느긋한 기분으로 자기 자신 속에 쉬고 있는 감정에 그냥 전적으로 충실하게 살 수 있기를 열망하는 것이다. ─ 그럼에도 불구하고 춤을 추어야 한다는 것이다. 사랑하는데 춤을 추지 않으면 안 된다는 굴욕적인 모순을 한순간도 완전히 잊지 않고, 예술이라는 어렵고 힘들고 위험한 칼춤을 민첩하고 침착하게 추어내어야 한다는 것이다……

갑자기 모두가 미친 듯이 자유분방하게 움직이기 시작했다. 카드리유의 조(組)들이 풀려버렸고 이제 모두가 뛰면서 미끄러지듯이 주위 사방으로 흩어지고 있었는데, 그것은 빠른 원무(圓舞)로 카드리유를 끝내려는 동작이었다. 미쳐 날뛰는 빠른 박자의 음악에 맞추느라 숨이 차서 짧은 웃음을 터뜨리며 쌍쌍의 남녀들이 추격하고 급히 달리고 서로 추월하면서 토니오 크뢰거의 곁을 스쳐 지나가고 있었다. 이때 한 쌍의 남녀가 전반적인 질주에 휩쓸려 선회하면서 총알처럼 앞으로 튀어나왔다. 여자는 창백하고 고상한 얼굴을 한 아가씨였는데, 어깨가 비쩍 말라서 너무 높아 보였다. 그런 와중에 갑자기, 바로 토니오의 앞에서 누군가가 비틀거리고 미끄러지고 엎어지는 일이 발생했다…… 그 창백한 아가씨가 넘어진 것이었다. 그녀는 거의 위험해 보일 만큼 심하고 세게 넘어졌다. 그래서 그녀의 파트너도 함께 넘어졌다. 그는 아주 심한 통증을 느꼈던지 자신의 춤 파트너를 완전히 잊어버린 게 틀림없었다. 그는 반쯤만 몸을 일으키고서 얼굴을 찡그린 채 두 손으로 자기의 한쪽 무릎을 비벼대기 시작했다. 그리고 언뜻 보기에 그 아가씨는 넘어지는 바람에 완전히 실신한 듯 아직도 바닥에 그냥 누워 있었다. 그래서 토니오 크뢰거는 앞으로 걸어 나가서 그녀의 두 팔을 살짝 잡고는 그녀를 일으켜 세웠다. 그녀는 녹초가 되어 정신이 혼미한 가운데 불행한 눈빛으로 그를 올려다보았다. 그러다가 갑자기 그녀의 부드러운 얼굴이 생기 없는 홍조로 물들었다.

"감사합니다! 대단히 감사합니다!"라고 그녀가 말했다. 그러고는 축축하게 젖은 검은 두 눈으로 아래에서부터 그를 올려다보았다.

"아가씨, 이젠 춤을 그만 추시는 게 좋겠군요." 그가 부드럽게 말했다. 그런 다음 그는 다시 한번 그들, 한스와 잉에보르크 쪽을 빙 둘러 돌아다보고는 베란다와 무도회장을 떠나 자기 방으로 올라갔다.

그는 자기가 동참하지도 않은 파티에 도취해 있었고, 질투 때문에 피곤했다. 옛날과 같았다. 옛날과 똑같았다! 그는 상기된 얼굴로 어두운 곳에 서 있었으며, 너희들, 너희 금발의 사람들, 생기 넘치는 사람들, 행복한 사람들 때문에 괴로워하다가 결국 외로이 그 자리를 떠났었지. 이제 누군가가 와야 할 텐데! 이제 잉에보르크가 와야 할 텐데! 그녀는 내가 떠났다는 것을 알아채고는 살그머니 내 뒤를 따라와서 내 어깨 위에 손을 얹고 "우리한테로 들어와요! 기분을 내세요! 난 당신을 사랑해요!……"라고 말해야 할 텐데. 그러나 그녀는 절대 오지 않았다. 그런 일은 일어나지 않았다. 그렇다, 그 당시와 같았다. 그리고 그는 그 당시와 마찬가지로 행복했다. 왜냐하면 그의 가슴이 살아있기 때문이다. 그러나 그가 지금의 그가 되기까지의 모든 지난 세월 동안에 무엇이 있었던가? — 무감각, 황폐함, 얼음장, 그리고 정신이 있었다! 그리고 예술이 있었다!……

그는 옷을 벗고 자리에 눕고는 불을 껐다. 그는 베개 속에다 대고 두 이름을 속삭였다. 북국풍의 이 순결한 두셋 음절들이야말로 그에게는 사랑과 고통과 행복의 본원적인 원천, 즉 삶을 의미했고, 단순하고 진실한 감정, 즉 고향을 의미했다. 그는 그 당시부터 오늘에 이르기까지의 세월을 뒤돌아보았다. 그는 자기가 지금까지 두루 겪어온 관능과 신경과 사색의 황폐한 모험들을 떠올려 보았다. 그는 반어와 정신에 의해 침식당하고 인식으로 인하여 황폐화되고 마비되었으며, 창조의 열기와 냉기에 의해 반쯤은 소모돼 버린 자기 자신을 보았다. 불안정하게 양심의 가책에 시달리며 극심한 양극단 사이에서, 성스러움과 욕정 사이에서 이리저리 내던져져 세련되었지만 빈곤해진 자기 자신을 보았다. 인위적으로 뽑아낸 차가운 흥분 상태로 인해 기진맥진하게 된 자기 자신, 그리하여 길을 잃고 황폐해지고 병들어 버린 자기 자신을 보았다. — 그래서 회한과 향수에 젖은 나머지 흐느껴 울었다.

그의 주위는 조용하고 어두웠다. 그러나 아래로부터는 삶의 달콤하고도 통속적인 3박자가 약하게 물결치듯 그에게까지 울려오고 있었다.

9

토니오 크뢰거는 북쪽 나라에 앉아 그의 여자 친구인 리자베타 이바노브나에게, 그가 그녀에게 약속했던 대로, 편지를 썼다.

내가 곧 돌아갈 예정인 저 아래 아르카디아[22]에 있는 사랑하는 리자베타에게, 라고 그는 썼다. 그러니까 이제야 이곳에서 편지 비슷한 글을 씁니다. 그러나 아마도 당신은 실망하실 겁니

22 Arkadien: 목가적 이상향. 고대 그리스의 펠로폰네소스 반도 한가운데에 있는 지역이었고, 그리스 신화에서는 목축의 신, 판이 다스리는 땅이었다.

다. 왜냐하면 난 이 편지에서 약간 일반적인 의미의 글을 써볼 생각이기 때문입니다. 이야기할 게 아무것도 없어서가 아니고, 내 나름대로 이것저것 체험한 것이 없어서가 아닙니다. 고향에서, 내 고향 도시에서는 사람들이 나를 체포하려고까지 했답니다…… 그러나 이에 관해서는 만나서 직접 말하겠습니다. 요즘 들어서 나는 이야기하기보다는 무언가 일반적인 내용을 그럴듯하게 표현해보고 싶은 날들이 가끔 있거든요.

리자베타, 언젠가 당신이 나를 가리켜 시민이라고, 길 잃은 시민이라고 말한 것을 아직도 기억하겠지요? 내가 '삶'이라고 부르는 것에 대한 나의 사랑을 당신에게 고백한 시간에 당신은 나를 그렇게 불렀어요. 내가 그전에 다른 여러 가지 고백을 입 밖에 흘리다가 무심코 그런 고백을 하고 말았지요. 당신은 당신의 그 말이 얼마나 진실에 부합했는지를 알았을까, 그리고 나의 시민성과 '삶'에 대한 나의 사랑이 완전히 똑같은 것이라는 것을 과연 알고 있었을까 하고 자문해 봅니다. 이번 여행은 나에게 그것에 대해 깊이 생각해 보는 계기가 되었습니다……

당신도 아시다시피 나의 아버지는 북쪽 기질을 지닌 분이셨지요. 청교도 정신에서 유래하는 명상적이고 철저하며 정확한 성품이셨고, 우수에 잠기곤 하셨지요. 어딘지 불확실하게 이국적 혈통을 물려받으신 나의 어머니는 아름답고 관능적이고 소박한 동시에 게으르고 정열적이었으며, 충동적이고 방종한 기질을 지닌 분이셨고요. 이것이 특이한 가능성들과 — 그리고 특이한 위험성들을 내포한 혼합물임에는 전혀 의심할 여지가 없습니다. 여기서 생겨난 것이 바로 예술의 세계 속으로 길을 잘못 들어가 헤매는 시민, 훌륭한 가정교육에 대한 향수를 지닌 보헤미안, 양심의 가책을 느끼는 예술가입니다. 정말이지 나로 하여금 모든 예술성 속에서, 모든 특이한 것과 모든 천재성 속에서 무엇인가 매우 모호한 것, 매우 불명예스러운 것, 매우 의심스러운 것을 알아차리도록 해 주는 것은 바로 이 시민적 양심이며, 나라는 인간의 내부를 단순한 것, 진심인 것, 유쾌하고 정상적인 것, 비천재적인 것, 단정한 것에 대한 맹목적인 사랑으로 가득 채워주는 것도 바로 이 시민적 양심인 것입니다.

나는 두 세계 사이에 서 있고, 어느 세계에도 안주할 수 없습니다. 그래서 살아가기가 좀 힘듭니다. 당신 같은 예술가는 나를 시민이라 부르고, 또 시민들은 나를 체포하고 싶은 유혹을 느끼지요…… 이 둘 중 어느 쪽이 더 내 마음에 쓰라린 상처를 주는지는 모르겠습니다. 시민들은 어리석습니다. 그러나 미의 숭배자들인 당신들, 나를 가리켜 냉정하다거나 동경이 없다고 말하는 당신들이 염두에 두어야 할 것은 모종의 예술가 기질도 존재한다는 사실입니다. 애초부터 운명적으로 깊이 뿌리박혀 있기 때문에 평범한 것이 주는 환희에 대한 동경을 그 어떤 동경보다도 더 달콤하고 더 느낄 만한 가치가 있는 것으로 여기는 그런 예술가 기질 말입니다.

나는 위대하고도 마(魔)적인 아름다움의 오솔길에서 모험을 일삼으며 '인간'을 경멸하는 오만하고 냉철한 자들을 보면 경탄을 금할 수 없습니다. — 하지만 나는 그들을 부러워하지는 않습니다. 왜냐하면 만약 한낱 문사(文士)를 진정한 작가로 만들 수 있는 그 무엇이 존재한다면, 그것은 인간적인 것, 생동하는 것, 일상적인 것에 대한 나의 이러한 시민적 사랑일 것이기 때문입니다. 모든 온정, 모든 선의, 그리고 모든 유머는 이 사랑으로부터 나옵니다. 그리고 나에게는 이 사랑이 '사람이 인간의 혀와 천사의 혀로 말할 수 있다 해도 사랑이 없으면 소리 나는 구리와 울리는 꽹과리에 지나지 않느니라'[23]라고 성경에 씌어 있는 바로 그 사랑인 것처럼 생각될 정도입니다.

내가 지금까지 이룩한 것은 아무것도 아니고 별로 많지 않습니다. 아무것도 하지 않은 것이나 마찬가지이지요. 리자베타, 나는 더 나은 것을 만들어 보겠습니다 — 이것은 일종의 약속입니다. 지금 이 글을 쓰고 있는 동안, 바다의 물결 소리가 내게까지 올라옵니다. 그래서 나는 눈을 감습니다. 그러면 아직 태어나지 않은, 허깨비 같은 한 세계가 들여다보입니다. 그 세계는 질서와 형상을 부여받고 싶어 합니다. 또한 나는 인간의 형상을

23 〈고린도전서〉 13장 1절 참조.

한 허깨비들이 우글거리고 있는 광경을 봅니다. 그들은 마법을 걸어 자신들을 풀어달라고 나에게 손짓하고 있습니다. 이들은 비극적인 허깨비들과 우스꽝스러운 허깨비들, 그리고 이 두 가지를 동시에 지닌 허깨비들인데, — 나는 이들에게 큰 애정을 지니고 있습니다. 그러나 내가 남모르게 마음속 깊이 사랑하는 사람들은 금발과 푸른 눈을 가진 사람들, 밝고 생기 넘치는 사람들, 행복하고 사랑스럽고 평범한 사람들입니다.

리자베타, 이 사랑을 꾸짖지 마십시오. 그것은 결실을 많이 맺는 선한 사랑이랍니다. 그 속에는 동경이 들어 있습니다. 그리고 또 우울한 질투와 아주 조금의 경멸과 완전하고도 순결한 지고의 행복감이 그 속에 들어 있습니다.

신동

신동이 들어온다 — 홀 안이 고요해진다.

홀 안이 고요해졌다가 옆쪽 어딘가에서 지배자와 지도자 자태를 물씬 풍기는 한 남자가 먼저 손뼉을 치니까 사람들이 따라 박수를 치기 시작한다. 그들은 아직 아무것도 듣지 않았는데, 박수갈채를 보낸다. 연주회를 주최한 단체가 신동을 위해 대대적으로 광고해 두었기 때문이다. 그래서 사람들은 그 사실을 알든 모르든 관계없이 이미 현혹되어 있다.

신동은 나폴레옹 시대 예술 양식의 화환과 커다란 전설의 꽃들로 온통 수놓아진 화려한 병풍 뒤에서 등장한다. 아이는 재빨리 계단을 올라 연단에 오르고 박수갈채 속으로 빨려 들어간다. 이 상황은 그가 약간 오한이 나서 몸을 좀 떨며 욕탕 속으로 들어가는 듯하나, 자신에게 우호적인 영역으로 들어가는 형국이다. 아이는 연단의 가장자리로 가서 사진을 찍으라는 듯이 미소를 짓는다. 그리고 사내아이지만, 수줍고 사랑스러운 숙녀

인사[24]로 청중들에게 가볍게 인사한다.

새하얀 비단옷을 입고 있는 아이의 모습은 장내를 약간 술렁이게 한다. 아이는 아주 멋지게 재단한 하얀 비단 재킷을 입고 그 아래에 장식 띠를 두르고 있다. 게다가 구두까지 하얀 비단 재질이다. 하지만 훤히 드러난 완전히 갈색인 두 다리가 하얀 비단 바지와 뚜렷한 대조를 이룬다. 아이가 그리스 소년이기 때문이다.

비비[25] 자켈라필라카스가 그의 이름이다. 어찌 됐든 이것이 그의 이름이다. '비비'가 어떤 이름의 약어 혹은 애칭인지는 매니저 말고는 아무도 모른다. 매니저는 이것을 사업상의 비밀로 간주한다. 비비의 매끄럽고 검은 머리칼은 어깨까지 내려오지만, 옆으로 가르마가 나 있고, 약간 튀어나온 갈색 이마에서 조그만 비단 나비 리본으로 뒤로 묶여 있다. 아이는 세상에서 가장 천진난만한 얼굴을 하고 있다. 그의 조그만 코는 발육이 덜 되었고, 입술은 아무것도 모르는 듯 순진무구해 보인다. 하지만 새까만 쥐 눈 아랫부분만은 벌써 약간 생기가 없었고, 코와 입술의 상태와는 사뭇 다른 모습이었다. 그는 아홉 살로 보이지만, 이제 겨우 여덟 살인데 일곱 살이라 주장한다. 사람들 스

24 숙녀인사(Damengruss)는 왼발을 뒤로 당기고 무릎을 굽히며 우아하게 인사하는 방식을 지칭한다.

25 토마스 만 부부는 막내아들 미하엘을 '비비'라는 애칭으로 불렀다고 한다.

스로도 그것을 믿고 있는지 아닌지를 모른다. 어쩌면 사람들이 더 잘 알고 있을 수 있는데, 그럼에도 많은 경우에서 하던 대로 그것을 그대로 믿어 주는 것이다. 이들은 '약간의 거짓말은 아름다움의 일부'라고 생각한다. 이들은 '좀 관대하게 봐주려는 호의를 갖지 않는다면 일과 후 극장에 가서 교화와 인격적 수양이 어떻게 가능하겠는가?'라고 생각한다. 보통 사람들의 머리로 생각해 보면 이들의 견해가 전적으로 옳다!

신동은 환영의 물결이 가라앉을 때까지 청중들에게 감사 인사를 한다. 그런 다음 그는 그랜드 피아노 쪽으로 다가간다. 사람들은 공연 프로그램을 마지막으로 흘낏 들여다본다. 첫 순서로 〈장엄 행진곡〉이, 다음으로는 〈몽상〉이, 그다음에는 〈부엉이와 참새들〉이 이어진다. 이 모두를 비비 자켈라필라카스가 연주한다. 모든 공연 내용은 비비가 준비한 것이고, 그가 작곡한 작품들이다. 물론 그는 악보를 적을 수는 없지만, 프로그램에 들어 있는 모든 작품을 그의 작고 비상한 머릿속에 담아 두고 있다. 매니저가 만든 포스터들에 진지하고 상세하게 나타나 있듯이 그 작품들이 지닌 예술적 의미를 인정해 주어야 한다. 매니저가 자신의 비판적인 성향과 힘겨운 투쟁을 벌인 끝에 예술적인 가치를 인정하게 된 것처럼 보인다.

신동은 회전의자로 가서 앉아 페달 쪽으로 조그만 두 발로 쭉 뻗는다. 비비가 페달에 닿을 수 있는 것은 정교한 기계장치의 도움으로 페달이 일반적인 피아노보다 훨씬 더 높이 올라갔기 때문이다. 이 피아노는 비비가 어디든 가지고 다니는 자신의 그랜드 피아노이다. 피아노는 목제 발판 위에 놓여 있고, 수많은 수송 때문에 광택이 상당히 닳아 있었다. 하지만 이 모든 것이 이 일을 더욱 흥미롭게 할 따름이다.

비비는 자신의 하얀 비단 구두를 페달에 올린다. 그런 다음 그는 약간 까탈스러운 표정을 지으며 앞을 바라보고 오른손을 들어 올린다. 갈색을 띠는 소박한 어린이 손이지만, 손목 관절은 튼튼하고 어린이답지 않으며 뼈마디는 단단하게 발육이 된 모습이다.

비비는 청중을 어느 정도 즐겁게 해줘야 한다는 걸 알기 때문에 청중을 위한 얼굴 표정을 짓는다. 그런데 그런 표정을 지으면서 그 자신이 내심 특별한 즐거움을 맛본다. 이것은 그가 어느 누구에게도 형언할 수 없을 즐거움이다. 그것은 그가 열린 피아노 앞에 앉을 때마다 온몸으로 느끼는 짜릿한 행복감이고 벅차오르는 은밀한 희열이다. — 그는 이런 느낌을 결단코 잃어버리지 않을 것이다. 8옥타브 음역의 흑백 건반이 다시 그의 눈앞에 나타난다. 그러한 음역 아래에서 그는 모험과 커다란 흥분을 야기하는 운명에 수없이 빠져들었다. 8옥타브 음역은 말끔히 닦은 숫자판처럼 다시 깨끗하고 손 한번 대지 않은 것처럼 보인다. 그의 앞에 놓여 있는 것은 음악, 온전한 음악이다! 음악은 그의 앞에 유혹하는 바다처럼 펼쳐져 있다. 그리고 그는 그 안으로 뛰어들어 행복하게 헤엄치고 부유하며 휩쓸리다가 폭풍우에 완전히 잠겨 버릴 수 있다. 그럼에도 그는 그 와중에 두 손을 통제하고 지배하며 마음대로 다스릴 수 있다…… 그는 오른손을 공중에 치켜든다.

홀 안은 쥐 죽은 듯 고요하다. 첫 음을 앞둔 그런 긴장된 순간이다…… 어떻게 시작될 것인가? 이런 식으로 시작된다. 비비가 집게손가락으로 피아노에서 첫 음을 가져온다. 중간 정도의 음역에서 나오는 전혀 뜻하지 않은 힘찬 음이다. 트럼펫 소리와 유사하다. 다른 음들이 이에 부응하면서 전주곡이 시작되고, — 사람들은 사지의 긴장이 풀린다.

화려한 홀은 신식 일급 호텔에 자리하고 있다. 벽에는 장밋빛의 육감적인 그림들이 걸려 있고, 화려한 기둥들이 서 있으며, 테두리에 소용돌이 모양의 장식이 있는 거울들이 걸려 있다. 실제 우주를 방불케 하는 수많은 전등은 화서(花序) 모양으로 온통 다발을 지어 뻗어나가고 대낮보다 훨씬 더 밝은 엷은 황금빛 천상의 빛으로 공간을 살아 숨 쉬게 한다…… 의자엔 빈자리가 없다. 심지어 옆쪽 통로와 뒤쪽에도 사람들이 서 있다. (매니저는 경외감을 일으키는 가격을 매기는 원칙을 신봉하기 때문에) 12마르크나 하는 앞쪽 자리에는 고상한 사람들이 줄지어 앉아 있다. 최상류층 사람들은 신동에게 비상한 관심을 보이고 있다. 제복을 입은 사람들과 고급스러운 취향의 사교복을 입은 부인들도 많이 눈에 띈다…… 심지어 이곳에는 얌전하게 두 다리를 의자에서 내려뜨리고 있는 아이들도 더러 보인다. 이들은 천부적인 재능을 타고난 비슷한 또래의 하얀 비단옷을 입은 신동을 눈을 반짝이며 바라보고 있다……

신동의 어머니는 앞쪽 왼편에 앉아 있다. 무척 뚱뚱한 부인이다. 이중 턱에는 분을 발랐고 머리에는 깃털을 하나 꽂고 있다. 그녀 옆에는 동양인처럼 생긴 신사인 매니저가 앉아 있다. 툭 튀어나온 커프스에는 커다란 황금색 단추가 달려 있다. 그런데 객석의 앞쪽 가운데에 공주가 앉아 있다. 작고 주름지고 쪼그라든 늙은 공주이다. 하지만 그녀는 섬세한 감각의 예술에 한해서는 후원을 한다. 그녀는 푹 들어가는 벨벳 안락의자에 앉아 있다. 그리고 그녀의 발밑에는 페르시아 양탄자가 펼쳐져 있다. 그녀는 회색 줄무늬가 있는 비단옷을 입고 있는데, 두 손을 가슴 바로 아래에 놓고, 머리는 옆으로 기울인 채 연주하는 신동을 바라보며 고상하고 평화로운 모습을 보인다. 그녀 옆에는 심지어 녹색 줄무늬가 있는 비단옷을 입은 시녀가 앉아 있다. 하지만 그녀는 시녀에 불과하기 때문에 몸을 기대는 것조차 허락되지 않는다.

비비는 매우 화려하게 연주를 끝맺는다. 이 꼬마가 얼마나 힘차게 피아노를 다루는가! 사람들은 자신의 귀를 믿을 수 없다. 행진의 테마, 활기차고 열정적인 선율이 너무나 조화로운 화음으로 또 한 번 풍부하고 뽐내듯이 흘러나온다. 비비는 축제 행렬에서 의기양양하게 행진하듯 매 소절마다 상체를 뒤로 젖힌다. 그런 다음 그는 힘차게 끝맺고, 허리를 굽혀 의자 옆으로 빠져나와서는 미소 지으며 박수갈채를 애타게 기다린다.

이윽고 감격에 겨운 일심동체의 열광적인 박수갈채가 터져 나온다. 그런데 보라, 아이가 작은 키로 숙녀인사를 귀엽게 할 때 아이의 허리가 얼마나 사랑스러운가! 박수 소리가 끊이질 않네! 기다리렴, 내 장갑을 벗어야겠다. 브라보, 자코필락스인지 뭔지 하는 꼬마 아이야 — ! 정말 대단한 녀석이구나! — —

비비가 병풍 뒤에서 세 번이나 앞으로 불려 나오고 나서야 청중이 잠잠해진다. 몇몇 지각한 사람들, 늦게 도착한 사람들이 뒤에서 앞으로 밀려들면서 입추의 여지가 없는 홀 안으로 힘겹게 들어온다. 그러고 나서 연주회는 계속된다.

비비는 아르페지오로만 이루어진 자신의 곡 〈몽상〉을 속삭이듯 연주한다. 그 위로 이따금 한 가닥의 선율이 약한 날갯짓과 함께 솟아오른다. 그런 다음 그는 〈부엉이와 참새들〉을 연주한다. 이 곡은 대단한 성공을 거두고, 열광의 도가니에 빠지게 한다. 그것은 진정 어린이를 위한 작품이고, 놀라울 정도로 묘사가 생생하다. 저음에서는 수리부엉이가 뿌루퉁한 표정으로 반투명 눈을 깜빡거리며 앉아 있는 모습을 보는 듯하다. 이와 동시에 최고 음에서는 부엉이를 놀리려는 듯 참새들이 뻔뻔하고 불안하게 짹짹거린다. 이 곡을 연주한 후에 비비는 환호를 받으며 네 번이나 앞으로 불려 나온다. 반짝거리는 단추를 단 호텔 직원이 세 개의 대형 화환을 연단 위로 들고 와서는 그의 앞쪽으로 내민다. 그러는 동안 비비는 인사하며 감사를 표한다. 심지어 공주조차도 아주 섬세하게 가냘픈 두 손을 맞부딪치며 박수갈채에 동참하지만, 아무런 소리도 나지 않는다……

어린 꼬마 녀석이 박수갈채를 이끌어 내는 솜씨가 얼마나 노련한가! 그는 병풍 뒤에서 청중을 기다리게 하고, 연단으로 올라가는 계단 위에서 약간 우물쭈물하며, 어린이다운 즐거운 마음으로 화환의 알록달록한 공단 나비매듭을 눈여겨본다. 그가 진작 그것들을 바라보는 것에 싫증 났을 텐데도 말이다. 그는 앙증맞게 머뭇거리며 인사하고, 사람들의 귀중한 박수 소리가 하나도 헛되이 사라지지 않도록 그들에게 감정을 마음껏 분출할 시간을 허락한다.

'〈부엉이〉야말로 내 히트작이지'라고 그는 생각한다. 히트작이라는 단어를 그는 매니저한테 배웠다. '다음으로는 이 곡보다 훨씬 더 나은 환상곡 차례야. 올림 다장조로 바뀌는 부분이 특히 그렇지. 하지만 당신들 청중들은 〈부엉이〉에 홀딱 넘어갔지. 그것이 내가 만든 첫 작품이자 가장 형편없는 곡인데도 말이야.' 그래서 그는 깜찍하게 고마움을 표한다.

그런 다음 그는 어떤 명상곡을 연주하고, 그다음에 연습곡을 연주한다. 정말이지 아주 광범위한 프로그램이다. 이 명상곡은 아까 연주한 흠 잡을 데 없는 〈몽상〉과 아주 흡사하다. 그리고 비비는 연습곡에서 자신의 모든 기량을 보여준다. 그건 그렇다고 해도 그의 기량은 그의 독창성에는 약간 미치지 못한다. 하지만 그러고 나서 환상곡이 나온다. 그가 좋아하는 곡이다. 그는 그 곡을 매번 조금 다르게 연주하고 자유롭게 다루면서 이따금 저녁에 컨디션이 좋을 때면 새로운 착상과 변주에 스스로 깜짝 놀라기도 한다.

그는 크고 검은 그랜드 피아노 앞에 불빛을 받아 아주 작고 하얗게 반짝이며 앉아 희미하게 보이는 청중들 위 연단에서 홀로 선택받아 연주하고 있다. 그는 자신의 둘도 없는 탁월한 영혼으로 둔감하고 쉽게 움직이지 않는 영혼의 소유자들인 청중의 심금을 울려야 하는 것이다…… 그의 부드럽고 검은 머리칼은 그의 하얀 비단 나비매듭과 함께 이마로 흘러내렸고, 뼈마디가 튼튼하고 단련된 손목 관절이 부지런히 움직이고 있다. 사람들은 갈색빛을 띤 귀여운 그의 볼 근육이 떨리는 모습을 본다.

이따금 눈가가 흐릿한 이상한 쥐 눈으로 그가 청중으로부터 옆쪽으로 시선을 돌려 채색된 홀 벽을 흘낏 바라볼 때는 망각과 고독의 순간이 찾아온다. 그리고 그는 그 벽을 통해, 파란만장한 일이 벌어지고 모호한 삶으로 가득 찬 저 먼 곳으로 빠져든다. 하지만 그러다가 움찔해서 눈초리를 거둬 다시 홀 안을 바라보고는 다시 사람들 앞에 있게 된다.

탄식과 환호성, 감정의 고양과 깊은 추락 — '나의 환상곡!' 비비는 사랑이 충만한 마음으로 생각한다. '잘 들어 보세요. 이제 올림 다장조로 바뀌는 부분이 옵니다!' 그리고 그는 올림 다장조로 넘어가면서 조성을 바꾼다. '이들이 이것을 알아차릴까?' '아, 아니야, 결코 그럴 리가 없지. 이들은 알아차리지 못할 거야!' 그래서 이들이 뭔가 볼 수 있도록 그는 적어도 한 번 귀엽게 천장을 쳐다본다.

사람들은 길게 줄지어 앉아 신동을 바라보고 있다. 그들도 보통 인간들의 머리로 온갖 생각을 한다. 흰 수염을 기르고 집게손가락에 인장 반지를 낀 어느 노신사는 대머리에 단단한 종양이 나 있는데, 말하자면 기형적인 혹이 달린 이 노신사는 생각에 잠긴다. '사실 부끄러운 일이야. '쿠어팔츠[26]의 세 사냥꾼' 밖에 못 익혔으니. 그런데 이제 여기에 백발의 사내가 앉아 꼬마 녀석이 놀라운 연주를 해 보이는 걸 듣고 있으니. 하지만 그런 재능은 하늘이 주시는 것임을 유념해야겠지. 신이 저 아이에게 재능을 나눠 준 것이니, 어쩔 도리가 없지. 그리고 평범한

26 팔츠Pfalz 선제후국(1085-1803)은 신성로마제국의 영토이자 팔츠 선제후가 다스린 영토.

사람이라는 게 수치스러운 일은 아니지. 이건 아기 예수와 같은 경우야. 아이 앞에서 허리를 굽힌다 해서 부끄러워할 필요는 없지. 이 얼마나 묘하게 기분 좋은 일인가!' — 그는 '얼마나 감미로운 일인가!'라고는 감히 생각하지 못한다. — '감미롭다'라는 말은 기운이 넘치는 노신사에겐 창피한 표현일 것이다. 하지만 그는 그것을 감미롭다고 느낀다! 그는 그럼에도 감미롭다고 느끼는 것이다!

'예술은……'하고 앵무새 부리코를 가진 사업가는 생각한다. '그래 물론 우리네 삶에 약간의 빛을 가져다주지. 풍악 소리도 좀 나고 하얀 비단도 있고 말이야. 더욱이 수지가 나쁘지도 않아. 12마르크짜리 좌석이 족히 50개나 팔렸으니. 이것만 해도 600마르크나 되고. — 또 다른 수입도 있고. 대관료, 조명 비용, 프로그램 제작비를 공제한다 해도 순익이 1000마르크는 족히 남을 테니. 해볼 만한 일이지.'

'자, 방금 저 아이가 훌륭하게 연주한 곡이 쇼팽이었지!'라고 피아노 여교사는 생각한다. 코끝이 뾰족한 이 여성은 헛된 희망 같은 건 품지 않고 분별력이 예리해지는 중년여성이다. '그 아이는 제대로 음을 이어 칠 줄 몰라[27]라고 말해도 되겠

27 '레가토 legato[악보에서 둘 이상의 음을 이어서 부드럽게 연주]'로 치지 못했다는 의미를 내포함.

네. 내가 나중에 이렇게 말해야지. '그 아이는 음을 이어 치는데 서툴러.' 괜찮게 들리겠는데. 게다가 그 녀석은 손 자세를 제대로 배우지 못했어. 손등에 1탈러짜리 은화를 올려놓을 수 있어야 하는 건데…… 나라면 자[尺]를 가지고 저 녀석을 다룰 텐데.'

얼굴이 밀랍처럼 창백하고, 예민한 생각에 빠져들기 쉬운 호기심 가득한 나이인 어린 소녀는 남몰래 이런 생각을 한다. '어머, 세상에! 재 연주하는 것 좀 봐! 재가 저기서 연주하는 것은 열정이야! 그래도 아직 아이인데?! 재가 나한테 키스한다고 해도, 내 남동생이 나한테 키스하는 것밖에 안 될 텐데. — 그건 키스가 아니지. 고삐 풀린 열정이란 게 있을까? 열정 그 자체이고 실제적인 대상도 없는, 한갓 피 끓는 어린애 장난에 지나지 않을 열정이……? 좋아, 내가 이걸 큰 소리로 말하면, 사람들은 내게 간유를 먹이려 들겠지.[28] 세상은 그런 거야.'

장교 한 사람이 기둥에 기대어 서 있다. 그는 성공적인 비비를 관찰하며 이렇게 생각한다. '너는 괜찮은 사람이다, 나도 괜찮은 놈이지. 각자 자기 나름대로!' 그런데 그는 구두 뒷굽을 한데 모으고 존재하는 모든 권력자에게 바치는 존경을 그 신동에게 바친다.

그러나 해져 번들번들해진 검은 상의와 단을 접어 올린 얼

28 속담: "어디 아프냐고 하겠지"의 뜻.

룩진 바지를 입고 초대석에 앉아 있는 노년의 평론가는 이렇게 생각한다. '이 비비란 놈을 보게. 귀여운 녀석일세! 저 아이는 개인적으로는 아직 성장할 구석이 많지만, 유형, 예술가 유형으로는 이미 완성됐어. 저 녀석은 내면에 예술가의 기품과 품위 없음, 협잡성과 신성한 불꽃, 멸시와 은밀한 도취를 지니고 있어. 그렇지만 나는 그렇게 쓸 수 없지. 그건 너무 잘 써 주는 게 되지. 아아, 내 말을 믿어줘, 내가 이 모든 것을 이렇게 훤히 꿰뚫어 보지 않는다면, 나 자신이 예술가가 되었을 테지……'

그때 신동은 연주를 마쳤다. 그러자 홀 안은 폭풍이 치는 것 같은 분위기에 휩싸인다. 그는 병풍 뒤에서 여러 번 앞으로 불려 나와야 하는 상황에 처한다. 반짝이는 단추를 단 옷을 입은 남자가 새로운 화환들을 끌고 온다. 네 개의 월계수 화환, 오랑캐꽃으로 만든 리라[29], 장미꽃 부케. 그 남자가 모든 선물을 신동에게 전달하기에는 팔이 모자랄 지경이다. 그를 돕기 위해 매니저가 몸소 단상으로 올라간다. 그는 비비의 목에 월계수 화환 하나를 걸어주고, 그의 검은 머리칼을 다정하게 쓰다듬는다. 그러다 갑자기, 마치 엄습하듯이, 매니저는 아래로 몸을 굽혀 신동에게 키스한다. 쪽하고 소리 나게 바로 입에다 키스한 것이다. 그러자 폭풍은 허리케인으로 전환된다. 이 키스는 마치 전

29 Lyra: 바이올린 비슷한 고대 그리스의 현악기.

기 충격처럼 홀을 온통 휘젓고 예민한 소름처럼 청중들을 파고든다. 사람들은 미친 듯이 고함을 지르고 싶은 충동에 휩싸인다. 크게 환호성을 지르는 소리가 격렬하게 손뼉을 치는 소리와 뒤섞인다. 비비 또래의 평범한 어린 친구들 몇몇이 무대 아래에서 손수건을 흔들고 있다…… 그러나 평론가는 이렇게 생각한다. '물론 매니저의 키스가 등장할 줄 알았지. 오래된 수법이지만, 효과적인 장난이니까. 그래, 맙소사, 이 모든 것을 이토록 분명하게 꿰뚫어 보지 않으면 좋으련만!'

그렇게 해서 신동의 연주회는 끝났다. 7시 30분에 시작해서 8시 30분에 끝났다. 단상 위는 화환들로 가득하다. 그리고 작은 화분 두 개가 피아노의 램프 보드 위에 놓여 있다. 비비는 마지막 순서로 그의 '그리스 랩소디'를 연주한다. 그 곡은 마침내 그리스 국가(國歌)로 넘어가서, 그 자리에 있던 동향인들은 고상한 연주회가 아니라면 떼창 하고 싶은 욕망을 느낄 만했다. 그 대신에 이들은 마지막에 엄청난 환호성, 열띤 소동, 일종의 집단행동으로 보상을 받는다. 그러나 노년의 평론가는 이렇게 생각한다. '물론 그리스 찬가를 연주해야지. 곡을 다른 영역으로 옮겨 연주하는데, 감동을 유발하기 위해 못 할 것이 없네. 난 이건 예술적이지 않다고 쓸 거야. 아니, 어쩌면 그것이 정작 예술적일지도 몰라. 예술가란 무엇인가? 어릿광대에 불과하지. 비평이 최고야. 하지만 내가 그렇게 쓸 수야 없지.' 그리고 그는 얼룩이 묻은 바지를 입은 채 멀어져 간다.

아홉 번인가 열 번 무대 위로 불려 나온 후 열기로 상기된 신동은 더는 병풍 뒤쪽으로 가지 않고 무대 아래 홀 안에 있는 그의 엄마와 매니저 쪽으로 간다. 사람들은 이리저리 밀쳐놓은 의자들 사이에 서서 박수갈채를 보내며, 비비를 가까이에서 보려고 앞으로 밀려든다. 공주를 보려는 사람도 더러 있다. 연단 앞에 사람들이 신동과 공주를 빽빽이 둘러싸고 있다. 사실 두 사람 중 누가 알현을 하고 있는지 제대로 알 수 없을 정도이다. 하지만 시녀가 명을 받고 비비한테로 간다. 그녀는 비비의 비단 옷자락을 잡아당겨 약간 주름을 펴서 공주를 만날 채비를 갖추어 주고는, 그의 팔을 잡고 공주 앞으로 데려간다. 그러고는 공주마마의 손에 입맞춤하라고 진지하게 가르쳐준다. "너는 어떻게 그렇게 할 수 있니, 얘야?" 공주가 묻는다. "네가 자리에 앉으면 저절로 그렇게 되는 거니?" - "네, 마마." 비비가 대답한다. 그러나 그는 속으로 이렇게 생각한다. '아아, 이 바보 같은, 늙은 공주야……!' 그런 다음 그는 수줍게 그리고 버릇없이 몸을 돌려 다시 식구와 친구들이 있는 곳으로 간다.

바깥의 의상 보관소에는 사람들이 빽빽이 모여 붐비고 있다. 사람들은 자신의 번호표를 높이 쳐들고, 두 팔을 벌려 모피 외투며 목도리며 고무장화를 보관대 너머로 건네받는다. 어디선가 피아노 여교사가 지인들 사이에 서서 비판하고 있다. "그 아이는 음을 이어 치는데 서툴러."라고 그녀는 큰 소리로 말하고 주위를 둘러본다……

커다란 벽 거울 중 한 벽 거울 앞에서 젊고 고상한 부인이 그녀의 남자 형제들인 중위 두 명의 시중을 받으며 야회용 외투를 입고 모피 구두를 신고 있다. 그녀는 강철빛의 푸른 눈에다 순수혈통의 맑은 얼굴을 한 눈부시게 아름다운 여성으로, 제대로인 귀족 처녀이다. 그녀는 옷차림을 끝내고 남자 형제들을 기다리고 있다. "거울 앞에 너무 오래 서 있지 마, 아돌프!" 자신의 잘생기고 단순한 얼굴을 보느라 거울에서 눈을 떼지 못하는 남동생 한 명에게 그녀는 짜증을 내며 나지막이 말한다. 자, 이만하면 됐어! 하지만 아돌프 중위는 그녀의 선량한 허가를 받고 거울 앞에서 신사용 외투의 단추를 채워도 될 것이다! — 그러고 나서 그들은 발걸음을 뗀다. 그리고 아크등이 안개처럼 자욱한 눈발 속에서 흐릿하게 빛나고 있는 거리로 나오자, 아돌프 중위는 걸어가면서 조금 걷어차기 시작한다. 그가 외투 깃을 세우고 두 손을 비스듬히 달린 외투 주머니에 넣은 채 꽁꽁 얼어붙은 눈 위에서 동작이 작은 흑인댄스를 추기 시작한 것은 날씨가 매우 추웠기 때문이다.

'어린애가, 참!' 머리 손질을 하지 않은 한 소녀가 침울한 얼굴을 한 어떤 젊은이의 배웅을 받으며 자유롭게 두 팔을 내리고 그들의 뒤를 따라가면서 이렇게 생각한다. '사랑스러운 아이야! 저 안에 존경할 만한 아이가 있었지……' 그러더니 그녀는 크고 단조로운 목소리로 말한다. "우리는 모두 신동이야. 우리 창작하는 사람들은."

'자, 그럼', '쿠어팔츠의 세 사냥꾼' 이상 성취해 보지 못한 노신사는 머리에 난 혹을 비단 모자로 가린 채 이렇게 생각한다. '도대체 그게 뭔가! 나한테는 피티아[30][여신관(女神官)]처럼 보이는데.'

그러나 암울한 얼굴을 한 젊은이는 소녀의 말을 이해하는지 천천히 고개를 끄덕인다.

그러고 나서 이들은 침묵한다. 그리고 머리 손질을 하지 않은 소녀는 세 명의 귀족 남매 쪽을 바라본다. 그녀는 이들을 경멸하지만, 이들이 모퉁이를 돌아 사라질 때까지 이들을 바라본다.

---

30 피티아Pythia는 델피Delphi의 아폴로 신전에 있던 고대 그리스의 무녀(巫女). 미래를 점치는 여자.

어떤 행복

습작

잠깐 조용히! 한 사람의 영혼을 들여다봐야겠다. 날아가는 듯이 스쳐 지나가면서 그저 몇 페이지만 쓰겠다. 우리는 지금 엄청 바쁘니까. 우리는 피렌체에서 왔지, 과거에서 온 거야. 그곳에서는 이제 마지막 어려운 일만 남았지. 등장인물들을 어딘가로 보내야 해 — 어디로 보내지? 아마 왕궁이나 왕성이겠지 — 아무려면 어때? 특이한 사물들이 흐린 빛을 내며 막 제자리를 잡아가고 있다……[31] 안나, 불쌍하고 키 작은 남작 부인 안나, 우리에겐 당신을 위한 시간이 많지 않아요! ——

삼박자, 유리잔 부딪치는 소리, — 야단법석, 혼탁한 공기, 웅얼거리는 소리, 그리고 댄스 스텝. 사람들은 우리를, 우리의 작은 약점을 알고 있다. 그것은 고통이 저곳에서 가장 깊고 동경어린 눈길을 받기 때문이 아닐까? 우리가 단순한 삶의 축제

31 여기서 서술자의 뒤에 있는 토마스 만은 그때 동시에 쓰고 있던 다른 작품《베네치아에서의 죽음》을 언급하고 있다.

가 벌어지고 있는 그런 장소에 머물기를 은근히 좋아하기 때문에?

"사관후보생!" 기병대장 하리 남작이 춤추기를 멈추고 홀 전체가 울리도록 소리 질렀다. 그는 아직 오른팔을 상대 여성의 몸에 두른 채, 왼팔을 옆으로 뻗었다. "이 사람아, 이건 왈츠가 아니라 조종(弔鐘) 소리야! 자네는 몸에 박자 감각이 없어. 맨날 그렇게 흔들흔들 허우적거리기만 해. 폰 겔프자텔 중위가 다시 연주해 줘야겠어. 그래야 좀 리듬을 타지. 물러나게, 사관후보생, 자네는 춤이나 추지. 그걸 더 잘할 수 있다면 말이야!"

그러자 사관후보생은 일어나 구두의 박차(拍車)를 마주 부딪치며 말없이 폰 겔프자텔에게 무대를 내주었다. 이 남자는 곧 그의 크고 하얀, 활짝 편 두 손으로 덜컹거리고 웅웅거리는 포르테피아노[32]를 두드리기 시작했다.

하리 남작은 말하자면 몸 안에 박자 감각을 지니고 있었다. 왈츠와 행진곡 박자, 흥겨움과 자부심, 행복한 감정, 리듬과 승리자의 감각들을. 장식 끈을 단 황금빛 경기병 상의가 걱정 근심의 빛이라고는 하나도 없는 그의 젊고 열띤 얼굴에 잘 어울렸다. 그는 머리칼과 콧수염은 갈색이면서도 얼굴은 금발을 가진 사람들처럼 불그스름하게 햇볕에 탔다. 그리고 그것은 여

32 피아노의 전신.

성들에게 독특한 매력으로 작용했다. 오른쪽 뺨 위에 있는 붉은 흉터는 그의 맨 얼굴에 야성적인 표정을 부여했다. 사람들은 몰랐다, 그것이 칼에 맞은 자국인지, 혹은 그가 낙마했음을 의미하는지 — 어쨌든 대단한 것이었다. 그는 마치 신처럼 춤을 추었다.

그러나 사관후보생은, 하리 남작의 어법을 비유적 의미로 사용하는 것이 허용된다면, 흔들흔들 허우적거렸다. 그는 눈꺼풀이 너무 처져서 한 번도 눈을 똑바로 뜨지 못했다. 그리고 그는 군복을 약간 헐렁하고 엉성하게 몸에 걸치고 있었다. 그가 어떻게 군인의 길에 들어서게 되었는지 모를 일이다. 그는 '제비아가씨'들과 함께 노는 이 장교클럽놀이에 참석하는 일이 내키지 않았다. 그럼에도 불구하고 그는 왔다. 왜냐하면 그는 그렇지 않아도 불쾌감을 유발하는 일을 경계해야 했기 때문이다. 첫째, 그는 시민계급 출신이었고, 둘째, 그가 낸 일종의 책 같은 것이 있었다. 이것은, 그가 직접 쓴 것인지 혹은 펴낸 것인지 뭐라고 하든 간에, 일련의 허구로 꾸며낸 이야기들이었는데, 누구나 그 책을 서점에서 살 수 있었다. 이런 것들이 틀림없이 사관후보생에 대한 어떤 불신을 불러일으켰을 것이다.

소도시 호엔담에 있는 장교클럽의 홀은 길고 넓었다. 오늘 저녁 그곳에서 즐기고 있는 서른 명의 인원에게는 사실이지 너무 큰 공간이었다. 사방 벽과 악단석은 어울리지 않게 빨간 석회를 칠한 주름 장식을 두르고 있었고, 멋대가리 없는 천정에는 두 개의 휘어진 샹들리에가 아래쪽으로 매달려 있었고, 그 안에서는 삐뚜름하게 꽂힌 양초들이 촛농을 뚝뚝 흘리며 타고 있었다. 그러나 널빤지를 깐 마룻바닥은 명령을 받고 온 일곱 명의 기마병들이 오전 내내 문질러 닦아서, 결국엔 호엔담 같은 촌구석, 압데라[33]와 크레빙켈[34] 같은 소도시에 사는 장교들조차도 더 이상의 호사를 요구할 수 없을 정도였다. 또한 그 축제에 부족한 광채는 그 저녁을 독특하게 만든 특유의 음흉한 분위기, '제비아가씨들'과 함께 있다는 금지된 오만한 감정으로 대신 채워져 있었다. 둔한 식사 당번들까지도 홀의 세 가장자리에 펼쳐 놓은, 흰색 보를 씌운 탁자 옆에 놓인 아이스박스에 새 샴페인 병들을 채워 놓을 때는 교활하게 싱긋이 웃고, 주위를 살펴보고 미소를 지으며 눈을 아래로 내리깔았다. 말없이 그리고 무책임하게 자신들의 보조로 대담한 탈선을 허용하는 하인들처럼. 그 모든 것이 '제비아가씨들'을 고려한 짓이었다.

제비, 제비들이라고? — 그래, 말하자면 그들은 '빈의 제비들'이었다! 그들은 한 떼의 철새들과도 같이 삼십 명 정도 무

33 Abdera: 고대 트라키아의 도시. 철학자 데모크리토스와 프로타고라스의 고향.

34 Krähwinkel: 고루한 소도시를 뜻하는 허구의 지명. 아우구스트 폰 코쩨뷰의 희극《독일 소도시 시민들》(1802)에 나오는 지명으로 유명해짐.

리 지어 여러 지방을 돌아다니다가 도시에서 도시로 훌쩍 옮겨 다니며 뮤지컬 홀과 버라이어티 극장의 5등석에 나타나, 거리낌 없는 태도로 환호하듯 재잘거리는 목소리로 그들의 애창곡을 불러댔다.

제비들이 다시 오면,
보겠지, 그들은 보겠지!

그것은 쉽게 이해할 수 있는 해학이 담긴 훌륭한 노래였다. 그들은 이해력이 뛰어난 일부 관객들의 박수를 받으며 그 노래를 불렀다.

그렇게 '제비아가씨들'은 호엔담으로 갔고 구겔핑의 맥주홀에서 노래를 불렀다. 호엔담에는 경기병 연대가 맡은 수비대가 있었기 때문에 제비아가씨들은 당연히 권위 있는 그룹들 사이에서 더 깊은 관심을 받으리라고 기대할 수 있었다. 그녀들은 그 이상을 얻었다. 그들이 받은 것은 열광이었다. 저녁마다 미혼의 장교들이 그녀들의 발치에 앉아 제비 노래를 들으며 아가씨들을 향해 술잔을 들고 구겔핑의 노란 맥주를 마셨다. 그런데 머지않아 기혼의 신사들도 모습을 드러냈다. 어느 날 저녁에는 연대장 폰 룸믈러가 직접 나타나 호기심에 가득 찬 관심을 보이며 프로그램을 따라 하더니 마침내는 사방을 향해 '제비아가씨들'을 무조건 인정하는 발언을 했다.

그런데 그때 소위들과 기병 대위들 사이에서는 '제비 아기씨들'을 은밀한 관계로 끌어들이려는 계획, 즉 그녀들 중에서 가장 예쁜 열 명 정도를 골라 클럽에서 샴페인을 마시며 법석을 떠는 향락의 밤으로 초대하려는 계획이 무르익어갔다. 그들보다 계급이 높은 장교들은 세상 사람들이 꾸미는 일에 대해서는 아무것도 몰라야 했으니 답답한 마음으로 뒤로 한발 물러나 있을 수밖에 없었다. 하지만 미혼의 소위들뿐 아니라 기혼의 중위들, 그리고 기병 대위들까지 거기에 가담했는데, 심지어는 (이것이 이 일에서 가장 자극적인 점, 본래의 핵심이었다), 심지어 자기 여자들과 함께 가담한 것이었다.

어떤 거리낌이나 망설임은 없었을까? 폰 레프찬 중위는 군인에게 거리낌과 망설임은 신경을 다른 데로 분산시키기 위해 있는 것이라는 명언을 찾아낸 바 있었다! 장교들이 자기 여자들을 '제비아가씨들'과 함께 데려갔다는 얘기를 선량한 호엔담 사람들이 들었다면 경악했을 것이다. — 당연히 그들은 그런 짓을 하면 안 되니까. 그러나 삶에는 어떤 고지(高地)가 존재한다. 그곳은 더 낮은 곳에서라면 더럽고 불명예스러운 짓을 마음대로 할 수 있는, 뻔뻔스러운 저 너머의 삶의 영역이다. 어쩌면 고상하게 태어난 자들은 경기병들의 온갖 범속한 짓을 감수하는 데 **익숙하지 않았을까**? 장교들은 그런 일이 생각나면, 보도에서도 신이 내린 밝은 햇살을 받으며 말을 달렸다. 언젠가 저녁 무렵 시장 광장에서 누군가 권총을 쏜 일이 있었는데, 그것 역시 장교들만이 할 수 있는 짓이었다. 누가 그 일에 대해 토를 달 생각을 했겠는가? 다음의 일화는 수차례 확인되었다.

어느 날 아침 5시와 6시 사이에 기병 대위 하리 남작은 몇몇 동료들과 함께 간밤의 향락을 즐긴 후 흥분된 기분으로 집으로 가고 있었다. 그들은 기병 대위 휘네만과 중위와 소위들인 르매스트르, 트루흐제스 남작, 폰 트라우테나우, 폰 리히터로였다. 그 나리들이 알테 브뤼케[35]를 지날 때 한 젊은 제빵사와 마주쳤다. 그는 흰 빵이 든 커다란 광주리를 어깨에 메고 태평스럽게 휘파람 노래를 부르며 상큼한 아침 공기 속에 제 길을 가고 있었다. 하리 남작은 "이리 내놔!" 소리치며 광주리 꼭지를 낚아채 빵 한 조각도 흘리지 않는 능숙한 솜씨로 세 차례나 빙글빙글 돌리더니, 팔을 있는 대로 힘껏 뻗어 빵을 멀리 곡선을 그리며 날려 보내 혼탁한 강으로 내던졌다. 청년 제빵사는 처음에는 놀라서 굳어 있다가, 그의 빵들이 둥둥 떠내려가 가라앉는 것을 보고 비명을 지르며 팔을 들어 절망에 빠진 사람 같은 몸짓을 했다. 그러나 나리들은 잠시 그의 순진무구한 공포를 즐기고만 있었다. 그런 다음 하리 남작은 광주리에 들어있던 빵 값

35 Alte Brücke: 옛 다리.

의 세 배가 넘는 돈을 그에게 던졌고, 그걸 본 장교들은 깔깔 웃으면서 부대로 돌아가던 길을 계속해 갔다. 그때 그 소년은 상대가 귀족들이라는 것을 깨닫고 입을 다물었다……

이 이야기는 빠른 속도로 사람들의 입에 오르내렸다, 그러나 누가 감히 그 일에 대해 주둥이를 놀리겠는가! 슬며시 웃거나 이를 꽉 물거나 하면서 — 사람들은 하리 남작과 그의 동료들 이야기를 듣기만 했다. 나리들이 아니신가! 호엔담의 나리들! 그리고 그런 식으로 장교의 여자들은 '제비아가씨들'과 함께 왔던 것이다. ——

사관후보생은 춤 솜씨도 왈츠 연주 솜씨보다 더 나을 게 없어 보였다. 그는 춤판에 끼어들지 않고, 키 작은 남작 부인 안나가 앉아 있는 작은 테이블 옆자리에 몸을 굽혀 인사하며 앉아 하리 남작의 부인인 그녀에게 수줍게 몇 마디 말을 건넸으니 말이다. 이 청년은 '제비아가씨들'과 환담을 할 처지가 못 되었다. 그는 그녀들을 정말로 두려워했다. 왜냐하면 이런 부류의 아가씨들은 그가 어떤 말을 해도 그를 이상한 사람으로 여길 거라고 믿어버렸기 때문이다. 그리고 그것이 사관후보생을 고통스럽게 했다. 그러나 무용지물의 느슨한 천성을 지닌 많은 부류의 사람들이 그러하듯이, 그는 조악하기 짝이 없는 음악 때문에도 피곤하고 짓눌린 듯한 기분에 빠져 말이 없었다. 또한 그에게 완전히 무관심했던 남작 부인 안나도 그저 무성의한 답변

만을 했기 때문에 둘은 곧바로 입을 다물고 말았는데, 몸을 흔들고 원을 그리는 춤 광경을 그저 바라볼 뿐, 그들은 이상할 정도로 똑같이 약간 경직되고 약간 일그러진 미소를 띠고 있었다. 샹들리에의 초들은 깜박거리며 타고 있었고, 촛농이 너무 녹아내려서 혹 같은 모양으로 반쯤 굳은 스테아린[36] 덩어리로 인해 모양새가 완전히 망가졌다. 그 촛불 아래에서 폰 겔프자텔 소위의 흥을 돋우는 리듬에 맞춰 두 명씩 짝지어 얼싸안고 미끄러지듯 돌아가고 있었다. 발끝을 내리밟으며 넓은 보폭으로 나아가다가 유연하게 방향을 바꾸면서 미끄러지듯 움직이는 발들, 나리들의 긴 다리는 약간 구부러졌다 용수철처럼 펴지며 날듯이 빠르게 움직였다. 제복의 옷자락들이 휘날리고, 화려한 경기병 재킷들은 소용돌이치듯 서로 얽혀 돌아갔다. 숙녀들은 향락을 탐하듯 고개를 숙이며 춤 상대의 팔에 자신의 허리를 기댔다.

하리 남작은 놀라울 정도로 예쁜 어떤 '제비아가씨'를 장식끈을 단 자기 가슴에 꼭 끌어안고, 얼굴을 그녀의 얼굴에 가까이 댄 채 꼼짝하지도 않고 그녀의 눈을 응시했다. 남작 부인 안나의 미소가 그 두 사람을 따라가고 있었다. 거기에서는 키가 꽤 큰 폰 리히터로 소위가 작고 통통하고 둥글게 생기고 유별나게 깊이 파인 옷을 입은 '제비아가씨'를 데리고 굴러가듯 춤

36 Stearin: 양초의 원료.

을 주고 있었다. 그런데 한 샹들리에 아래에서는 그 무엇보다도 샴페인을 좋아하는 기병 중위 폰 휘네만의 부인이 세 번째 '제비아가씨'와 원을 그리며 자기를 완전히 잊고 흠뻑 기분에 취해 춤을 추고 있었는데, 주근깨가 많지만 귀여운 그 아가씨의 얼굴은 익숙지 않은 영광 때문에 환하게 빛나고 있었다. "남작 부인님" 하고 폰 휘네만 부인은 나중에 폰 트루흐제스 중위 부인을 향해 말했다. "이 아가씨들은 결코 못 배운 사람들이 아니에요. 그들은 당신에게 이 나라의 모든 기병대원을 손가락으로 꼽아 보일걸요." 숙녀가 두 명 남아돌기 때문에 그들은 자기들끼리 춤을 추고 있었는데, 그들만 춤을 추도록 남겨 두고 모두가 점차 무대에서 물러났다는 것을 전혀 의식하지 못했다. 마침내 두 부인이 상황을 의식했고 웃음과 박수와 환호소리에 뒤덮인 채 홀의 한가운데에 나란히 서 있었다……

그러고 나서 사람들은 샴페인을 마셨다. 식사 당번들이 흰 장갑을 끼고 테이블마다 돌아다니며 샴페인을 따랐다. 그때 '제비아가씨들'은 다시 한번 노래를 불러야 했는데, 이제 숨이 가쁘건 말건 전혀 상관없이 그렇게 하지 않을 수 없었다!

아가씨들은 홀의 좁은 가로 면에 설치된 무대에 한 줄로 서서 추파를 던졌다. 그녀들은 어깨와 팔을 드러내고 있었는데, 그녀들의 의상은 검은색 연미복 위에 연회색 조끼를 걸치도록 만들어져 있었다. 거기에다 그녀들은 발꿈치 부분에 자수를 놓은 양말과 턱없이 높은 굽이 달린, 발을 다 드러내도록 재단된 구두를 신고 있었다. 금발과 흑발의 아가씨들, 선량해 보이는 뚱보들과 눈에 띄게 깡마른 아가씨들, 아주 독특하리만큼 윤기 없는 진홍색의 뺨을 지닌 아가씨들, 또 얼굴이 광대처럼 흰 아가씨들도 있었다. 그러나 그 모든 아가씨 가운데 조금 전에 하리 남작과 춤을 춘, 어린아이와 같은 팔과 아몬드처럼 째진 눈을 지닌 갈색 피부의 키 작은 아가씨가 제일 예뻤다. 남작 부인 안나도 그녀가 가장 예쁘다고 생각하며 계속 미소를 지었다.

이제 '제비아가씨들'은 노래를 불렀고, 폰 겔프자텔 소위는 상체를 뒤로 젖힌 채 그녀들 쪽으로 고개를 돌리고 양팔을 내뻗으며 건반을 두드려 반주했다. 그녀들은 자기들이 벌써 온 세상을 두루 다닌 가벼운 새들이며, 이제 날아가 버린다면 모두 마음을 빼앗길 것이라고 한목소리로 노래했다. 이들은 아주 선율이 고운 노래를 불렀는데, 그 가사는 다음과 같이 시작되었다.

그래, 그래, 군인들,
그들을 우리는 정말로 사랑해!

그리고 노래는 거의 비슷한 말로 끝났다. 그런데 그다음에도 폭발적인 요구에 따라 이들은 다시 한번 제비 노래를 불렀고, 이미 그 노래를 그녀들만큼이나 잘 외울 수 있게 된 신사들은 열광적으로 함께 불렀다.

제비들이 다시 오면,
보겠지! 그들은 보겠지!

홀은 노래와 웃음, 그리고 박자에 맞춰 바닥을 치는, 박차를 단 구둣발들이 달그락거리고 구르는 소리로 진동하였다.

남작 부인 안나도 그 모든 어리석고 무모한 짓을 보면서 웃었다. 그녀는 이미 저녁 내내 너무 많이 웃어대서 그로 인해 머리와 가슴에 통증을 느꼈다. 하리가 그토록 집요하게 이 상황에 집중하지 않았더라면, 그녀는 안정을 취하면서 어둠 속에 눈을 감고 있었을 것이다…… "오늘 난 즐거워요" 그녀는 조금 전에 스스로 그렇다고 믿은 순간 곧바로 옆자리 여성에게 그렇게 말을 했었다. 하지만 그 말은 침묵과 비웃는 시선만 샀기 때문에 그녀는 사람들이 평소에 그런 말을 하지 않는다는 것을 깨달았다. 즐겁다면 즐겁게 행동하는 것이지, 그것을 확인하고 말로 표현하는 것은 이미 무모하고 이상한 일이었다. 하물며 "나는 슬픕니다." 하고 말하는 것은 그야말로 있을 수 없는 일이었을 것이다.

남작 부인 안나는 바닷가에 있는 부친의 농장에서 너무나 외롭고 고요한 분위기에서 자랐기 때문에, 비록 그녀가 사람들에게 낯선 느낌을 주는 것을 두려워하고, 사람들이 자기를 조금은 좋아할 수 있도록 다른 사람들과 똑같이 되기를 간절히 원했음에도 불구하고, 말로 표현할 수 없는 일이 있다는 그런 진실을 무시해 버리는 경향이 매우 심했다. 그녀의 두 손은 창백했고, 잿빛 금발 머리는 광대뼈가 살짝 튀어나온 갸름한 얼굴에 비해 너무 숱이 많았다, 밝은색 눈썹 사이에는 수직으로 주름이 패어 있었는데, 그것은 그녀의 미소에 뭔가 억눌린 느낌과 상처를 더해 주었다……

그녀가 자신의 남편을 사랑하는 것은 그런 식이었다…… 웃을 일이 아니다! 심지어 위에 말한 빵 이야기를 두고도 그녀는 여전히 그를 사랑했는데, 그가 그녀를 속이고 날마다 철부지 소년처럼 그녀의 가슴에 상처를 주었음에도 불구하고, 그녀는 비겁하고도 비참하리만큼 그를 사랑했으며, 자신의 온순함과 약점을 경멸하면서 이 세상에서는 힘과 강력한 행복이 옳다고 생각하는 아내처럼 그에 대한 사랑의 고통을 감내했다. 그랬다, 그녀가 이러한 사랑과 그 고통에 자신을 내맡긴 것은 그가 잠시 발작적 애정이 일어 그녀에게 구애했을 당시 그녀 스스로 그에게 헌신했을 때와 같았다. 말하자면 삶과 열정 그리고 질풍 같은 감정을 꿈꾸는 고독하고 몽상적인 인간의 목마른 갈망 속에서……

삼박자, 유리잔 부딪치는 소리, — 야단법석, 혼탁한 공기,

웅얼거리는 소리, 그리고 댄스 스텝. 그런 것이 하리의 세계이며 그의 나라였다. 거기에는 일상성과 사랑과 삶이 있는 행복이 있었기 때문에 그것은 또한 그녀가 꿈꾸는 나라였다.

사교! 천진하고 화려한 사교, 무익한 자극으로 가득 찬, 신경을 마비시키고 품위를 손상시키는 유혹적인 독, 사유와 평화에 대한 음탕한 적수, 너는 끔찍한 그 무엇이다! ― 그렇게 그녀는 저녁마다 밤마다 앉아 있었다. 주변의 완전한 공허, 허무와 극명한 대조를 이루는, 와인과 커피, 감각적인 음악과 춤 때문에 생기는 지배적이고 열띤 흥분에 고문을 당하듯 그녀는 그렇게 앉아 남편 하리가 예쁘고 쾌활한 여자들을 홀리는 모습을 보고 있었던 것이다. 하리가 그러는 것은 그녀들이 그를 특별히 행복하게 해줘서가 아니라, 그가 사람들 앞에서 자신이 생계 걱정도 없고 절대 소외되지 않았으며 더 바랄 것이 없는 행복한 사람이라는 것을 그녀들과 함께 보여주려는 그의 허영심 때문이었다⋯⋯ 그러한 허영심이 그녀를 얼마나 아프게 했는가, 그런데도 그녀는 그 허영심을 얼마나 사랑했는가! 그가 멋져 보이고 젊고 당당하고 유혹적이라는 것을 확인하는 일은 얼마나 달콤했던가! 그를 향한 다른 이들의 사랑은 그녀 자신의 사랑을 얼마나 고통스럽게 타오르게 했던가! ⋯⋯ 그리고 그 모든 것이 지나고 나면, 그녀가 남편 때문에 절박하고 비통하게 보낸 하나의 축제가 끝나갈 무렵 그가 아무것도 모르고 그 시간에 대해 무지하고 이기적인 찬사를 늘어놓을 때면, 그녀의 증오와 경멸이 사랑만큼이나 커지고, 마음속으로 그를 "놈" "애송이"라고 부르며 침묵으로써 그를 벌하고자 애쓰는 순간이 왔다. 우스꽝스럽고 절망적인 침묵이었지만……

우리가 제대로 알고 있나요, 소심한 남작 부인 안나? '제비아가씨들'이 노래하는 동안 당신이 그 불쌍한 미소 뒤에 숨기고 있는 것이 다 무엇인지, 우리 얘기해 봅시다. — 그 미소 다음에는 비참하고 비굴한 상태가 찾아오지요. 당신은 그 별 것 아닌 사교모임을 보내고 아침 무렵 침대에 누워 농담이나 재치 있는 말, 좋은 대답들을 짜내느라 당신의 정신력을 소진하지요. 사랑스러워지기 위해서는 그런 것들을 찾아내야 했겠지만, 당신은 찾지 못했어요. 그리고 새벽녘이 되면 백일몽이 찾아오지요. 당신은 고통으로 완전히 쇠약해져 그의 어깨에 기대어 울고, 그는 상냥하지만 공허하고 상투적인 말로 당신을 위로하려 들며, 당신이 그의 어깨에 기대어 세상을 탓하며 울어서 생기는 수치스럽고 불합리한 상황이 별안간 당신을 엄습해 오는 백일몽 말이오……

만약 그가 병이 난다고 한다면? 그렇죠? 우리 맞혀봅시다, 그의 쪽에서는 사소하고 별것 아닌 불편한 상태가 당신에게 온통 꿈의 세상을 불러일으키지 않나요? 그 꿈속에서 당신은 그가 당신이 돌봐야 할 아픈 사람으로 보이지 않나요? 의지할 데

없이 망가진 채 당신 앞에 누워 있는 그는 마침내, 마침내 당신의 것이 되겠죠? 부끄러워 말아요! 자신을 경멸하지도 말아요! 근심이 가끔 사람을 나쁘게 보게도 하죠, — 우리는 그걸 알아요. 우리는 그걸 보고 있어요, 아아, 불쌍한 작은 영혼이여, 우리는 여행 중에 완전히 다른 것을 보았답니다! 그런데 당신은 당신 옆에 앉아 있던, 그리고 자신의 외로움으로 당신의 외로움을 함께할 수 있었을지도 모를, 속눈썹이 지나치게 긴 그 젊은 사관후보생에게 조금 신경을 써줄 수도 있을 텐데요. 당신은 왜 그를 못 본 체하죠? 왜 그를 경멸해요? 그가 기쁨과 자부심, 행복과 리듬과 승자의 감각이 지배하는 다른 세계의 사람이 아니라, 당신 자신이 속한 세계의 사람이라서 그런가요? 물론, 한 세계 안에서도 다른 세계 안에서도 편안히 안주할 수 없다는 것은 힘든 일입니다. — 우리는 그걸 알고 있어요! 그러나 화해라는 것은 없습니다……

폰 겔프자텔 대위의 피아노 후주가 끝나기도 전에 박수가 쏟아졌고, '제비아가씨들'의 공연도 끝났다. 그들은 계단을 이용하지 않고 무대에서 아래로 쿵 소리를 내며 사뿐히 뛰어내렸다. 이들이 뛰어내리는 것을 도와주려고 나리들이 몰려들었다. 하리 남작은 어린아이 같은 팔을 가진 갈색 피부의 꼬마 아가씨를 도왔을 때, 세심하고 사려 깊게 그 일을 했다. 그는 한쪽 팔로 그 아이의 허벅지를, 다른 팔로는 허리를 감싸 안고 그녀를 천천히 내려놓았다. 그리고는 그녀를 거의 안듯이 하여 샴페인이 놓인 탁자까지 데리고 가서, 거품이 넘쳐흐르도록 그녀의 잔을 채우고. 맹목적이고 집요한 웃음을 띠고 그녀의 두 눈을 들여다보며, 천천히 그리고 의미심장하게 그녀와 잔을 부딪쳤다. 하리 남작은 이미 많이 마셨고, 햇볕에 그을린 그의 얼굴과 뚜렷하게 대조를 이루는 하얀 이마의 흉터가 붉게 타오르고 있었다. 그러나 그는 기분이 좋았고 거리낌이 없었으며, 열정으로 흥분하여 명랑했고 아무런 근심이 없었다.

그 탁자는 바로 남작 부인 안나가 앉아 있는 식탁의 건너편, 홀의 맞은편 긴 벽면에 서 있었는데, 남작 부인은 가까이에 있는 누군가와 별 의미 없는 대화를 하면서도, 목마르게 그 건너편의 웃음소리를 엿들으며, 수치스럽게도 모든 움직임을 훔쳐봤다. — 모든 사교적인 형식을 지키는 가운데 기계적으로 어떤 사람과의 대화를 유지하면서도, 마음은 완전히 다른 곳. 즉 자기가 관찰하고 있는 다른 사람한테 가 있는 것을 허용하는 고통스러운 긴장감으로 가득 찬 이런 묘한 상황에서……

그녀는 한두 번 작은 '제비아가씨'의 시선이 자신의 시선과 마주친 것 같다는 생각이 들었다…… 그녀가 나를 알고 있나? 내가 누구라는 걸 알고 있는 걸까? 그녀는 얼마나 아름다운지! 얼마나 씩씩하고, 근심 없고, 생기발랄하고 매력적인가! 하리가 저 아이를 사랑하고, 그녀에 대한 그리움으로 애를 태우고,

그녀 때문에 고통받는다면, 남작 부인은 그것을 용서하고 이해하고 공감했을 것이다. 그러자 남작 부인은 갑자기 그 작은 '제비아가씨'를 향한 자신의 갈망이 하리의 갈망보다 더 뜨겁고, 깊다는 것을 느끼게 되었다.

작은 '제비아가씨!' 맙소사, 그녀의 이름은 에미였고, 그녀는 정말 평범했다. 그러나 탐욕스럽고 넓적한 얼굴을 휘감은 검은 머리 다발, 검게 윤곽을 그린 갸름한 눈, 하얗게 빛나는 치아로 가득한 커다란 입과 함께 갈색 피부의 유혹적인 그녀의 두 팔은 너무나 아름다웠다. 그리고 그녀에게서 가장 아름다운 부분은 동작할 때 비할 바 없이 유연하게 관절부가 움직이는 어깨였다…… 하리 남작의 관심은 온통 이 어깨에 가 있었다. 그는 그녀가 어깨를 감추는 것을 용납하려 들지 않고, 그녀가 두르려고 생각하고 있었던 숄을 뺏기 위해 요란한 실랑이를 벌였다. — 그리고 이 모든 소동이 일어나는 동안 주변의 아무도, 남작도 그의 아내도, 그 밖의 어느 누구도, 와인을 마셔 감상적이 된 이 작고 버려진 아가씨가 리듬감이 부족하다고 조금 전에 포르테피아노에서 쫓겨난 그 젊은 사관후보생을 향해 저녁 내내 애를 태우고 있다는 것을 알아차리지 못했다. 그의 지친 두 눈과 연주 방식에 그녀가 매료된 것이었다. 그녀는 그 사관후보생이 고귀하고, 시적이고 다른 세상에서 온 것 같이 생각되었다. 그에 비해, 하리 남작의 존재와 본질은 그녀에게는 너무나 뻔하고 지루해 보였다. 그래서 그녀는 사관후보생 쪽에서 자신에게 최소한의 애정 표시도 하지 않는 것이 아주 불행하고 고통스러웠다……

깊이 타 내려간 초들이 푸른빛으로 층을 지어 머리 위를 떠다니는 담배 연기 속에서 음울하게 타고 있었다. 커피 향이 홀 안에 퍼졌다. 무미하고 무거운 분위기, 연회의 연무, '제비아가씨들'의 대담한 향수 냄새와 뒤섞여 탁해진 사교 모임의 공기가 모든 것 위로 내려앉았다. 흰 식탁보가 덮여 있는 탁자들과 샴페인 쿨러들, 밤을 지새우는 느긋한 사람들, 그들의 중얼거림, 웃음소리, 키득거리는 소리와 애정 행각 등, 그 모든 것 위로.

남작 부인 안나는 더 이상 말을 하지 않았다. 사람들이 질투라고 부르고, 세상이 선해야 한다면 있어서는 안 되는 저 끔찍한 공존, 즉 동경과 시기심과 사랑과 자기혐오의 공존과 절망이 그녀의 마음을 몹시 억눌러서 그녀는 더 이상 거짓으로 꾸밀 힘이 없었다. 내 상황이 어떤지 그가 봤으면, 그래서 날 부끄러워했으면 좋겠어. 그렇게라도 해서 자신과 관련된 어떤 감정이 그의 가슴 속에 있기만 하다면.

그녀는 건너편을 바라보았다…… 저기 맞은편을, 장난이 조금 지나쳐서, 다들 웃으며 호기심을 갖고 그것을 구경했다. 하리는 작은 '제비아가씨'와 다정한 몸싸움을 위한 새로운 방식을 찾아냈다. 그는 반지를 서로 바꾸자고 고집했고, 자신의 무릎으로 그녀의 무릎을 막아 그녀를 의자에서 움직이지 못하게 하고, 여유 있게 그리고 멋지게 그녀의 손을 낚아채 작고 단단한 주먹을 펴려고 했다. 마침내 그가 이겼다. 그리고 좌중의 시끌벅적한 박수를 받으며, 번잡스럽게 그녀에게서 가느다란 뱀 모양의 팔찌를 빼고 승리를 만끽하며 자신의 결혼반지를 억지로 그녀의 손가락에 끼워주었다.

그때 남작 부인 안나가 일어섰다. 분노와 고통, 그가 좋아하는 시시한 것에 대한 원망과 함께 스스로를 어둠 속에 감추고 싶은 마음, 그리고 스캔들을 일으켜 그를 벌하고, 어떻게든 그의 관심을 끌어보려는 절망적인 소망이 그녀를 엄습했다. 창백해진 그녀는 의자를 뒤로 밀고, 홀 한가운데를 가로질러 문 쪽으로 갔다.

사람들이 주목했다. 그들은 진지하게 정신을 차리고 서로를 바라보았다. 남자 몇 명은 큰 소리로 하리의 이름을 불렀다. 소음이 가라앉고 조용해졌다.

그때 갑자기 참으로 이상한 일이 벌어졌다. 그 '제비아가씨' 에미가 너무나 단호하게 남작 부인 안나의 편을 들었던 것이다. 고통과 아픈 사랑에 대한 일반적인 여성의 본능이 그녀의 행동을 결정했건, 아니면 피곤한 눈꺼풀을 한 사관후보생에 대한 자신의 괴로운 마음이 남작 부인 안나를 동지로 보게 했건 간에 — 그녀의 행동은 모든 사람의 놀라움을 불러일으켰다.

"당신은 나빠요!" 정적이 지배하는 가운데 그녀는 황당해하는 남작을 밀치며 큰 소리로 말했다. "당신은 나빠요!" 이 단 한마디를 외치고 그녀는 단숨에 이미 문손잡이를 잡고 있는 남작 부인 아나 곁에 가 있었다.

"용서하세요!" 그녀는 마치 주변의 그 누구도 그 말을 들을 가치가 없다는 듯이 조용히 말했다. "여기 그 반지예요." 그리고 그녀는 하리의 결혼반지를 안나의 손안에 밀어 넣었다. 그리고 갑자기 남작 부인 안나는 자신의 그 손 위에서 아가씨의 넓고 따뜻한 작은 얼굴을, 그리고 뒤이어 불타는 듯한 부드럽고 열정적인 입맞춤을 느꼈다. "용서하세요!" 작은 '제비아가씨'는 다시 한번 속삭이고 달아났다.

남작 부인 안나는 바깥 어둠 속에 서 있었다. 여전히 마비된 채, 그리고 예기치 못한 이런 사건이 자신의 내면에서 그 형상을 갖추고 의미를 얻기를 기다렸다. 그리고는 어떤 행복, 달콤하고 뜨겁고 은밀한 어떤 행복이 순간 그녀의 두 눈을 감게 했다……

잠깐! 충분해, 그리고 더 이상은 필요 없어! 귀중한 작은 것들을 낱낱이 보라! 저기 그녀가 완전히 매혹되고 황홀해하며 서 있는 것은 그녀의 손에 입을 맞추는 이 작은 바보짓을 어느 떠돌이 여인이 했기 때문이다!

우리는 당신을 떠나요. 남작 부인 안나, 우리는 당신의 이마에 입맞춤해요. 잘 있어요, 우리는 급히 떠나요! 이제 주무세요! 당신은 밤새도록.

왜냐하면 동경이 그사이를 오락가락 방황하는 저 두 개의 세계가 속임수에 의해서라도 잠시나마 서로 가까워지면서 만나게 된다면 어떤 행복감이, 행복으로 인한 작은 전율과 황홀함이 마음을 움직일 테니까요.

예언자의 집에서

기이한 장소들이 있다. 기이한 두뇌들, 기이한 정신을 가진 이들의 영역들이 있다. 저 높은 곳에, 궁핍하게. 그 집들로 가려면 가로등도 별로 없고 순찰 경관이 둘씩 다니는 대도시의 변두리 지역에서 길이 없어질 때까지 올라가야 한다. 젊고 창백한 천재들, 꿈을 꾸는 범죄자들이 팔짱을 끼고 멍하게 시간을 보내는 비스듬한 다락방과 싸구려지만 의미심장한 장식의 아틀리에가 있는 곳까지 말이다. 그곳에는 담배 연기 속에서 분노에 내면이 피폐해진 예술가들이 홀로, 배고프지만 당당하게, 최후의 무질서한 이상들과 투쟁하고 있다. 이곳에는 종말, 얼음, 순수함과 無가 있다. 여기에는 어떠한 계약이나 허가, 배려, 척도나 가치가 통용되지 않는다. 이곳의 공기는 희박하고 순수해서, 더는 삶의 악취가 번성할 수 없다. 이곳을 지배하는 것은 반항과 최대한의 일관성, 왕좌 위의 절망한 자아, 자유, 광기 그리고 죽음이다……

때는 성금요일[37], 저녁 여덟 시였다. 다니엘이 초대한 여러 명이 같은 시각에 왔다. 그들은 4절지의 초대장을 받았다. 초대장에는 독수리 한 마리가 날이 선 긴 칼을 발톱으로 붙잡고 공중으로 날아가고, 성금요일 다니엘의 선언문을 읽는 자리에 참여해달라는 요청이 독특한 글씨체로 적혀 있었다. 그래서 그들은 정해진 시간에 평범한 임대주택 앞의 황량하고 어둑어둑한 길에 모였다. 그 임대주택 안에 예언자의 집이 있었다.

몇 명은 서로 아는 사이였고 인사를 나누었다. 그들은 폴란드 화가, 화가와 함께 사는 날씬한 소녀, 키가 크고 검은 수염의 유대인 시인과 길게 늘어진 옷을 입은 육중하고 창백한 아내, 호전적인 동시에 병약한 외모의 심령론자이자 퇴역한 기병 대위, 그리고 캥거루를 닮은 젊은 철학자였다. 중산모[38]를 쓰고 단정한 수염이 있는 단편 소설가만 아는 사람이 없었다. 그는 다른 영역의 사람으로 우연히 이곳으로 오게 되었다. 그는 삶과 분명한 관계를 맺고 있었고, 그의 책은 시민계층에서 읽히고 있었다. 단편 소설가는 매우 겸손하게, 그리고 감사하면서 전반적으로 묵인된 어떤 존재처럼 행동하기로 마음먹었다. 그는 다른 이들과는 약간의 거리를 두고 집 안으로 들어섰다.

---

37 예수가 십자가에 못 박혀 죽은 금요일. 수난일(受難日).

38 당시 시민계급 남성의 전형적인 복장.

그들은 주물로 된 난간에 의지하면서 차례차례 계단을 올라갔다. 그들은 침묵했다. 그들은 말의 가치를 알고 있었고, 쓸데없는 말은 하지 않는 사람들이었기 때문이다. 그들은 지나가면서 계단이 곡선으로 휘는 곳의 창틀에 놓인 작은 석유램프의 희미한 불빛에 의지하여 문에 적힌 이름들을 읽었다. 그들은 보험사 직원, 산파, 세탁부, '대리인', 티눈 시술자가 거주하고 근심하는 장소를 지나서 올라갔다. 조용하게, 경멸하지 않고 그러나 낯설다는 듯. 그들은 어두운 갱도처럼 좁은 계단실을 멈추지 않고 확신에 차서 올라갔다. 더는 길이 없는 저기 높은 곳, 제일 꼭대기 마지막 층에서 연약하고 흐릿하게 움직이는 불빛 하나가 그들을 향해 흔들렸기 때문이다.

마침내 그들은 지붕 아래의 목적지에 서 있었다. 계단 끝머리에 빛바랜 제단 보가 덮인 작은 탁자에 놓인 여섯 개의 다양한 촛대에서 타고 있는 촛불을 받으며. 이미 창고의 입구같이 보이는 문에는 회색 골판지가 붙어 있었고, 목탄으로 쓴 로마 글자체로 "다니엘"이라는 이름을 읽을 수 있었다. 그들은 벨을 울렸다……

머리가 커다랗고 눈빛이 친절한 소년이 파란색 새 재킷에 광이 나는 긴 장화를 신은 채 문을 열고, 한 손에 촛불을 들고 그들을 위해 벽지가 없는 다락방 같은 공간으로 들어가는 작고 어두운 복도를 비스듬히 밝혀주었다. 그 공간에는 나무 옷걸이

외에는 아무것도 없었다. 목구멍에서 나오는 불분명한 소리를 내며 소년은 외투를 달라는 몸짓을 했고, 단편 소설가가 모두의 관심을 대표해서 뭔가를 물었을 때 그 아이가 듣지 못한다는 것이 분명해졌다. 소년은 촛불을 들고 손님들에게 복도로 다시 돌아가 다른 문으로 향하는 길을 안내하고 그들을 안으로 들어가게 했다. 단편 소설가는 마지막으로 들어갔다. 그는 외투와 장갑을 낀 채, 교회에서 하듯이 행동하기로 마음먹었다.

스무 개 또는 스물다섯 개 정도의 촛불이 엄숙하게 흔들리며 또 깜빡거리면서 만들어내는 밝음은 그들이 들어선 꽤 넓은 방을 지배했다. 흰색 칼라와 흰색 소맷단이 있는 수수한 드레스를 입은 어린 소녀가 바로 문가에 서서 모두에게 손을 내밀었다. 그녀는 마리아 요제파, 다니엘의 누이로, 순수하고 천진난만한 얼굴이다. 그녀는 단편 소설가도 아는 사람이었다. 그는 문학과 차가 있는 어느 모임에서 그녀를 만났었다. 그때 그녀는 찻잔을 손에 들고 꼿꼿하게 앉아 있었고, 분명하고도 진심 어린 목소리로 자신의 오빠에 관해 말했었다. 그녀는 다니엘을 숭배했다.

단편 소설가의 시선은 다니엘을 찾았다……

“그는 여기 없어요.” 마리아 요제파가 말했다. “부재중입니다. 저도 어디 있는지 모릅니다. 그러나 그는 정신적으로 우리와 함께할 것이며 여기에서 선언문이 낭독되는 동안 문장 하나

하나를 뒤쫓을 겁니다."

"선언문은 누가 읽나요?" 소설가는 목소리를 낮추고 공손하게 물었다. 그것은 그에게 중요했다. 그는 선의를 가진, 내적으로 겸손한 사람으로, 모든 세상사에 대한 경외심으로 가득 차 있었고, 존중받아야 할 것은 존중하고 배울 준비가 되어 있었다.

"제 오빠의 제자입니다." 마리아 요제파가 대답했다. "그분이 스위스에서 오기를 기다리고 있습니다. 아직 오지 않았어요. 하지만 제때 도착할 겁니다."

문 맞은편 탁자 위에는 촛불 빛에, 비스듬하게 내려온 천정에 기대어 서 있는 거친 터치의 커다란 목탄화가 그 모습을 드러냈다. 그 그림은 볼품없고 오만한 자세로 긴 장화를 신은 발을 녹이고 있는 나폴레옹을 묘사하고 있었다. 입구의 오른편에는 제단 모양의 함이 우뚝 서 있었고, 그 위에는 은촛대에서 타고 있는 양초들 사이에 눈을 위로 향하고 두 손을 펼치고 있는 성자의 그림이 있었다. 그 앞에는 기도용 의자가 있었는데, 가까이 다가가니 성자의 발치에 세워 놓은 아마추어 솜씨의 작은 사진이 보였다. 그 사진에는 심하게 솟아올랐다가 창백하게 꺼진 이마, 수염이 없는 각진 독수리 같은 얼굴에서 집중하는 지성을 드러내는 서른 가량의 젊은 남자가 있었다.

단편 소설가는 잠시 다니엘의 사진 앞에 머물렀다. 그러고는 조심스럽게 방 안쪽으로 더 들어가려 했다. 월계관 모양의 테두리를 한, 노란색의 커다란 원형 탁자의 상판에는 초대장에서 보았던, 긴 칼을 움켜쥔 바로 그 독수리가 새겨져 있었고, 탁자 뒤에는 키 낮은 나무 의자들 사이로 단단하고 좁고 뾰족한 고딕식 의자가 마치 왕좌이자 상석인 양 솟아 있었다. 싸구려 천을 덮은, 소박한 벤치가 벽과 지붕으로 생겨난 널찍한 벽감 앞에 길게 놓여 있었다. 벽감에는 낮은 창문이 있었다. 바닥에 낮게 놓인 벽난로가 과열되었던지, 창문이 열려있어서, 푸른 밤을 조금 볼 수 있었다. 깊고 광활한 밤 속에서 불규칙하게 흩어져 있는 가스등이 점차 간격을 두면서 노란빛을 내는 점으로 사라져 갔다.

창문 맞은편의 공간은 좁아지면서 방의 다른 부분보다 더 밝은 알코브[39] 같은 작은 공간이 있었는데, 일부는 작은 방으로, 일부는 예배용 공간으로 쓰이는 듯했다. 그 깊숙한 곳에 얇고 빛바랜 천이 덮인 긴 안락의자가 있었다. 오른편에는 천으로 가려진 책장이 있었고, 같은 높이에 여러 갈래의 촛대에 꽂힌 초와 고풍스러운 기름 램프가 타고 있었다. 왼쪽에는 흰색 보가 덮인 탁자가 있었고, 그 위에는 십자가와 일곱 갈래의 촛대, 붉은 포도주가 담긴 잔, 건포도 빵이 담긴 접시가 놓여 있었

39 침대 따위를 놓기 위해 벽을 움푹 들어가게 한 부분.

다. 그 공간의 전면에는, 철제로 된 여러 갈래의 촛대가 솟아 있었고, 평평한 단상 위에는 머리 부분에 선홍색 비단의 제단 보가 걸려 있는 금박의 석고 기둥이 솟아 있었다. 단상 위에는 2절 판 크기의 글이 적힌 종이 묶음이 놓여 있었다. 그것은 다니엘의 선언문이었다. 밝은 색깔의 작은 월계관 문양의 벽지가 벽과 경사진 천장을 덮고 있었다. 벽에는 데스마스크,[40] 묵주, 녹슨 큰 칼이 걸려 있었다. 커다란 나폴레옹 그림 말고도 다양한 스타일로 루터, 니체, 몰트케[41], 알렉산더 6세,[42] 로베스피에르[43]와 사보나롤라[44]의 그림이 흩어져 있었다……

"이 모든 것이 직접 체험한 겁니다." 마리아 요제파가 존경

---

40 죽은 사람 얼굴에 유토나 점토를 발라 모형을 만든 다음 석고로 뜨거나, 직접 석고로 형을 뜨는 것.

41 헬무트 몰트케(1800-1891), 프로이센이 독일 통일을 하는 데 큰 공헌을 한 장군.

42 교황 알렉산더 6세. 아라곤의 보르자 가문 출신으로 1492년부터 1503년까지 교황으로 재위하면서 르네상스 기의 이탈리아에 막강한 영향력을 행사함.

43 프랑스 혁명기의 정치가(1758-1789)로 프랑스의 혁명기에 급진적 공화주의를 대표하는 자코뱅파의 지도자로 공포정치를 행하고, 쿠데타 세력에 의해 처형당함.

44 지롤라모 사보나롤라(1452~1498), 1491년부터 피렌체의 산마르코 도미니코 수도회의 원장으로 교회개혁을 주장했고, 교황 알렉산더 6세와의 알력 끝에 이단으로 몰려 사형을 당함.

심을 보이며 생각에 잠긴 소설가의 얼굴에서 이 장식물들의 효과를 알아내려 애쓰면서 말했다. 그동안 다른 손님들이 조용히 그리고 경건하게 들어왔다. 사람들은 신중한 자세로 벤치와 의자에 앉기 시작했다. 그곳에는 먼저 도착한 이들 외에도, 노년이면서 동안인 기이한 화가, "관능주의자"[45]로 늘 자신을 소개하게 하는 다리를 저는 여성, 가문에서 쫓겨난 귀족 출신으로, 아무런 정신적인 욕구도 없이 오로지 어머니라는 이유로 이 모임에 들어오게 된 젊은 미혼모, 중년의 여성 작가와 등이 굽은 음악가가 앉아 있었다 — 모두 대략 12명이었다. 단편 소설가는 창의 벽감 안으로 물러났고 마리아 요제파는 무릎 위에 두 손을 나란히 놓은 채, 문 바로 옆 의자에 앉아 있었다. 이렇게 그들은 적절한 순간에 도착할 스위스의 제자를 기다렸다.

취미로 이런 행사를 자주 방문하곤 하는 어느 부유한 댁 부인도 갑작스레 도착했다. 그녀는 자신의 화려한 마차를 타고 도시에서, 고블랭 벽지,[46] 지알로 안티코[47] 대리석으로 테두리를 한 문이 있는 화려한 집을 나와 이곳으로 왔고, 모든 계단을 걸

45 여기서는 에로틱한 글이나 시를 쓰는 사람을 의미.

46 여러 가지 색깔의 실로 무늬를 짜 넣어 만든 장식용 벽걸이 천. 15세기 중엽에 프랑스의 고블랭 가문에서 만들기 시작한 것으로, 인물이나 풍경 따위의 그림을 짜 넣는다.

47 로마제국 시기에 흔히 사용된 붉은 점들이 있는 노란색 대리석.

어 올라와 문으로 들어왔다. 아름답게, 향을 풍기며, 화려하게. 그녀는 노란색으로 수놓은 푸른색 드레스 차림에 적갈색 머리칼에 파리 스타일 모자를 쓰고 나타나서, 티치아노[48]의 눈으로 미소 지었다. 그녀는 호기심으로, 지루해서, 대립적인 것들에 대한 흥미로, 약간은 예외적인 모든 것에 대한 선의에서, 사랑스러운 자유분방함 때문에 여기로 왔다. 그녀는 다니엘의 여동생과 자신의 집을 왕래하는 단편 소설가에게 인사를 했고, 벽감 앞에 놓인 벤치에, 관능주의자 여성과 캥거루 같은 철학자 사이에 앉았다. 마치 당연하다는 듯이.

"하마터면 늦을 뻔했어요." 그녀는 나지막이, 아름다운 입술을 움직이며 자신의 뒤에 앉은 단편 소설가에게 말했다. "차 모임에 손님들을 초대했는데, 그 모임이 길어져서……"

소설가는 매우 감동했고, 자신이 멋지게 차려입고 있음에 감사했다. 이분은 얼마나 아름다운가! 그는 생각했다. 이분은 그 딸의 엄마가 될 충분한 자격이 있다 ……

"그런데 소냐 양은요?" 그가 부인의 어깨너머로 물었다. "소냐 양은 같이 오지 않았나요?"

---

48 티치아노 베첼리노(1488?-1576), 16세기 르네상스 전성기에 베네치아파를 대표하는 화가로 종교화, 초상화, 알레고리화 외에도 신화를 소재로 하는 수많은 작품을 남김. 티치아노는 베네치아의 여인들을 모델로 이상적인 아름다움을 구현했다.

소냐는 이 부유한 댁 부인의 딸이며 단편 소설가의 눈에는 믿기 어려울 정도의 행운아, 다방면의 교육이 만든 기적, 완성된 문화의 이상형이었다. 그는 그 이름을 두 번 말했는데 그 이름을 말하는 것이 형언할 수 없는 즐거움을 주었기 때문이다.

"소냐는 아파요." 부유한 부인이 말했다. "네, 생각해 보세요. — 그 애는 발이 좋지 않아요. 아, 대단한 건 아니에요. 종양인데, 작은 염증 혹은 종기 같은 거예요. 그걸 잘라내게 했지요, 그럴 필요까지는 없었겠지만, 그 아이가 그걸 원했답니다."

"자신이 그것을 원했다!" 단편 소설가는 감격해서 속삭이는 목소리로 이 말을 반복했다. "과연 따님답네요. 그런데 어떻게 해야 따님께 안타까운 마음을 전할 수 있을까요?"

"제가 대신 인사를 전하지요." 부유한 부인이 말했다. 단편 소설가가 아무 말도 하지 않았기 때문에 그녀는 물었다. "그걸로 충분하지 않나요?"

"네, 전 충분하지 않습니다."라고 그는 매우 나지막이 말했다. 부인은 그의 책을 높이 평가하고 있기에, 미소 지으며 답했다. "그러면 작은 꽃 한 송이를 보내세요"

"감사합니다!" 그가 말했다. "감사합니다! 그러겠습니다." 그러고는 속으로 생각했다. '꽃 한 송이? 꽃다발! 아니 커다란 꽃다발이지! 내일 아침 식전에 일찍 마차를 타고 꽃가게로 가야겠어 — !' 그는 자신이 삶과 분명한 연관성을 가지고 있음을 느꼈다.

그때 밖에서 시끄러운 소리가 잠깐 들렸고, 문이 잠시 열리고 갑자기 다시 닫혔다. 그리고 손님들 앞에 짙은 색 양복 상의에 작달막하고 다부진 체격을 한 젊은 남자가 서 있었다. 스위스에서 온 제자였다. 그는 위협적인 시선으로 방을 훑어보았고, 다급한 걸음으로 알코브 앞의 석고 기둥으로 향했고, 기둥 뒤의 평평한 연단 위에, 마치 그곳에 뿌리라도 내릴 듯이 단호하게 섰고, 곧 원고의 맨 위에 있는 종이를 집어 들고 읽기 시작했다.

그는 스물여덟 살 정도 되는 목이 짧고 못생긴 사람이었다. 짧게 깎은 머리칼이 삐죽하게, 그렇지 않아도 낮고 고랑이 진 이마 쪽까지 기묘하게 뻗어 있었다. 수염이 없는 얼굴에는 무뚝뚝하고 거칠고, 불도그 같은 코, 튀어나온 광대뼈, 푹 꺼진 뺨과 불룩하게 튀어나온 입술이 보였다. 입술은 억지로, 말하자면 힘없는 분노로 힘겹게 단어들을 만들어내는 듯이 보였다. 그 얼굴은 거칠면서도 창백했다. 그는 격렬하고 지나치게 큰 목소리로 읽어나갔다. 그러나 그 목소리는 저 깊숙한 곳에서 떨렸고, 흔들렸으며 숨이 가빠서 약해지기도 했다. 글이 적힌 종이를 들고 있는 그의 손은 넓고 붉었고 그런데도 떨렸다. 그는 잔인함과 연약함이 무시무시하게 혼재되어 있음을 보여주었고, 이는 그가 읽고 있는 것과 묘하게 들어맞았다.

그것은 설교, 비유담, 명제, 계율, 환영, 예언 그리고 군대의 특별명령 같은 호소였고, 군사 전술이나 철학적-비판적인 전문용어와 함께 시편과 계시록의 어조가 뒤섞여 다양하고도 예상할 수 없는 순서로 쏟아져 나왔다. 열정적이며 극심하게 흥분된 자아가 외로운 과대망상에서 솟구쳐 나와 폭포수처럼 폭력적인 말을 쏟아내면서 세상을 위협했다. 크리스투스 임페라토르 막시무스[49]가 그의 이름이었다. 그는 세상을 정복하기 위해 목숨을 바칠 준비가 된 군대를 모으고, 계시를 공표하고, 준엄한 조건을 제시했다. 그는 가난과 순결을 요구했고, 일종의 부자연스러운 희열과 함께 한없는 흥분 속에서 무조건적인 복종의 계율을 거듭해서 반복했다. 부처, 알렉산더, 나폴레옹, 예수가 자신의 겸손한 선구자로 언급되었고, 이들은 정신적 황제의 구두끈을 풀 자격조차 없다고 했다……

제자는 한 시간을 읽어 내려갔다. 그러고는 떨면서 잔에 담긴 붉은 포도주 한 모금을 마셨고, 새 선언문을 집어 들었다. 그의 납작한 이마에는 구슬 같은 땀이 맺혔고, 부푼 입술은 떨리고 있었다. 그는 단어와 단어 사이로 끊임없이 짧게 씩씩거리는 소리를 내면서 콧숨을 내쉬었다. 지쳐서 울부짖으며. 고독한 자아는 노래하고, 미쳐 날뛰고, 명령했다. 고독한 자아는 혼란스러운 이미지 속으로 빠져들었고, 비논리의 소용돌이 속으

49 라틴어 Christus imperator maximus 그리스도 가장 위대한 황제

로 가라앉았다가 전혀 예기치 못한 대목에서 섬뜩하게 다시 튀어나왔다. 신성모독과 찬양 — 향유와 피의 증기가 범벅이 되었다. 굉음이 울리는 전투에서 세상은 정복되고 구원되었다……

다니엘의 선언문이 청중에게 미친 영향을 확인하기는 어려울 것이다. 몇 명은 머리를 멀찍이 뒤로 기대고 있었고, 빛을 잃은 눈은 천장을 보고 있었다. 다른 사람들은 무릎까지 몸을 숙인 채 두 손으로 얼굴을 감싸고 있었다. 여성 관능주의자의 두 눈은 "순결"이라는 단어가 울릴 때마다 묘하게 흐려졌고, 캥거루같이 생긴 철학자는 때때로 길고 굽은 집게손가락으로 허공에 알 수 없는 무언가를 썼다. 단편 소설가는 한참 전부터 등이 아파서 적당한 자세를 찾았지만, 소용이 없었다. 10시에 햄을 넣은 빵의 환영(幻影)이 찾아왔지만, 그는 남자답게 그것을 쫓아버렸다.

10시 반쯤에 그들은 제자의 떨리는 붉은 오른손에 마지막 2절지가 들려 있는 것을 볼 수 있었다. 그는 끝을 향해 가고 있었다. 그는 힘을 거의 소진하여 우레 같은 소리를 내지 못하고 끝을 맺었다. "병사들이여!" "나는 **이 세상을** 그대들에게 넘기노라 —쓸어버리라고." 그러고는 그는 연단을 내려와 위협적인 눈빛으로 모두를 바라보고는 올 때 그랬던 것처럼 거칠게 문밖으로 나갔다.

청중들은 이전과 같은 자세로 일 분 동안 움직이지 않고 그대로 있었다. 그러고 나서 그들은 마치 함께 결정이라도 한 듯 일어섰고, 다시 흰색 칼라를 하고, 순수하고 조용하게 문에 붙어 서 있는 마리아 요제파의 손을 잡고 각자 나지막이 몇 마디 인사를 나눈 뒤 지체하지 않고 제 갈 길을 갔다.

말 못 하는 소년이 문밖에서 대기하고 있었다. 그는 손님들에게 외투가 걸린 방으로 갈 수 있도록 빛을 비추고, 외투 입는 것을 도와주었다. 그리고 저 높은 곳, 다니엘 왕국에서 나와 좁은 계단실을 지나 초의 흔들리는 불빛이 떨어지는 아래층, 그가 열었던 현관문까지 안내했다. 손님들은 하나씩 황량한 변두리 도시의 길로 나섰다.

그 부유한 댁 부인의 마차가 집 앞에 서 있었다. 두 개의 밝은 등불 사이로 마부석의 마부가 채찍 든 손을 모자에 갖다 대고 인사하는 것이 보였다. 단편 소설가는 이 부유한 부인을 마차의 문까지 모셨다.

"어떠신가요?" 그가 물었다.

"전 이런 것에 대해 말하는 걸 좋아하지는 않아요." 그녀가 대답했다. "아마도 그분은 정말로 천재이거나 그 비슷한 존재 같아요……"

"예, 천재란 뭘까요?" 그가 신중하게 말했다. "이 다니엘에게는 모든 전제조건이 존재합니다. 고독, 자유, 정신적인 열정, 엄청난 시각, 자신에 대한 믿음, 심지어 범죄, 광기에 가까운 것까지. 없는 게 뭐죠? 아마 인간적인 것? 약간의 감정, 갈망, 사랑? 하지만 이건 전적으로 즉흥적인 하나의 가설이지요…… 소냐에게 안부를 전해 주세요." 부인이 작별 인사를 하면서 좌석에서 손을 내밀 때 단편 소설가는 이렇게 말했다. 이때 그는 "소냐 양" 혹은 "따님"이라고 하지 않고 그냥 "소냐"라고 한 것을 부인이 어떻게 받아들일지 몰라 긴장하면서 그녀의 표정을 살폈다.

그녀는 단편 소설가의 책을 높이 평가했기에 웃음 지으며 그것을 허용했다.

"그렇게 전하지요"

"감사합니다!" 단편 소설가가 말했다. 그는 희망에 들떠 혼란에 빠졌다. "이제 늑대처럼 저녁을 먹어야겠어!"

그는 분명 삶과 어떤 연관성을 맺고 있었다.

산고(産苦)

그는 책상에서 일어났다. 작고 부서질 듯한 집필 책상에서 절망한 사람처럼 일어나서는 머리를 떨구고 방 맞은편 구석의 가늘고 기다란 기둥 모양 난로로 다가갔다. 두 손을 타일에 대어 보았지만 자정이 훨씬 지난 까닭에 거의 다 식어 있었다. 바라던 작은 위안도 얻지 못한 채 그는 등을 그곳에 기대고 기침을 하면서 가슴팍에 색 바랜 레이스 주름이 늘어져 있는 잠옷 자락을 모아 쥐고 끌어 올렸다. 그러고는 공기를 조금 마시려고 힘겹게 코를 킁킁거렸다. 늘 그렇듯 코감기에 걸려 있었기 때문이다.

이 코감기는 좀체 그에게서 완전히 떨어지지 않는 유별나고 불쾌한 것이었다. 그의 눈꺼풀은 달아올랐고 콧구멍 주위는 완전히 헐어 있었으며 머리와 사지는 이 코감기 때문에 술에 취한 것처럼 무겁고 아팠다. 그게 아니라면 몇 주 전 의사가 다시 지시를 내려서 지금까지 계속하고 있는 성가신 실내 격리 생활 탓에 이리 몸이 늘어지고 무거운 것일까? 의사가 제대로 조치한 것인지는 하느님만이 아실 일이었다. 끊이지 않는 카타르[50]에다 가슴과 하복부 경련에는 이런 처치가 필요했을지도 모르겠다. 그런데다 예나[51] 일대에는 벌써 몇 주, 몇 주 이래로 나쁜 날씨가 지속되고 있었다. 이건 정말이지 온몸의 신경에서 느껴지는 형편없이 지긋지긋한 날씨로, 스산하고 음침한 데다 춥기까지 했다. 연통 속에서는 12월의 바람이 울부짖고 있었는데, 그 바람 소리는 황폐하고 황량하기 그지없어서 마치 폭풍우 속에서 뒤흔들리고 있는 밤의 황야를 향해 부는 것 같았고 어떤 영혼의 절망적 회한을 향해 부는 것 같았다. 아무튼 좁은 곳에 갇혀 지내는 이 감금 생활이 좋은 것은 아니었는데, 사고 활동에도 좋지 않았고 사고 활동을 낳는 혈액의 리듬에도 좋지 않았다……

육각형 방은 썰렁하고 삭막한 데다 불편했다. 담배 연기가 떠다니는 회칠한 천장과 타원형 실루엣 액자들이 걸려 있는 사선의 체크 벽지, 그리고 가느다란 다리를 가진 네다섯 개의 가구가 있을 뿐이었다. 책상 위의 원고 머리맡에서 타고 있는 촛불 두 개가 이 방을 밝히고 있었다. 빨간색 커튼이 창문 위틀에 걸려 있었는데, 이것은 사실 대칭으로 주름 잡힌 면직물 깃발

---

50 점막 염증, 감기

51 주인공 프리드리히 쉴러(1759-1805)가 희곡《발렌슈타인》(1800)을 집필할 당시 거주하였던 도시. 토마스 만은 이 작품 속에서 쉴러는 '예나의 작가'로, 괴테는 '바이마르의 작가'로 칭하고 있다.

조각에 지나지 않는 것이었다. 그러나 이 커튼은 빨간색, 그것도 따뜻하고 밝은 빨간색이었다. 그는 이 커튼을 매우 좋아해서 이것 없이 지낼 생각이라곤 전혀 없었다. 이 빨간색 커튼이 금욕적 절제의 궁핍함만이 있는 그의 방에다 뭔가 풍요로움과 쾌락 같은 것을 가져다주었기 때문이다……

그는 난롯가에 서서 고통스러울 정도로 긴장되고 서두르는 눈빛으로 그가 막 도망쳐 나온 작품, 부담이자 압박, 양심의 고통, 다 마셔버려야 할 바다, 두려운 과제, 곧 그의 자부심이자 비참함이고 그의 천국이자 저주이기도 한 그 작품을 힐끗 바라보았다. 이 작품은 질질 끌면서 벌써 몇 번이나 막혀서 앞으로 나아가질 않았다. — 벌써 몇 번, 몇 번씩이나! 날씨 탓, 카타르 탓에다 그의 게으름 탓이었다. 아니면 작품? 이 작품 자체? 이 작품은 절망으로 운명 지어진 불운한 잉태였던 것일까?

그는 작품에서 벗어나 약간 거리를 두기 위해 일어섰다. 때로는 원고에서 공간적으로 떨어져 있는 것이 전체를 바라보는 조망을 갖게 해서 보다 폭넓은 시선으로 소재를 바라보고 적절하게 다룰 수 있도록 해주었기 때문이다. 그렇다, 치열한 싸움의 장에서 벗어나 홀가분한 기분을 느끼는 것이 영감을 고취시키는 경우가 많았다. 그리고 이런 것은 리큐르나 진한 블랙커피를 마실 때보다 양심의 가책이 덜한 도취였다…… 그 작은 잔이 책상 위에 놓여 있었다. 이 잔이 지금 막혀있는 장애물을 뛰어넘는 데 도움이 될까? 아니, 그래서는 안 돼, 더는 아니야! 의사뿐만 아니라 또 한 사람, 더 저명하신 어떤 분도 그런 것은 신중하게 말렸다. 저기 바이마르에 사는 그 사람, 그가 동경하면서도 적대감을 갖고 좋아하는 그 다른 사람 말이다. 그는 현명했다. 그 사람은 삶을 사는 법, 창작하는 법을 알고 있었고, 자신을 학대하지 않았으며, 자기 자신을 충분히 배려할 줄 알았다……

집 안은 정적에 싸여 있었다. 슐로스 골목에서 윙윙 불어 내려오는 바람 소리, 방울방울 창문에 부딪히는 빗소리만 들렸다. 세상 모든 것들, 집주인과 그 식구들, 로테와 아이들 모두 잠들어 있었다. 그런데 그는 자지 않고 식어버린 난로 곁에 외롭게 서서 자신의 병적인 불만족 때문에 신뢰하지 못하는 그 작품을 고통스럽게 힐끗 건너다보고 있는 것이었다…… 목에 두른 장식 천으로부터 그의 하얀 목이 길게 솟아나 보였고 잠옷 자락 사이로는 안으로 굽은 두 다리가 보였다. 붉은색 머리카락이 높고 부드러운 선의 이마에서 뒤로 넘겨 빗겨져 있어서 관자놀이 위 창백하게 핏줄이 도드라진 채 패여 있는 양쪽 굴곡이 그대로 드러났으며 성긴 곱슬머리는 귀를 덮고 있었다. 곧장 하얀 빛의 코끝으로 이어지는 휘어진 큰 코의 뿌리 옆에는 머리털보다 더 어두운색의 짙은 눈썹이 거의 서로 붙은 채 튀어나와 있어서 상처받은 깊은 눈의 시선에 뭔가 비극적으로 보이는 느낌을 더해주었다. 입으로 숨을 쉴 수밖에 없었기 때문에 그는 얇은 입술을 벌리고 있었고, 주근깨가 있는 두 뺨은 방 안 공기 때문에 창백해진 채 맥없이 늘어지고 쑥 들어가 보였다……

안 되겠어, 실패야, 모두 허사야! 군대! 군대를 무대에 보여주었어야 했어! 군대가 모든 것의 기초이지! 군대를 관중들의 눈앞에 데리고 올 수가 없는데 — 군대의 묘사를 상상력에 맡겨버리는 굉장한 기술이 어떻게 가능하단 말인가? 그러니 영웅이 영웅 같지가 않지. 영웅이 고귀하지 않고 냉담하지! 기본 구상이 잘못되었고 언어 구사도 틀렸어! 메마르고 감동이 없는 역사 강의인 데다 장황하고 무미건조해서 무대에 올리기에는 실패작이야!

좋아, 다 끝났어. 실패야. 잘못된 시도. 파산이야. 그는 자신을 믿어주고 유치한 신뢰로 자신의 천재성을 신봉하는 착한 쾨르너에게 이런 사실에 대해 편지를 쓰려고 했다. 쾨르너는 비웃고 간청하며 호통을 치겠지. — 그 친구는 그에게 "카를로스"[52]를 생각해 보라고 말하겠지. 그 작품 역시 회의(懷疑)와 많은 수고, 많은 수정을 거쳐 세상에 나왔고 온갖 고통 끝에 마침내 뛰어난 걸작으로, 영예로운 역작으로 입증되지 않았느냐고 말할 것이다. 하지만 그때는 달랐었다. 그때만 해도 그는 어떤 사물을 행운의 손으로 낚아채어 그것으로부터 승리를 만들어내는

52 《돈 카를로스 Don Carlos》(1787): 쉴러의 5막 비극.

당당한 남자였다. 양심의 가책과 투쟁이라고? 바로 그랬지! 게다가 그는 아팠었다. 아마도 지금보다도 더 아팠을 것이다. 굶주린 자, 도망자, 세상과 척진 자였으며 억압받고 있었고 인간적인 면에서는 아무것도 가진 것 없이 궁핍했다. 그러나 그땐 젊었다. 아직 매우 젊었었다. 아무리 심하게 기가 꺾였다 하더라도 매번 그의 정신은 유연하게 도로 튀어 올라왔으며 비탄의 시간이 지나가면 믿음과 내적 승리의 다른 시간들이 찾아왔었다. 이런 시간들은 더는 오지 않았다. 좀체 더는 오지 않는 것이었다. 천재적인 열정의 빛 속에서 무엇인가 작품이 될 수 있을 만한 것을 갑자기 볼 수 있는 불꽃 튀는 어떤 밤이 찾아올 수도 있었다. 그러나 그런 은총의 밤을 보내고 나면 언제나 그 대가로 암흑과 마비로 점철된 일주일을 보내지 않으면 안 되었다. 그는 피곤했다. 겨우 서른일곱 살의 나이에 이미 막바지에 와 있었다. 미래에 대한 믿음, 비참함 속에서도 그의 별이 되어 주었던 믿음은 더 이상 살아 있지 않았다. 이것이 현실이었고 절망스러운 진실이었다. 고통과 시련의 시간이라고 생각해왔던 곤궁하고 결실 없는 세월이 사실 부유하고 생산적인 시절이었다. 이제 그가 정신적인 해적질에서 벗어나 조금이나마 제대로 된 삶과 평범한 사람들과의 인간관계에 발을 내디뎌 관직과 명예를 얻고 처자식을 갖게 되어 약간의 행복이나마 누릴 수 있게 된 지금 바로 이때, 그는 기력을 다 소진하여 녹초가 되어버린 것이다. 무기력과 낙담 — 남은 것이라곤 이것밖에 없었다.

그는 신음하면서 두 손으로 눈을 가리고 마치 쫓기는 사람처럼 방 안을 이리저리 돌아다녔다. 그가 방금 생각했던 것은 너무나도 두려운 것이어서 더 이상 그 생각을 떠올린 자리에 머물러 있을 수가 없었다. 그는 벽 쪽의 의자에 앉아 깍지 낀 두 손을 양 무릎 사이에 늘어뜨리고는 침울하게 복도를 내려다보고 있었다.

양심…… 그의 양심이 얼마나 큰 소리로 비명을 지르고 있는지! 그는 죄악을 저질러 왔다. 이 모든 세월 동안 자기 자신, 곧 자기 몸이라는 연약한 도구에 몹쓸 짓을 해온 것이었다. 젊은 날의 만용에서 비롯된 무절제함, 꼬박 지샌 밤들, 방 안의 담배 연기에 절어 있었던 나날들, 지나치게 정신노동만 하고 몸은 생각지 않은 채 작업을 위한 자극으로 사용했던 환각제들, — 이 모두가 지금 복수에 복수를 하고 있는 것이다!

그런데 그는 보복을 당할지라도, 죄를 짓게 해놓고는 벌을 내리는 신들에게 맞서고자 했다. 그는 그렇게 살 수밖에 없었던 방식으로 살아왔으며, 현명하게 살 시간, 사려 깊게 살 시간을 갖지 못했다. 여기, 가슴의 이 부위, 그가 숨 쉬고 기침하고 하품할 때마다 항상 같은 곳에 나타나는 이 통증, 오 년 전 에어푸르트에서 카타르 고열, 그 열성(熱性) 흉부질환이 그를 덮친 이후로 계속 멈추지 않았던 이 지독하고 찌르고 뚫는 듯한 작은 경고 — 이것은 무엇을 말하려는 것일까? 의사가 이러쿵저러쿵 뭐라고 하든, 사실 그는 이것이 무엇을 뜻하는지를 너무나도 잘 알고 있었다. — 그는 현명하게 몸을 아끼고 부드러운 도덕으로 자신의 성품을 운용할 시간이 없었다. 그는 하고자 하는 것은 즉시 해야만 했다, 그것도 오늘 당장, 빨리…… 도덕이라? 그런데 어쩌다가 그는 다름 아닌 죄악, 말하자면 해로운 것과 소모적인 것에 자신을 바치는 것이 그 어떤 지혜나 냉정한 절제보다도 더 도덕적이라고 생각하기에 이르렀을까? 도덕이란 가책 없는 양심에서 나온 경멸스러운 예술이 아니라, 투쟁과 역경, 열정과 고통이야말로 도덕이었던 것이다!

고통…… 이 얼마나 그의 가슴을 활짝 열어주는 말인지! 그는 몸을 일으켜 세우고는 팔짱을 꼈다. 그의 시선은 거의 붙은 듯 보이는 불그스름한 두 눈썹 아래서 아름다운 탄식으로 형형하게 빛났다. 자신의 비참함에 자랑스럽고 고상한 호칭을 선사할 수 있는 한 아직 비참한 것은, 아직 완전히 비참한 것은 아니다. 한 가지는 꼭 필요하다. 자신의 삶에 위대하고 멋진 이름을 부여하는 진정한 용기! 고통을 방 안 공기와 변비 탓으로 돌리지 않는 용기 말이다! 열정적일 수 있도록, — 신체의 일은 신경 쓰지 않고 넘길 수 있도록 충분히 건강할 것! 이 문제에서만큼은 소박할 것, 다른 모든 문제는 깊이 성찰한다고 해도! 믿을 것, 고통을 믿을 것…… 그는 그 고통을 믿었다. 참으로 깊고 진실하게 믿었기에 고통 중에 일어나는 일은 이 믿음에 따르면 결코 무익하거나 나쁠 수가 없었다. 그는 원고 쪽으로 힐끗 시선을 던지면서 가슴 위에서 두 팔로 더 단단하게 팔짱을 꼈다…… 재능이라는 것 — 그것이 고통 아니겠는가? 저기 **저것**, 저 불운한 작품이 그를 고통스럽게 만든다면 그건 제대로 되어가는 것이며 이미 하나의 좋은 징조이지 않겠는가? 재능은 저절로 샘솟아 나온 적이 없었다. 만일 재능이 그러하다면 그의 불신은 바로 여기서 시작될 것이다. 하수(下手)나 딜레탕트들 혹은 재능의 압박을 받으며 훈련을 하면서 살아가지 않는 무지하고 쉽사리 만족하는 자들에게서나 재능이 샘솟아 나오는 법이었다. 저 아래, 저 멀리 일 층 관람석에 앉아 계시는 신사 숙녀 여러분, 재능이란 경박한 것도, 유희적인 것도 아니기 때문입니다. 재능은 어떤 능력이라고 간단히 말해 버릴 수 있는 것이 아닙니다. 재능이란 근본적으로 **욕구**이고, 이상에 대한 비판적 지식이며, 어떤 만족함을 모르는 상태입니다. 이 상태는 고통이 있어야만 비로소 자기 능력을 창조하고 고양시킵니다. 그래서 대단히 위대한 사람들, 곧 절대로 만족을 모르는 사람들에게는 그들의 재능이야말로 아주 매서운 채찍입니다…… 탄식하지 말 것! 자랑하지 말 것! 그동안 견뎌온 것을 겸손하게 인내심을 갖고 생각할 것! 일주일에 하루는커녕 한 시간도 고통으로부터 자유롭지 않았다고 한들 — 그게 어떻단 말인가? 마음의 부담이자 성취, 요구와 고난, 혹사를 대수롭지 않게 여기고 **사소하게** 보는 것, — 그것이야말로 사람을 위대하게 만드는 것이 아니던가!

그는 일어나서 코담배 통을 꺼내어 정신없이 들이마시고는 뒷짐을 지고 방 안을 세찬 걸음으로 이리저리 돌아다녔다. 그의 걸음이 일으키는 바람으로 촛불이 나풀거릴 정도였다…… 위대함! 비범함! 이름을 세계에 드날리고 불후의 명성을 얻는 것! 이런 목표에 비하면 영원히 알려지지 않은 사람들이 누리는 그 모든 행복이 무슨 의미가 있단 말인가? 알려진다는 것, — 알려져서 지상의 민족들에게 사랑을 받는다는 것! 이러한 꿈과 열망의 달콤함에 대해서는 아무것도 알지 못하는 너희들은 이기심에 대해서나 지껄일지어다! 고통에 시달리는 한 모든 비범한 것들은 이기적일 수밖에 없다. 비범한 자는 말한다. 아무런 사명감 없이 사는 너희들, 지상에서 훨씬 수월하게 살아가는 너희들은 너희 자신이나 돌아보는 게 좋겠다고! 그리고 야망가는 이렇게 말한다. 이 고통이 헛되어서야 되겠는가? 고통은 나를 위대하게 만들어야만 해! ……

큰 코의 양 날개는 팽팽하게 긴장되어 있었고, 그의 두 눈은 위협적으로 사방을 훑어보고 있었다. 오른손은 잠옷의 접힌 깃 속으로 힘차게 깊이 찔러 넣고 왼손은 주먹을 쥔 채 늘어뜨리고 있었다. 깡마른 두 뺨에 일순간 홍조가 나타났는데, 이는 그의 예술가 이기주의라는 불덩어리, 자기 자아를 위한 열정에서 솟구쳐서 그의 심연에서 영원히 꺼지지 않고 타오르는 불꽃이었다. 그는 이런 이기주의를, 이러한 사랑의 은밀한 도취를 잘 알고 있었다. 그는 이따금씩 자기 자신에 대한 열렬한 애정으로 충만해지려면 자기 손을 바라보기만 하면 되었다. 그는 이 애정을 위하는 일에, 자신에게 재능과 예술이라는 무기로 주어진 모든 것을 바치기로 결심했다. 그가 그래도 되는 것은 거기엔 고상하지 않은 것이라곤 그 어떤 것도 없기 때문이었다. 이런 이기심보다는 어떠한 상황에서든 숭고한 그 어떤 이상에 헌신하면서 이익은 물론 없더라도 필연성 때문에 사심 없이 자신을 불사르고 희생하겠다는 의식이 더 깊이 살아 있었던 것이다. 그리고 그에게 있어 질투심이란, 이 고귀함을 얻기 위해 자기보다 더 깊이 고통을 겪지 않은 어느 누구도 자기보다 더 위대해져서는 안 된다는 것이었다.

그 어느 누구도 그래서는 안 된다!…… 그는 그대로 멈춰섰다. 손은 눈 위에 대고 상체는 반쯤 옆으로 돌려 피하고 달아나려는 자세였다. 그러나 그는 이미 피할 수 없는 생각의 가시가 그의 마음속에 자리 잡고 있음을 느꼈다. 자신과는 다른 그 사람, 밝은 사람, 감각의 복을 타고난 사람, 감성적인 사람, 신적이고 무의식적인 사람, 그가 동경하면서도 적대감을 갖고 사랑하는, 저기 바이마르의 **그 사람**을 생각할 때 돋는 가시 말이다…… 그는 으레 그런 것처럼 이 생각에 이어지는 창조 작업이 깊은 불안 속에서 다시 조급하고 열렬하게 자신의 내면에서 시작되고 있는 것을 느꼈다. 자신의 본질과 예술가 기질을 그 사람의 것에 맞서 주장하고 경계 짓는 그 작업 말이다…… 그가 더 위대한 사람일까? 어떤 점에서? 왜? 그가 승리한다고 하면 그것은 피 흘리는 고통을 감내하고 해낸 것일까? 그의 패배를 과연 비극이라고 할 수 있을까? 그는 신일지는 모르나 ― 영웅은 아니다. 그런데 영웅이 되는 것보다 신이 되는 것이 더 쉬운 법이다. 쉽고 말고…… 저 다른 이는 더 수월하게 해왔지! 현명하고 복된 손으로 인식과 창조를 분리하는 것, 그것은 사람을 쾌활하게 만들고 고통 없이 샘 솟아나듯 많은 작품을 쓸 수 있도록 해주겠지. 그러나 창조가 신적이라면 인식은 영웅적인 것이다. 그런데 그 사람은 양쪽 모두인 자, 인식하면서 창조하는 신이자 영웅인 것이다!

어려운 것을 해내겠다는 의지…… 문장 하나, 확고한 사상 하나를 만들어내는 데 얼마나 많은 훈련과 자기 극복이 요구되는지를 사람들이 짐작이나 하겠는가? 결국 그는 무지하고 별로 훈련되지 못했으며 둔하고 공상에 빠진 몽상가였기 때문이다. 율리우스의 편지[53]를 쓰는 것이 최고의 장면을 만드는 것보

53 쉴러의 《철학 서간 Die philosophischen Briefe》 중 〈율리우스의 신지학 Die Theosophie des Julius〉부분.

다 더 어려웠다. — 그런데 바로 이 때문에라도 그게 오히려 더 고상한 일이 아니겠는가? 안에 있던 예술이 질료와 소재를 향하여, 그리고 분출의 가능성을 향하여 바깥으로 나오고 싶어서 처음으로 리드미컬한 충동을 느끼는 것에서 시작하여 생각이 되고 심상이 되고, 단어와 행이 될 때까지, 이 무슨 씨름인가! 이 무슨 고난의 길이란 말인가! 동경에서 나온 기적이 바로 그의 작품이었다. 형식, 형상, 경계 설정, 구체성을 향한 동경, 햇빛을 받은 사물들을 이름을 들어 신의 입으로 부르는 저 다른 사람의 명료한 세계를 향한 동경에서 나온 기적이 바로 그의 작품인 것이다.

그럼에도 불구하고, 그리고 그런 사람의 존재에도 불구하고, — 그와 같은 예술가, 자신과 같은 시인이 누가 있겠는가? 어느 누가 그처럼 아무것도 없는 무(無)에서, 자기 가슴 속에서부터 창작을 하겠는가? 시는 현상세계로부터 비유와 옷을 빌리기 훨씬 이전에 이미 그의 영혼 속에서 음악으로, 존재의 순수한 본모습으로 태어나지 않았던가? 역사, 세속적 지혜, 열정 같은 것들은 수단과 핑계에 불과할 뿐이다. 이것들과는 관계없는 것, 자신의 본향을 오르페우스[54]의 심오함에 두고 있는 것을 위

54 오르페우스 Orpheus: 그리스 신화에 등장하는 시인이자 리라 연주에 능한 전설적인 음악가.

한 수단과 핑계 이상은 아니다. 말과 개념이라는 것들은 감추어진 현의 연주 소리가 울리도록 그의 예술가 정신이 두드리는 건반일 뿐이다…… 사람들은 알고 있는 것일까? 그들 선량한 사람들은 그가 이 건반, 저 건반을 두드릴 때 갖고 있는 신념의 힘 때문에 그를 열렬히 칭송한다. 그가 즐겨 쓰는 말, 그의 궁극의 파토스, 그가 영혼의 최고 축제로 불러들인 거대한 종소리, 이 종소리가 많은 이들을 꾀어낸다…… 자유…… 그들이 환호할 때 그는 이들보다 그 자유를 정말이지 때로는 더 많이, 때로는 그들보다 더 적게 이해했다. 자유 ― 그것은 무엇인가? 군주의 권좌 앞에서 시민들이 내세우는 그 알량한 권한은 아니겠지? 그대들은 한 정신적 인간이 이 자유라는 말로 감히 주장하는 그 모든 것을 꿈이라도 꿀 수 있는가? 무엇으로부터의 자유인가? 궁극적으로 무엇에서 벗어나겠단 말인가? 어쩌면 행복으로부터도, 인간적 행복에서조차도 벗어나겠다는 자유, 이 비단 사슬, 이 부드럽고 사랑스러운 의무에서조차 벗어나겠다는……

행복에서도…… 그의 입술이 실룩거렸다. 그것은 마치 그의 시선이 자기의 내면을 향하고 있음을 뜻하는 듯했다. 그는 천천히 두 손 안에 얼굴을 떨구었다…… 그는 지금 옆방에 와 있었다. 푸르스름한 빛이 등불에서 흘러나오고 꽃무늬 커튼은 차분한 주름으로 창을 가리고 있었다. 그는 침대 옆에 서서 베개 위의 고운 얼굴 위로 몸을 숙였다…… 검은 곱슬머리가 진주처럼 하얗게 빛나는 뺨 위로 꼬불꼬불 감기어 내려왔고, 어린아이와 같은 입술은 곤히 자느라 벌어져 있었다…… 나의 여인! 사랑하는 이여! 그대는 나의 동경을 따라와 나의 행복이 되기 위해 내게로 온 것이오? 그대는 나의 행복이니 조용히 있어 주오! 그대로 자고 있으시오! 그대가 이따금 내게 물을 것이 있을 때, 나를 찾을 때 하듯 크고 검은 눈망울로 날 바라보려고 길게 그림자 드리운 이 어여쁜 속눈썹을 지금은 뜨지 말아 주오! 하느님께 맹세하고 또 맹세하지만, 난 그대를 정말로 사랑하오! 자주 고통에 너무도 지쳐서, 나 스스로 내게 짐 지운 이 과제와 씨름하느라 피곤해서 가끔 내 감정을 제대로 느끼지 못할 뿐이라오! 그리고 내가 그대만의 것이 되어서도, 그대 안에서 온전히 행복해서만도 안 되는 것은 바로 그것, 나의 사명을 위해서요……

그는 아내에게 입을 맞추고 잠자고 있는 그녀의 사랑스러운 온기에서 벗어나 자기 주위를 둘러보고 되돌아왔다. 종소리는 밤이 벌써 얼마나 깊어졌는지를 알려주었다. 그런데 이 종소리는 동시에 산고의 시간이 끝났음을 자비롭게 알려주는 것 같기도 했다. 그는 숨을 내쉬고 입술을 굳게 다물었다. 그러고는 걸어가서 펜을 잡았다…… 골똘히 생각하지 말자! 그는 골똘히 생각하기에도 지나칠 정도로 너무 깊이 들어와 있었다! 혼돈 속으로 떨어지지 말자. 적어도 거기 혼돈 상태에 그대로 머물러 있지는 말자. 형식이 될 만큼 무르익은 것을 혼돈이 가득한 곳으로부터 빛의 세계로 끌어올려야 한다. 골똘히 생각하지 말고, 일을 하자! 경계를 짓고 배제할 것은 배제해 버리고 형상화해서 이 일을 끝내자……

그리하여 일이 끝났다, 그 고통의 작품이 완성된 것이었다. 아마도 좋은 작품이 못 될지는 모르겠지만, 완성은 된 것이었다. 그런데 완성되고 나니, 보라, 작품이 훌륭하기도 했다. 이렇게 그의 영혼으로부터, 음악과 이념으로부터 새 작품들이 역경을 뚫고 솟아올라 왔다. 울림이 있고 은은히 빛나는 이 창조물들은 신성한 형식으로 — 마치 바다에서 건져 올린 조개껍질 안에서 바다가 쏴쏴 파도 소리를 내는 것처럼 — 그 영원한 본향을 신비스럽게 예감하도록 해주었다.

벨중족의 혈통

12시 7분 전이 되자 벤델린이 2층의 홀로 들어와 탐탐[55]을 두드렸다. 보라색 반바지를 입은 그는 다리를 넓게 벌리고, 오래되어 색이 바랜 기도용 융단 위에 서서 나무 방망이로 그 금속 악기를 쳤다. 청동에서 울리는 거칠고 야만스러운 소리가 그의 의도에 비해 요란하게 사방으로 퍼졌다. 좌우 응접실로, 당구실로, 도서실로, 겨울 정원으로, 저택 전체를 가로질러 위아래 쪽으로 울려 퍼졌다. 고르게 난방이 된 저택 분위기는 온통 달콤하고 이국적인 향기로 가득 차 있었다. 드디어 소리가 멈추자 벤델린은 7분 동안 다른 일에 몰두하였고, 식당 안에서는 플로리안이 식탁 준비를 마무리하고 있었다. 그러나 12시에 두드리는 두 번째 탐탐 소리는 전시 경고음처럼 울려 퍼졌다. 그러자 곧 사람들이 나타났다.

---

55 탐탐은 금속으로 만든 원형의 타악기로 징과 비슷하다.

아렌홀트 씨는 도서실에서 고서들에 몰두하고 있다가 총총 걸음으로 나왔다. 그는 각국 언어로 쓰인 골동품과 같은 고서와 초판본, 그리고 곰팡내 나는 귀중한 헌책들을 끊임없이 구입했었다. 그는 두 손을 비비며, 좀 괴로워하는 듯한 가라앉은 목소리로 물었다. "베케라트는 아직 안 왔나?"

"지금 올 거예요. 어떻게 안 오겠어요? 아침 식사를 레스토랑에서 하는 사람은 아니니까요." 아렌홀트 부인이 두꺼운 융단을 깐 계단을 소리 없이 내려오면서 대답했다. 계단의 층계참에는 아주 오래되고 작은 교회 오르간이 놓여 있었다.

아렌홀트 씨는 눈을 깜박거렸다. 그의 부인은 볼품이 없었다. 그녀는 키가 작은데다가 밉상이고, 겉늙었으며, 어느 외국의 상당히 뜨거운 햇살을 받기라도 한 듯 바싹 마르기까지 했다. 그녀의 바싹 말라빠진 가슴에는 다이아몬드 목걸이가 걸려 있었다. 그녀는 흰 머리카락을 여러 겹으로 비비 꼬아서 번잡하게 높게 올려 과시하는 머리 모양을 하고 있었는데, 머리 옆쪽께에는 나름대로 흰 깃털뭉치로 장식한, 화려하게 반짝이는 커다란 다이아몬드 핀이 고정되어 있었다. 아렌홀트 씨와 자녀들은 그녀의 이러한 머리 모양을 좋은 말로 여러 번 지적한 적이 있었다. 하지만 아렌홀트 부인은 자신의 취향을 막무가내로 고집했다.

자녀들이 왔다. 쿤츠와 메리트, 지크문트와 지클린데[56]였다. 쿤츠는 술 장식이 달린 제복을 입고 있었는데, 갈색 피부를 지닌 미남이었다. 입술은 위로 젖혀있었고 얼굴에는 위협적인 칼자국이 있었다. 그는 6주 동안 경기병(輕騎兵) 연대에서 훈련을 받고 있는 중이었다. 메리트는 코르셋 없는 복장으로 나타났다. 회색빛을 띤 금발의 그녀는 매부리코와 맹금 같은 회색빛 눈에다가 입을 새침하게 다물고 있는 28살의 깐깐한 처녀였다. 법학을 공부한 그녀는 멸시하는 듯한 표정을 하고서 전적으로 자기 자신의 길을 가고 있었다.

마지막으로 지크문트와 지클린데가 왔는데, 그들은 서로 손을 잡은 채 3층에서 내려왔다. 그들은 쌍둥이고 막내들이라서, 가느다란 나뭇가지처럼 연약했고 19살인데도 어린애들 같았다. 지클린데는 보르도산 붉은 벨벳 드레스를 입고 있었는데, 15세기 피렌체에서 유행했던 스타일과 비슷하게 재단한 옷으로 그녀의 체구에 비해 너무 무거워 보였다. 지크문트는 회색 양복에다가 나무딸기 색의 생사(生絲)로 된 넥타이를 매고 있었다. 그는 날씬한 발에 에나멜가죽 구두를 신고 있었으며, 소맷

56 쌍둥이 남매, 지크문트와 지클린데라는 이름은 바그너의 웅장한 음악극 4부작《니벨룽의 반지》의 2부 〈발퀴레〉에 나오는 쌍둥이 남매 이름과 같다. 이 쌍둥이 남매는 보탄 신(神)이 자신의 야망을 위해 지상의 한 여인과의 관계에서 낳은 자녀들이다.

부리 단추에는 다이아몬드가 박혀 있었다. 검고 짙게 자란 검은 수염은 면도질이 되어 있었고, 검은 두 눈썹이 거의 붙은 그의 가냘프고 창백한 얼굴은 앳된 청년의 모습을 보여주기도 했다. 지나칠 정도로 옆쪽에서 가르마를 탄 그의 머리는 멀리 양쪽 관자놀이까지 자란 검고 숱이 많은 곱슬머리로 덮여 있었다. 귀 위로 깊숙이 들어간 매끈한 정수리에서 잘 매만져진 지클린데의 짙은 갈색 머리카락 속에는 금으로 된 고리가 박혀 있었는데, 그 고리에서 이마 쪽으로 커다란 진주 하나가 달려 있었다. — 그건 지크문트가 선물한 것이었다. 지크문트의 소년 같은 손목에는 지클린데가 선물한 묵직한 금팔찌가 채워져 있었다. 그들은 서로 너무 닮았다. 그들의 코는 둘 다 약간 눌려 내려앉아 있었고, 입술은 똑같이 도톰하고 봉긋하게 부풀어 올라 있었으며, 튀어나온 광대뼈와 반짝이는 검은 눈을 하고 있었다. 그러나 둘이 가장 많이 닮은 것은 길고 가녀린 손이었다. — 지크문트의 손은 지클린데보다 더 남자다운 손이라고 할 수 없을 정도였으며, 그녀의 손보다 좀 더 붉은색을 띠고 있을 뿐이었다. 둘은 항상 손을 꼭 잡고 있었고, 손이 촉촉해지려 하는데도 거기에는 전혀 아랑곳하지 않았다.

가족들은 한동안 홀의 융단 위에 서 있고, 그들은 거의 아무 말도 하지 않고 있었다. 마침내 지클린데의 약혼자 폰 베케라트가 도착했다. 그를 위해 벤델린이 현관문을 열어주자, 그는 검정 연미복 외투를 입고 홀 안으로 들어왔으며 자신이 너무 늦게 온 데에 대해 거기 둘러 서 있는 모두에게 사과했다. 그는 행정 공무원으로서 좋은 집안 출신이었는데, ―체구가 작고 카나리아 새처럼 노란 머리칼에다 뾰족 수염을 하고 있었으며, 공손한 태도를 보이고자 애쓰는 타입이었다. 한 문장을 말하기 전에 그는 턱을 가슴 쪽으로 바짝 당기고는 벌린 입을 통해 급히 공기를 들이마시곤 했다.

그는 지클린데의 손에 키스하고는 말했다.

"아, 지클린데, 당신도 용서해 줘요! 정부 청사로부터 티어가르텐까지 오는 길이 아주 멀어서요……" 그는 그녀에게 아직 말을 놓지는 못하고 있었는데, 그걸 그녀는 좋아하지 않았다. 그녀는 주저하지 않고 대답했다.

"대단히 멀지요. 그런데, 말이 나왔으니 말이지만, 당신이 먼 길을 고려해서 정부 청사를 조금 더 일찍 떠났더라면 어떻게 되었을까요?"

여기다가 쿤츠가 덧붙여 말했는데, 그 순간 그의 검은 두 눈이 번쩍 섬광을 발하는 두 개의 틈새 같았다.

"그렇게만 해 준다면, 우리 집안일 진행에 단연 활기를 불어넣어 줄 거 같아."

"그렇습니다. 글쎄, 그런데 사무 때문에……" 하고 폰 베케라트가 지친 듯이 말했다. 그는 35세였다.

그 남매는 입에서 말이 나오는 대로 신랄하게 말을 했었다. 그래서 겉보기에 공격하는 것 같기도 했지만, 어쩌면 단지 타고난 방어 습벽에서 나온 말에 지나지 않을 수도 있었으며, 살짝 상처를 주는 말이기도 했지만, 아마도 단지 적절한 단어를 골라 쓰는 기쁨 때문이었을 수도 있었다. 그래서 그 남매의 말을 원망스럽게 여긴다면 그것은 사소한 것에 너무 지나치게 신경을 쓰는 꼴이 될 수도 있었다. 그들은 마치 그의 보잘것없는 대답이 그에게 어울리고 그의 태도로 볼 때 자기들의 재치 있는 말을 근사하게 받아치지 않아도 된다는 듯이 그의 대답을 그냥 그렇게 넘어가 주었다. 그렇게 그들은 식탁 쪽으로 걸어갔는데, 아렌홀트 씨가 앞장을 섰다. 그는 폰 베케라트에게 자신이 배가 고프다는 사실을 보여주고자 했다.

그들은 자리를 잡고 앉았고 빳빳한 냅킨을 무릎 위에 펼쳤다. 식당 바닥에는 각종 융단이 깔려 있었고 사방 벽에는 18세기의 판자가 둘러쳐져 있었으며, 천장으로부터는 세 개의 전등식 샹들리에가 드리워져 있었다. 그 엄청난 크기의 식당 안에서는 7명이 둘러앉은 가족 식탁이 오히려 왜소하게 보일 지경이었다. 그 식탁은 바닥까지 내려온 거대한 창문 곁으로 옮겨 놓여 있었다. 나지막한 쇠창살 뒤로 내다보이는 그 창문의 바깥 아래쪽에는 분수가 내뿜는 우아한 은빛 물줄기가 한들한들 춤추고 있었으며 창을 통해서는 아직은 겨울다운 정원이 폭넓게 내다보였다. 목가적 전원시 모티프를 수놓은 고블랭(Gobelin)직(織) 벽장식은 하벽(下壁)의 널빤지 장식과 마찬가지로 예전에는 프랑스의 궁성 같은 것을 장식했던 것인데, 그것이 식당 사벽의 윗부분을 뒤덮고 있었다. 식탁에 앉은 사람들은 몸을 깊숙이 파묻듯이 앉을 수 있었는데, 그 의자들의 편안한 쿠션은 고블랭직으로 푹신하게 감싸놓은 것이었다. 다림질을 잘 해 놓은 질기고 새하얗게 빛나는 듯한 다마스커스 산의 식탁보 위에는 각자의 식사 도구가 놓여 있었고, 그 옆에는 두 송이 난초를 꽂아놓은 유리잔이 하나씩 놓여 있었다. 아렌홀트 씨가 그의 깡마르고 조심스러워하는 손으로 자기 코의 반 높이쯤에다 코안경을 갖다 대고 미심쩍은 표정으로 식단표를 읽고 있었다. 식단표는 3부로 작성되어 식탁 위에 놓여 있던 것이었다. 그는 복강(腹腔) 신경다발 쇠약증을 앓고 있었다. 그것은 위의 하부에 있는 저 복잡한 신경구조로서 심한 통증의 원인이 될 수도 있었다. 그 때문에 그는 음식을 조심해야 했다.

음식은 소의 골수 수프에다 백포도주를 곁들인 넙치, 꿩고기와 파인애플이 나왔다. 그게 다였다. 그것은 가족끼리 먹는 아침 식사였다. 아무튼 아렌홀트 씨는 만족스러웠다. 소화가 잘 되는 좋은 음식들이었기 때문이다. 수프가 나왔다. 부엌 안으로 들어온 한 점 바람이 수프 냄새를 부엌으로부터 소리 없이 내려 보내더니, 이윽고 하인들이 그 수프를 식탁으로 날라 왔는데, 하인들은 몸을 숙인 채 신경을 집중한 표정으로 봉사의 열정을 다하는 듯한 태도를 보였다. 그 수프는 은은히 빛나는 아주 섬세한 사기로 된 조그만 찻잔 같은 그릇에 담겨 나왔다. 희끄무레하고 조그만 골수 덩어리들이 뜨겁고 황금빛이 도는 고깃국물 위에 떠 있었다.

아렌홀트 씨는 수프로 몸에 따뜻한 기운이 돌자 약간의 공기를 들이마셔야 하겠다는 기분을 느꼈다. 그는 손가락들을 조심스럽게 움직여 냅킨을 입으로 가져갔다. 그리고는 지금 그의 정신을 작동시키고 있는 생각을 적절히 표현해 낼 수 있는 언어를 찾고 있었다.

"베케라트 군, 수프 한 그릇 더 하시게!" 하고 그가 말했다. "이게 몸에 좋아. 일하는 사람은 자기 몸을 보할 권리가 있어요. 그것도 즐겁게 말이야…… 자네, 식사를 즐겨 하는 편인가? 즐거움을 갖고 식사를 하는가 하고 묻는 게야. 만약 그렇지 않다면, 그건 그만큼 자네를 위해 불리한 노릇이야. 나에게는 매 식사 시간이 작은 축제라네. 누군가가 말했지, 관행이 매일 네 끼씩 식사를 할 수 있도록 되어 있으니, 인생이란 그래도 아름다운 것이라고! 이 사람이 내가 따르고 싶은 사람이야! 그러나 이 관행의 가치를 알 수 있기 위해서는 그 어떤 청년다움이랄까 감사하는 마음 같은 것이 함께 따라붙어야 하지. 누구나 이런 마음을 늘 지니고 살 줄 아는 건 아니지…… 사람은 늙는다네. 좋아요, 이 엄연한 사실을 우리가 변경할 수는 없지. 그러나, 중요한 것은 우리가 사물을 늘 새롭게 인식하고 어떤 일에도 익숙하게 되지 않아야 한다는 사실이야…… 그런데, 이제" 하고 그는 약간의 골수를 빵 부스러기 위에 올려놓고 그 위에 소금을 뿌리면서 말을 계속했다. "그런데, 이제 자네는 형편이 달라지려고 하고 있네. 다시 말하자면, 자네의 삶의 수준이 사소하게가 아니라 현저히 향상될 것이네." (폰 베커라트가 미소를 지었다) "만약 자네가 자네의 삶을 즐기고 싶거든, 진정 즐기고 싶거든, 의식적으로, 예술적으로 즐기고 싶으면, 결코 이 새로운 형편에 익숙하게 되지 않도록 노력하시게. 습관에 빠진다는 것은 죽음이네. 그건 둔감하게 된다는 것이네. 적응해서 살지 마시게. 아무것도 자네한테 자명한 것이 되도록 하지 마시게. 복지의 달콤함에 대해 어린이다운 입맛을 잃지 마시게. 여보게…… 이제 나는 몇 년 전부터 나 자신에게 인생의 안락함을 누릴 수 있는 여건에 있다네." (폰 베커라트가 미소를 지었다) "그런데도 내 자네한테 확언하네만, 난 요즘도 하느님이 선물하시는 매 아침마다 깨어나면서, 내 이불이 비단이기 때문에, 약간 심장이 두근거린다네. 이것이 청년다움이네…… 나는 내가 이것을 어떻게 이룩했는지 알고 있거든! 그리고 정말이지 나는 마치 마법에 걸린 왕자처럼 내 주위를 둘러볼 줄 안단 말이야……"

자녀들이 서로 시선을 교환하고 있었다. 시선을 교환하는 그 태도가 너무나도 방약무인하고 노골적이었기 때문에 아렌홀트 씨가 그것을 눈치 채지 않을 수 없었으며, 그래서 그는 눈에 띄게 당황하게 되었다. 그는 자녀들이 그에 맞서서 의견 일치를 이루고 있음을 알았으며, 그들이 자기를 경멸하고 있음을 알았다. 즉, 그들은 그의 출신을 경멸했고, 그의 몸에 흐르고 있는 피와 그들이 그로부터 물려받은 피를 경멸했으며, 그가 자신의 부를 얻게 된 방법을 경멸했고, 그들이 볼 때 그에게 합당하지 않은 그의 온갖 취미생활들을 경멸했으며, 또한 이와 마찬가지로 그가 자기 스스로 식사를 해결하겠다고 하자 그에게 그럴 권리가 없다고 하면서 그런 생각 자체를 경멸했고, 취향의 절제심이 결여되었다면서 그의 부드럽고 시적인 다변성을 경멸했다…… 그는 이 사실을 알고 있었고 그들의 이런 생각이 어느 정도는 옳다고 여겼다. 그는 죄의식 없이는 그들과 마주 앉아 있을 수 없었다. 그러나 결국 그는 그의 인격을 주장하지 않을 수 없었고, 자기의 삶을 영위하지 않을 수 없었으며 그 문제에 대해서도 말하지 않을 수 없었는데, 즉 이런 문제였다. 그는 자신이 관찰의 대상이 될 수 있는 권리가 있으며, 자신이 관찰할 만한 가치가 있는 사람임을 입증해야 했다. 그는 한 마리 벌레, 한 마리 이(虱)에 불과했다. 그랬다! 그러나 이 사실을 그렇게도 열렬하고도 자기 경멸에 가득 차서 느낄 수 있는 바로 그 능력이 그를 위대하게 만든 저 끈질기고 결코 만족을 모르는 노력의 원인이 된 것이었다…… 아렌홀트 씨는 동쪽 지방의 아주 궁벽한 곳에서 태어나서, 재산이 있는 상인의 딸과 결혼했으며, 어떤 광산을, 어느 탄광의 개통을 대상으로 한 대담하고도 현명한 기획을 통해, 굉장한 수완을 통해 엄청나고도 그칠 줄 모르는 황금의 물결이 그의 계좌로 흘러들도록 조종한 것이었다……

생선 요리가 나오고 있었다. 하인들은 그걸 나르느라고 부엌으로부터 광활한 식당을 서둘러 가로지르고 있었다. 그 요리 위에다 그들은 크림 비슷한 소스를 쳐 주었고, 혀 위에서 은은하게 쏘는 라인산 포도주를 따라 주었다. 좌중에서는 지클린데와 베케라트의 결혼에 관해 얘기 중이었다.

결혼식 날이 가까이 다가와 있었고, 일주일 후에 결혼식이 거행될 것이었다. 혼수에 대한 언급이 있었고 스페인행 신혼여행의 루트가 설계되기도 했다. 실은 아렌홀트 씨 혼자만이, 공손하게 순종하는 폰 베케라트의 지원을 받는 가운데에, 이런 주제에 대해 이야기하고 있었다. 아렌홀트 부인은 탐욕스럽게 식사했으며, 거의 대화에 도움이 되지 않는 되묻는 질문들만 함으로써, 그녀의 방식대로, 응답은 하고 있는 것이었다. 그녀의 언어는 후음(喉音)이 풍부한 특이한 말 일색이었는데, 그것은 그녀의 유년시절의 사투리에서 유래하는 표현들이었다. 메리트는 앞으로 거행될 교회 결혼식에 대해 침묵의 저항심으로 가득 차 있었는데, 교회 결혼식은 자신이 완전히 계몽되었다는 확신에 차 있는 그녀에게는 모욕적인 것이었다. 말이 나왔으니 말인데, 이 결혼식에 대해서는 아렌홀트 씨도 폰 베케라트가 신교도였기 때문에 냉담한 태도를 유지하고 있었다. 신교 결혼예식은 미적 가치가 없다는 것이었다. 만약 폰 베케라트가 가톨릭 신앙에 속해 있었다면, 그건 다른 결혼예식이 될 것이라고 했다. — 쿤츠는 폰 베케라트가 있는 자리에서 자신의 어머니가 보여주고 있는 언동에 화가 났기 때문에 말없이 잠자코 있었다. 그런데 지크문트와 지클린데는 둘 다 아무런 관심도 드러내지 않고 있었다. 그들은 의자들 사이에서 그들의 가녀리고 촉촉한 손을 서로 잡고 있었다. 이따금 그들의 시선들이 서로를 찾았고 서로 녹아들어 어떤 의견 일치를 이루었는데, 바깥으로부터 거기에 이를 수 있는 길이나 접근로가 없었다. 폰 베케라트는 지클린데의 다른 쪽 옆에 앉아 있었다.

"50시간이 지나면" 하고 아렌홀트 씨가 말했다. "자네들은, 원한다면, 마드리드에 도착할 수 있을 것이네. 세상은 진보한다네. 난 최단거리를 가는 데에도 60시간이 걸렸지…… 내가 생각하기엔, 자네들은 로테르담에서 출발하는 바닷길보다는 육로를 선호할 것 같은데?"

폰 베케라트는 선뜻 육로를 선호한다고 말했다.

"그러나 자네들이 설마 파리를 왼쪽에 두고 그냥 가버리지는 않을 테지. 자네들은 리옹을 거쳐 곧장 갈 수 있어요…… 지클린데는 파리를 알아. 그러나 자네는 이 기회를 그냥 지나쳐서는 안 될 것이네…… 자네가 그 전 어디에선가 체류하려고 할 것인지 여부는 자네한테 맡기겠네. 어디서 자네들을 위해 첫날 밤의 달이 떠야 할 것인지 그 장소의 선택이야 당연히 자네들 자신에게 맡겨져 있는 것이지……"

지클린데는 고개를 돌렸다. 그녀는 처음으로 그녀의 약혼자를 향해 고개를 돌린 것이었는데, 아무 숨김도 없는 자유로운 몸짓이었고, 누군가가 그녀의 이런 태도에 주의를 기울이든 말든 전혀 아랑곳하지 않는 태도였다. 그녀는 자기 곁에 앉아 있는 사람의 그 공손한 표정을 크고 검은 눈동자로 시험하듯, 기대에 차서, 진지하게 광채를 발하는 눈길로 묻는 듯이 들여다보고 있었다. 그녀의 그 눈길은 그 3초 사이에 마치 한 짐승의 눈길처럼 딱히 뭐라고 규정할 수 없는 말을 하고 있었다. 하지만, 의자들 사이에서 그녀는 쌍둥이 오빠의 가녀린 한 손을 잡고 있었다. 쌍둥이 오빠의 거의 붙은 두 눈썹은 비근(鼻根)에서 두 개의 검은 주름을 만들고 있었다……

대화가 주제를 벗어나서 한동안 불안하게도 가벼운 언쟁이 오고 가더니, 주석통에 포장된 채 하바나로부터 특별히 아렌홀트 씨를 위해 도착한 신선한 시가 담배의 배송 문제에까지 이르게 되었다. 그러다가 이윽고 화제가 한 문제를 둘러싸고 뱅 뱅 돌게 되었는데, 그것은 순전히 논리학적 성격의 문제로서, 쿤츠가 부차적으로 슬쩍 던져놓은 물음이었다. 즉, A가 B를 위한 필요충분조건이라면, B도 반드시 A를 위한 필요충분조건이어야만 하느냐 하는 문제였다. 이것을 두고 논란이 벌어졌고 예리한 분석이 이루어졌으며 범례들이 동원되었으며 백분율로부터 천분율까지 언급되고 확고하고도 추상적인 논변술이 동원되면서 서로 논쟁이 붙은 결과 좌중의 사람들이 적지 않게 흥분하였다. 메리트는 철학적 분간, 즉 실재적 근거와 인과론적 근거 사이의 분간을 토의 안에다 끌어들여 놓았다. 쿤츠는 고개를 쳐들고 그녀를 아래로 내려다보고 말하면서, '인과론적 근거'는 동어반복이라고 선언했다. 메리트는 격앙된 말로써 그녀 자신의 전문용어가 정당함을 주장했다. 아렌홀트 씨가 앉음새를 고치고 엄지손가락과 집게손가락으로 빵 한 조각을 쳐들었다. 그러고 나서 그는 자기가 이 모든 것에 대해 설명하는 역할을 떠맡으려고 했다. 그는 완전한 실패를 겪어야 했다. 자녀들은 그를 비웃었다. 아렌홀트 부인조차도 그의 잘못을 지적했다. "무슨 말을 하고 있는 거예요?" 하고 그녀가 말했다. "당신이 그걸 배웠나요? 배운 것도 없으면서!" 그래서 폰 베케라트가 턱을 가슴 쪽에 바짝 당기고, 자기 의견을 말하기 위해 입으로 숨을 들이마셨을 때, 사람들은 이미 그 어떤 다른 화제로 옮겨 가 있었다.

지크문트가 말했다. 그는 반어적으로 감동된 어조로 어떤 지인의 단순성과 자연적 소박성이 오히려 득이 된 사실을 이야기했다. 그 지인은 어떤 옷을 재킷이라 부르고 어떤 옷을 턱시도라 부른다는 것을 모르고도 거뜬히 체면을 유지할 수 있었는데, 파르지팔(Parsifal)[57] 같은 이 바보는 체크무늬가 있는 턱시도에 대해 말하고 있었기 때문이다…… 쿤츠는 이보다 더 감동적으로 순진무구한 경우를 한 건 알고 있었다. 그것은 다섯 시 차 모임에 턱시도를 입은 채 나타난 남자의 경우였다.

"오후에 턱시도 차림으로요?" 하고 지클린데가 물었다. 그러고는 입술을 비죽거렸다. "그런 건 여느 때에는 짐승들만이 하는 짓이잖아요."

폰 베케라트는 자기 자신도 이미 차 모임에 턱시도 차림을 하고 간 적이 있다는 양심의 경고를 받고 있음에도 불구하고 열성적으로 껄껄 웃었다…… 이렇게 사람들은 꿩고기를 먹을 무렵에는 일반 문화적 성격의 문제들로부터 예술 쪽으로 화제를 옮겨가게 되었다. 폰 베케라트가 감식안을 갖춘 애호가라 할 수 있는 조형예술 쪽으로 화제가 바뀌었으며, 지크문트가 회화에

57 파르지팔은 바그너의 마지막 음악극 〈팔르지팔〉의 주인공이다. 〈팔르지팔〉에서 '순수한 바보(der reine Tor)' 파르지팔은 끝내 '성배(聖杯)'를 수호하는 기사가 된다. 성배는 그리스도가 최후의 만찬 때 사용한 잔으로 십자가에 못 박힌 그리스도의 피를 받은 성스러운 잔이다.

종사하고 있었음에도 불구하고 아렌홀트 가의 취향의 주류를 이루고 있는 문학과 연극 쪽으로도 화제가 바뀌었다.

대화가 활기차게 진행되었으며 일반적인 주제가 다루어졌다. 자녀들이 그 대화에 결정적인 역할을 했다. 그들은 말을 잘했으며, 말할 때의 표정과 몸짓은 예민하고 오만해 보였다. 그들은 예술 감각의 최첨단을 달리고 있었으며 극단적인 것을 요구했다. 그들은 의도, 신조, 꿈, 그리고 불굴의 의지 같은 것을 도외시해버리고, 가차 없이 능력, 성과, 재능을 이용한 무서운 경쟁에서 얻는 성공을 요구했다. 그들이 경탄하진 않지만, 인정하며 환영하는 것은 바로 이렇게 하여 승리를 거둔 예술작품이었다. 아렌홀트 씨 자신은 폰 베케라트에게 이렇게 말했다.

"자네는 무척 호의적이군. 자네는 좋은 의도를 변호하고 있어. 여보게, 하지만 중요한 건 **결과**야! —자네는 이렇게 말하고 있어. '그 사람이 하는 작업은 썩 훌륭하진 않지만, 그가 예술 쪽으로 오기 전에는 한낱 농부에 지나지 않았잖아요. 그러니 이것만 해도 벌써 놀라운 일이에요.'라고 말이야. 전혀 아니지. 성과가 절대적인 거야. 봐줄 만한 상황이란 없어. 그는 일류 작품을 만들어야 해. 그렇지 않으면 형편없는 실패작이 될 테니. 자네처럼 그렇게 너그러운 마음의 사람들만 있었다면 내가 얼마나 성공을 거둘 수 있었겠나? 나도 이렇게 말할 수 있었을 거야. '자네는 원래 형편없는 비참한 인간에 불과했어. 그런데 자네가 자기 사무실 하나 가지고 있는 것만으로도 감동적인 거야.' 이렇게 생각했다면 나는 이 자리에 앉아 있지 못할 것이네. 나는 세상이 나를 인정하도록 만들어야 했어. 그러니 이제는 나를 인정할 수밖에 없도록 자네가 그렇게 만들어주게나. 여기가 로두스(Rhodus) 섬이야. 제발 춤춰보시게나![58]"

자녀들은 웃었다. 한순간 그들은 아버지를 경멸하지 않았다. 그들은 나태한 자세로, 버릇없이 변덕스러운 표정을 지으며 홀 안의 식탁에서 푹신하고 부드러운 쿠션에 앉아 있었다. 그들은 자신감에 넘쳐 앉아 있었지만, 마치 명석함과 가혹함, 그리고 정당방위와 경계하는 기지(機智)가 살아가는 데 꼭 필요한 것인 양, 그들의 말은 신랄했다. 이들의 칭찬은 마지못해 하는 동의였으며, 이들의 비난은 신속하고, 기민하고 무례하여 순식간에 상대방을 무력하게 만들었으며, 감격을 무색하게 하고 어리석게 만들어 아무 말도 못하게 했다. 그들은 몽상적이지 않은 지성으로 판단하여 어떠한 이의 제기에도 살아남을 것 같아 보이는 작품을 "수작(秀作)"이라고 말했으며, 그들은 열정이 지나

58 이 말은 이솝 우화에 나오는 "Hic Rhodus, hic saltus(여기가 로두스, 여기서 뛰어라.)"에서 유래된 것이다. 이솝 우화에 나오는 유명한 이 말을 헤겔과 마르크스는 "Hier ist die Rose, hier tanze(여기 장미가 있다. 여기서 춤춰라"로 창의적으로 해석했다. 아렌홀트 씨는 이솝과 헤겔의 말을 혼합해서 사용하면서 폰 베케라트에게 여기가 로두스 섬이라고 생각하고 장기를 발휘해보라고 요구했다.

쳐 표현을 그르친 것 또한 비웃었다. 무작정 열정에 기울어지는 경향이 있는 폰 베켄라트 씨는 입장이 난처했고, 연장자였기 때문에 특히 그랬다. 그는 의자 위에서 잔뜩 움츠러들었고, 쾌활한 이들의 위세에 눌려 괴로워하며 턱을 가슴 쪽에바짝 당기고는, 당황한 표정으로 입을 벌리고 숨을 쉬었다. 반박하지 않는 것이 자기들에겐 거의 있을 수 없는 일이며 수치스럽다는 듯, 그들은 어떤 경우든지 반박했으며, 그들의 반박은 탁월했다. 그럴 때 그들의 눈은 번쩍 섬광을 발하는 틈새 같았다. 그들은 그가 사용한 단어 하나에도 달려들어 그걸 마구 헐뜯고 비방하면서 지극히 독특한 다른 단어를 찾아냈는데, 그 단어는 마치 하나의 화살처럼 윙 하고 날아가 맞춰서 정곡 안에서 떨고 있는, 그야말로 죽여주는 단어였다…… 폰 베케라트 씨는 눈이 충혈되어 있었으며, 아침 식사가 끝났을 때는 거의 혼이 빠진 모습을 보이고 있었다.

갑자기 ― 사람들은 파인애플 조각에 설탕을 뿌리고 있었다 ― 지크문트가 햇빛에 눈이 부셔 그러는 사람처럼 얼굴을 찌푸리며 말했다.

"아, 내 말 좀 들어보세요, 베케라트. 우리가 잊어버리기 전에 한 가지 더…… 지클린데와 나, 우리는 당신에게 정중히 호의를 바라며 한 가지 부탁하고 싶습니다…… 오늘 오페라하우스에서 〈발퀴레〉 공연이 있습니다. 우리, 지클린데와 저는, 다시 한번 함께 그걸 듣고 싶습니다⋯⋯ 그래도 될까요? 물론 당신의 은혜와 자비에 달려 있습니다만⋯⋯"

"참 좋은 생각이구나!" 아렌홀트 씨가 말했다.

쿤츠는 식탁보 위에다 훈딩 모티프[59]의 리듬을 두드리고 있었다.

폰 베케라트는 자신의 허락이 필요한 일이 있다는 데 당혹해하며 성급하게 대답했다.

"아, 물론입니다, 지크문트⋯⋯그리고 당신, 지클린데⋯⋯ 난 그걸 무척 합리적이라 생각해요⋯⋯ 꼭 가세요⋯⋯ 나도 갈 수 있습니다. 나도 합류하지요⋯⋯ 오늘 배역이 아주 좋던데요⋯⋯"

아렌홀트 씨 가족은 웃으면서 접시를 내려다보며 고개를 숙였다. 여기에 끼지 못한 폰 베케라트 씨는 눈을 끔벅거리며 어느 방향에 시선을 둘까 고심하면서 어떻게 해서든 그들의 쾌활한 웃음에 동참하려고 애썼다.

지크문트는 우선 이런 말을 했다.

"아, 그렇게 생각하세요, 전 배역이 나쁘다고 생각해요. 게다가, 아마도 당신은 우리의 고마워하는 마음을 기대하는지는

59 훈딩 모티프(Hunding-Motiv)는 〈발퀴레〉의 주요 라이트모티프(Leitmotiv)이다. 훈딩은 지클린데의 남편 이름이다.

모르겠지만, 당신은 우리가 한 말을 잘못 알아들었어요. 우리, 지클린데와 나는 결혼식 전에 다시 한번 **단둘이서만** 〈발퀴레〉를 듣게 해달라고 부탁하는 겁니다. 전 모르겠습니다. 당신이 지금……"

"아, 물론입니다…… 전적으로 이해합니다. 그건 멋진 일이에요. 두 분은 꼭 가셔야 합니다……"

"고맙습니다. 정말 감사합니다.— 그러면 퍼시와 라이어만을 준비하도록 시키겠습니다."

"너에게 할 말이 있다." 아렌홀트 씨가 말했다. "네 어머니와 내가 에어랑어 씨 댁 만찬에 가는데, 퍼시와 라이어만을 타고 간다. 너희가 양보해야겠다. 너희들은 그냥 바알과 참파를 타고 가는 걸로 만족하거나 갈색 쿠페를 이용하는 게 좋겠다."

"그런데 좌석은?" 쿤츠가 물었다……

"이미 예약해 놓았어." 지크문트는 이렇게 말하며 머리를 뒤로 젖혔다.

그들은 신랑의 눈을 들여다보며 웃었다.

아렌홀트 씨는 뾰족한 손가락으로 벨라돈나[60] 가루가 든 봉지를 뜯어서 조심스럽게 입속에 털어 넣었다. 그런 다음 시가

60 가짓과의 유독 식물로, 복용하면 마취, 진정, 경련 완화, 이뇨 작용 등의 효과를 볼 수 있다.

에 불을 붙이자 곧 좋은 향내가 퍼져 나갔다. 하인들이 달려와 아렌홀트 씨 부부의 의자를 뒤로 빼주었다. 하인들에게 커피를 겨울정원에 갖다 놓으라는 지시가 내려졌다. 쿤츠는 날카로운 목소리로 병영으로 들어가야 한다고 도그카르트[61]를 요구했다.

지크문트는 오페라에 가기 위해 몸치장을 하고 있었다. 그것도 한 시간 전부터 그러고 있는 것이었다. 청결에 대한 끊임없는 유별난 욕구는 그의 특이한 성격이었는데, 하루의 상당 부분을 세면대 앞에서 보낼 정도였다. 그는 지금 하얀 테두리가 둘러진 나폴레옹 시대 양식의 커다란 거울 앞에 서서 세공한 분갑 안에 분첩을 찍었다가 금방 말끔히 면도한 턱과 뺨에 분을 발랐다. 자라난 수염이 너무 빳빳해서 저녁에 외출할 때면 두 번째 면도를 필히 해야 할 정도였기 때문이다.

그는 약간 알록달록한 모습으로 거울 앞에 서 있었다. 장밋빛 비단 바지와 양말에다, 빨간 모로코가죽 슬리퍼를 신었고, 연한 회색 모피로 된 소맷부리가 달린, 솜을 넣은 검은 무늬의 평상복 재킷을 입고 있었다. 그래서 그는 온통 하얀 래커 칠이 되어 있고, 실용적인 고상한 물건들이 갖추어진 커다란 침실 한가운데에 서 있는 것이었다. 침실의 창문 뒤로는 티어가르텐의

61 한 마리의 말이나 개가 끄는 이륜마차.

벌거벗은 나무 우듬지들이 짙은 안개 속에 솟아있었다.

날이 매우 어두워져서 그는 하얀 천정에 커다란 원 모양으로 무리 지어 달려있는 등을 켰다. 등불은 우윳빛 환한 빛으로 방을 가득 채워주었다. 그러고 나서 그는 어두워지는 창유리 앞으로 벨벳 커튼을 끌어당겼다. 장롱과 세면대, 화장대의 물처럼 맑은 거울 속에서 빛이 반사되어, 타일을 붙인 선반 위의 세공한 작은 병들이 반짝반짝 빛났다. 지크문트는 자기 일을 계속했다. 가끔 무슨 생각을 할 때는 거의 붙은 그의 두 눈썹은 비근 위에서 두 개의 검은 주름을 만들고 있었다.

그의 하루는 평소에 그랬던 것처럼 그렇게 공허하게 빨리 지나갔다. 오페라 공연이 여섯 시 반에 시작되는데, 네 시 반에 옷을 갈아입기 시작했던 터라 그에게는 오후 시간이 거의 없었다. 그는 2시부터 3시까지 긴 안락의자에 앉아 쉰 다음 차를 마셨다. 그러고 나서 자기 형 쿤츠와 함께 쓰는 서재의 푹신한 가죽의자에 몸을 쭉 뻗고 누워서 여러 신간 소설에서 각각 두세 페이지씩만 읽으면서 남은 한 시간을 보냈다. 그는 이런 책들의 내용이 모두 보잘것없다고 생각했지만, 그래도 그중 두세 편을 자기 도서실을 위해 예술적으로 제본하도록 제본소에 보냈다.

말이 나왔으니 말인데 그는 오전에 공부했었다. 아침 10시부터 11시까지 그는 그의 교수 작업실에서 보냈다. 유럽에서 명성이 있는 예술가인 이 교수는 지크문트의 그림 그리는 재능을 키워주는 대가로 아렌홀트 씨로부터 월 2000마르크를 받았다. 지크문트의 그림 솜씨가 형편없는 수준이었음에도 말이다. 그 자신도 그걸 알고 있어서 아예 자신의 예술성에 커다란 기대를 걸지 않았다. 그는 너무나 명민한 사람이어서 자기 존재의 여건들이 예술적 재능을 발전시키는 데 유리하지 않다는 것을 잘 파악하고 있었다.

그가 살아가는 데 필요한 시설이 너무나 풍족하고, 다양하고, 지나치게 넘쳐서 그의 삶 자체를 위해서는 거의 아무것도 더 들어설 자리가 없었다. 이런 시설 하나하나가 너무 귀중하고 아름다워서 원래 쓰이는 용도를 수준 높게 넘어서서 그를 혼란스럽게 했으며 그의 주의력을 소모시켜 버렸다. 지크문트는 넘치는 환경에서 태어났기 때문에 의심할 여지없이 그런 것에 익숙해져 있었다. 그럼에도 불구하고 실은 이런 과잉상태가 그를 몰입시키고 흥분시키며, 끊임없이 지속적으로 욕망을 일으키도록 자극하는 것을 결코 중단시키지는 못했다. 그 점에 있어서 그는 원하든 안 원하든 원래 아무것에도 익숙해지지 않는 기술을 익히고 있던 아렌홀트 씨와 닮아 있었다……

지크문트는 책 읽기를 좋아했고, 깊은 충동에 빠져 어떤 장비를 갖고 싶어 하듯 언어와 정신을 갈망했다. 그러나 그는 이 한 권의 책이 유일하게 제일 중요하다고 여겨질 정도로 어느 한 권의 책에 몰두하여 빠진 적이 한 번도 없었다. 사람들이 그 너머를 내다볼 수 없는 소우주라도 되는 듯, 그 속에 깊이 잠겨 들어가 마지막 음절에서도 영양분을 빨아들이려는 그런 책을 그는 발견하지 못했다. 책들과 잡지들이 물밀듯 쏟아져도 그는 그걸 모두 다 살 수 있었다. 그래서 그 서적들이 그의 주위에 쌓이게 되었다. 그걸 읽으려고 하다 보면 아직 읽어야 할 많은 책들이 그의 마음을 불안하게 했다. 하지만 책들은 제본되었다. 압착된 가죽으로 제본되어 지크문트 아렌홀트의 멋진 사인을 갖춘 책들이 자족감을 드러내며 화려하게 거기에 놓여 있었다. 이 책들은 그걸 정복하는 데 성공하지 못한 소유물처럼 그의 삶을 무겁게 내리누르고 있었다.

낮 시간은 그의 것이어서 마음대로 쓸 수 있었으며, 일출에서 일몰까지의 모든 시간들과 함께 그에게 선물로 거저 주어져 있었다. 하지만 지크문트는 그의 마음속에 뭔가를 하고자 하는 의지를 가질 만한 시간을 갖지 못했다. 하물며 무엇을 완성할 수 있는 시간은 더욱 갖지 못했다. 그는 영웅이 아니었기에, 거인의 힘을 갖고 있지 못했다. 본질적이고 진지하게 여겨지는 것을 위해 대책을 세우고 호화롭게 준비하느라 그가 써야 할 힘을 다 소모해 버리는 것이었다. 철저하고 완벽한 몸치장을 하느라 얼마나 많은 용의주도한 정신력이 꽃피지 못했고, 자기의 옷장이며, 담배, 비누, 향수의 재고량을 관리하느라 얼마나 많은 주의력이 소모되었던가! 넥타이를 고르는 게 중요했기 때문에, 매일 두세 번 반복되는 순간마다 얼마나 많은 결단력이 필요했던가! 그런데, 그런 것이 중요했다. 그에게는 그게 중요했다. 그곳 금발의 시민들이 목이 긴 고무구두를 신고 다니든, 옷깃을 접고 다니든 간에 그는 그런 것에는 개의치 않았다. 그 자신이야말로, 자신의 외모야말로 머리에서 발끝까지 나무랄 데 없이 완전무결해야 하는 것이었다……

결국에는, 그에게서 그 이상을 기대하는 사람은 아무도 없게 되었다. '본질적인 것'에 대한 불안감이 그의 마음속에 희미하게 일어나는 순간마다 가끔 그는 다른 사람의 기대가 없다는 사실이 그 불안감을 다시 마비시키고 없애준다고 느꼈다…… 집에서 지내는 시간은 하루가 공허함이 느껴지지 않는 가운데에 빨리 지나가도록 안배되었다. 언제나 다음 식사 시간이 빨리 다가왔다. 7시 전에 저녁 식사를 했기 때문에 양심의 가책을 느끼지 않고 빈둥거릴 수 있는 저녁 시간이 길었다. 하루하루가 그렇게 지나갔다. 계절들도 그렇게 재빨리 왔다가 지나가버렸다. 그들은 여름 두 달을 테니스장, 서늘한 공원길, 깎은 잔디에 청동상들이 서 있는 넓고 화려한 정원이 있는 호숫가의 작은 성에서 보냈다. — 세 번 째 달은 집보다 더 호사스러운 생활을 할 수 있는, 바닷가나 고산지대의 호텔에서 보냈다…… 얼마 전에 그는 편안한 시간에 시작하는 예술사 강의를 들으러 겨울의 며칠 동안 대학에 갔었다. 그의 후각신경의 판단에 따르면, 자기를 제외하고는 그 강의에 참가하는 신사들이 충분히 몸을 씻지 않았기 때문에 그는 더 이상 그 강의를 듣지 않았다.

그 대신에 그는 지클린데와 산책을 다녔다. 그녀는 아주 오래전 태어나면서부터 그의 옆에 있었다. 둘이 첫소리를 옹알댈 때부터, 첫발을 뗄 때부터 그녀는 그의 곁에 붙어 있었다. 그래서 그는 자기와 함께 태어난 그녀, 화려하게 치장하고 갈색 머리카락을 가진 자신과 꼭 닮은 사랑스러운 그녀 말고는 친구가 하나도 없었으며, 친구를 가져본 적도 없었다. 풍부함으로 가득한 날들이 공허한 눈을 하고 그들 곁을 스쳐 훌쩍 지나가는 동안 그는 자기와 꼭 닮은 그녀의 가녀리고 촉촉한 손을 꼭 잡고 있었다. 그들은 산책하는 길에 싱싱한 꽃들, 제비꽃과 은방울꽃 다발을 갖고 다녔다. 그들은 교대로 꽃냄새를 맡았고, 때로는 두 사람이 동시에 맡기도 했다. 그들은 걸어가면서 조심성 없는 태도로 관능적 향락에 탐닉하면서 그윽한 향내를 들이마셨고, 자기들밖에 모르는 환자들처럼 그 향내를 즐겼으며, 희망 없는 사람들처럼 도취했고, 역한 냄새가 나는 세상을 마음속으로부터 밀쳐버렸으며, 자신들의 고귀한 무용성 때문에 서로를 사랑했다. 하지만 그들이 한 말은 날카롭고 불꽃이 튀었다. 그들은 자기들이 만나는 사람들과 자기들이 보고 듣고 읽은 것들을 그런 말로 공박했다. 그리고 그들은 단어나 표현에 재치 있는 반박이 나올 것을 감수하고서라도 작품을 발표하지 않을 수 없는 예술가들의 업적을 그런 말로 공박했던 것이다……

그때 정부 청사에 근무하는 훌륭한 가문 출신인 폰 베케라트가 나타났다. 그가 지클린데에게 구혼했을 때, 그는 아렌홀트 씨에게서는 호의적인 중립적 태도를, 아렌홀트 부인한테서는 찬성을, 경기병인 쿤츠한테서는 열렬한 지지를 얻어내었다. 베케라트는 참을성이 있고 근면하며 더할 나위 없이 공손했다. 그를 사랑하지 않는다고 몇 번이고 충분히 이야기한 뒤에, 마침내 지클린데는 그를 주의 깊게 살피며 혹시나 하는 기대를 갖고 말없이 관찰하기 시작했다. 그녀는 동물의 눈처럼 아무 생각 없이 반짝반짝 빛나는 진지한 눈초리로 관찰했다. — 그리고 좋다고 승낙했다. 그녀가 따르던 지크문트 자신도 이러한 결과가 되는 데에 관여했다. 그는 자신을 경멸했지만, 폰 베케라트가 정부 청사에 근무하고, 훌륭한 가문 출신이었기 때문에 반대하지는 않았다…… 지크문트가 몸치장을 하는 동안 이따금씩 그의 거의 붙은 두 눈썹은 비근에서 두 개의 검은 주름을 만들고 있었다……

그는 침대 앞에 펼쳐진 북극곰의 털가죽 위에 서 있었다. 두 앞발을 쭉 뻗고 있었으며 뒷발 두 개는 털 속에 감추어진 곰의 털가죽이었다. 그리고 그는 자신의 온몸에 오드콜로뉴를 뿌린 뒤 주름이 잡힌 연미복 셔츠를 집어 들었다. 풀을 먹여 희미하게 빛나는 리넨 속으로 미끄러져 들어간 그의 누르스름한 상체는 소년의 몸처럼 말랐고, 그러면서 검은 털이 텁수룩했다. 그런 다음 그는 검은 비단 속옷을 입고, 검은 비단 양말을 신었다. 그리고 은 죔쇠가 있는 검은색 양말밴드를 매고, 다림질한 바지를 입었는데, 바지의 검은 천은 비단처럼 윤기가 흘렀다. 그리고 좁은 어깨 위에 흰색 비단 멜빵을 단단히 맸다. 그러고는 발을 발판에 올려 에나멜가죽 부츠의 단추를 채우기 시작했다. — 문을 두드리는 소리가 났다.

"들어가도 돼, 기기?" 지클린데가 밖에서 물었다……

"응, 들어와" 그가 대답했다.

이미 준비를 마친 채 그녀가 들어왔다. 그녀는 바닷빛 녹색의 빛나는 비단 드레스를 입고 있었는데, 그 드레스의 각진 목둘레선을 따라 생사로 넓게 수가 놓여 있었다. 허리띠 위에 수놓은 두 마리의 공작이 서로 마주 보며 부리에 꽃사슬을 물고 있었다. 지클린데의 새까만 머리카락에는 이제 장신구가 없었다. 하지만 그대로 드러난 목에 걸린 가느다란 진주 목걸이에는 계란 모양의 커다란 보석이 달려 있었다. 목의 피부는 약간 그슬린 해포석(海泡石) 빛깔을 띠고 있었다. 그리고 팔에는 은사(銀絲)를 잔뜩 섞어 짠 숄이 걸쳐져 있었다.

"난 숨기지 않겠어" 하고 그녀가 말했다. "마차가 기다리고 있다는 사실 말이야."

"난 망설이지 않고 주장하겠어. 마차가 2분은 더 기다려 줄 거라고 말이야." 그가 그녀의 말을 이렇게 받아쳤다. 10분이 지났다. 그녀는 발을 뻗을 수 있는 긴 흰색 벨벳 의자에 앉아서 준비를 더욱 서두르고 있는 그의 모습을 바라보았다.

그는 온갖 다채로운 색상의 넥타이들 중에서 흰색 면 넥타이를 하나 골라 거울 앞에서 나비 모양으로 리본을 매기 시작했다.

"베케라트는 아직도 색깔 있는 넥타이를 비스듬히 매고 다녀."라고 그녀가 말했다. "지난해 유행했던 대로 말이야."

"베케라트는 내가 그 속을 들여다본 사람들 중에서 가장 통속적인 존재야."라고 그가 말했다. 그러고 나서 그는 그녀 쪽으로 몸을 돌렸다. 그러고는 마치 태양에 눈이 부신 사람처럼 얼굴을 찡그리며 덧붙여 말했다.

"말이 나온 김에 말인데 오늘 저녁에는 그 게르만족 이야기를 더 이상 하지 말아줬으면 해."

그녀는 쿡 하고 짧은 웃음을 터뜨리고는 다음과 같이 대답했다.

"내가 어렵지 않게 그렇게 할 수 있을 거라고 확신해도 돼."

그는 목이 깊게 파인 면직물 조끼를 입고, 이미 다섯 번이나 입어본 연미복을 그 위에 입었다. 두 손이 소매 속을 미끄러져 내려갈 때 부드러운 비단 안감이 그의 두 손을 어루만져 주었다.

"단추 세트는 어떤 걸 달았는지 좀 보자." 지클린데가 이렇게 말하며 그에게 다가갔다. 그건 자수정 단추였다, 셔츠와 소맷부리 단추, 하얀 조끼의 단추가 모두 같은 종류의 세트였다.

그녀는 경탄의 눈초리로 자랑스럽다는 듯 경건하게 그를 바라보았다. — 반짝이는 그녀의 눈에는 깊고 어두운 애정이 담겨 있었다. 그녀의 입술이 너무 부드럽게 포개져 있어서 그는 그녀의 입술에 키스했다. 그들은 잠시 한순간 더 애무하기 위해 긴 의자에 앉았다. 그들은 그러는 것을 좋아했다.

"다시 아주, 아주 부드러워졌구나." 그녀는 이렇게 말하며 면도한 그의 뺨을 쓰다듬었다.

"너의 조그마한 팔은 마치 비단결 같이 느껴져." 그는 이렇게 말하며 자신의 손으로 그녀의 부드러운 아래팔을 쓰다듬으면서 동시에 그녀의 머리카락에서 나는 제비꽃 향내를 맡았다.

그녀는 감고 있는 그의 눈에 키스했다. 그는 그녀의 목에 걸려 있는 보석의 옆에 키스했다. 그들은 서로의 손에 키스했다. 감미로운 관능에 취해 그들은 제멋대로이긴 하지만 훌륭하고 세련된 몸치장과 향긋한 향내 때문에 서로 사랑하는 것이었다. 결국 그들은 입술로 서로를 물고 빠는 조그만 강아지들처럼 행동하고 있었다. 이윽고 그가 일어섰다.

"오늘 우리 너무 늦게 가지 않도록 하자." 그가 말했다. 그는 조그만 향수병의 주둥이를 손수건에 대고 누르고 나서, 향수 한 방울을 가녀린 붉은 두 손에 발랐다. 그리고 장갑을 집어 들고는 준비가 끝났다고 말했다.

그가 불을 껐고, 그들은 방에서 나갔다. 그들은 어두운색을 띠는 오래된 그림들이 걸려 있는, 불그스름하게 불 밝혀진 복도를 따라 오르간이 있는 곳을 지나 계단을 내려갔다. 1층 현관에는 길고 노란 외투를 입은, 거인처럼 키가 큰 벤델린이 그들의 외투를 들고 기다리고 있었다. 그는 그들에게 외투를 입혀 주었다. 지클린데의 자그마한 검은 머리는 은색 여우 털 옷깃 속으로 들어가 절반은 보이지 않았다. 그들은 하인을 따라 돌이 깔린 복도를 지나 밖으로 나갔다.

날씨는 온화했다. 눈이 약간 내리고 있었는데, 희끄무레한 빛 속에서 커다랗고 길쭉길쭉한 눈송이들이 떨어지고 있었다. 쿠페형 마차가 집 바로 옆에 대기하고 있었다. 두 남매가 마차에 올라타는 것을 하인이 지켜보는 동안, 마부는 로제트 모자에 손을 댄 채 몸을 약간 구부려 보였다. 그런 다음 마차 문이 철컥하고 닫혔다. 벤델린이 마부 옆자리로 훌쩍 올라탔으며, 마차는 즉시 속력을 내어 삐걱거리는 소리를 내며 앞마당의 자갈길을 달렸다. 그리고 활짝 열린 높다란 격자문을 지나 오른쪽으로 유연하게 커브를 그리며 계속 굴러갔다……

그들이 앉은 조그맣고 부드러운 공간은 은근하게 데워져 있었다.

"커튼을 칠까?" 지크문트가 물었다…… 그녀가 그러자고 하자 그는 갈색 비단 커튼을 잘 닦인 유리창 앞으로 끌어당겼다.

그들은 도시의 심장부에 들어와 있었다. 불빛들이 커튼 뒤로 흩날리며 지나갔다. 규칙적인 박자로 성큼성큼 내딛는 말발굽 주위로, 그들을 싣고 울퉁불퉁한 지면 위로 소리 없이 탄력있게 달리는 마차 주위로, 거대한 원동기의 엔진이 부르릉부르릉 소리를 내며 날카롭게 째지는 굉음을 울렸다. 그리고 그런 세상과 차단된 채, 그런 것으로부터 부드럽게 보호받으며 그들은 박음질로 누빈 갈색 비단 방석에 가만히 앉아 있었다. — 서로 손을 맞잡고.

마차가 건물 앞에 가서 멈추었다. 벤델린이 그들이 내리는 것을 돕기 위해 마차 문 옆에 대령하고 있었다. 아치형의 밝은 불빛 속에서 추위에 떨고 있는 노인들이 그들의 도착을 지켜보고 있었다. 남매는 그들의 살피는 듯 증오 섞인 시선들을 지나쳐서, 하인을 따라 현관을 통과해 갔다. 이미 시간이 늦었고, 벌써 조용했다. 그들은 야외의 계단을 올라가 벤델린의 팔에 외투를 던져 주고는, 높다란 거울 앞에 잠시 나란히 서 있다가 조그만 문을 통해 2층 특별석으로 들어갔다. 접힌 의자를 쾅 하고 들어 올리는 소리, 잠잠해지기 전에 마지막으로 웅성거리는 소리가 그들을 맞아들였다. 극장 직원이 벨벳 안락의자를 그들 밑에 밀어주는 순간 홀은 어둠 속에 휩싸였고, 저 아래에서는 거칠게 요동치는 강한 음으로 전주곡이 시작되었다.

폭풍, 폭풍우였다…… 장애물이나 비위에 거슬리는 자잘한 불쾌한 소리에도 방해받거나 흐트러지지 않고, 공중에서 부유하며 가볍게 이곳에 도달하는 음악에 지크문트와 지클린데는 즉각 집중했다. 폭풍, 뇌우의 격정, 숲속에서 사납게 휘몰아치는 바람이었다. 신의 혹독한 명령은 분노로 일그러져 우르릉거리고 되풀이되었다. 이어 분부대로 심한 천둥소리가 꽝 하고 요란하게 뒤따랐다. 폭풍에 휘날리듯 막이 갑자기 확 열렸다. 그곳은 이교도의 홀이었다. 어두운 가운데 불꽃이 부뚜막에서 이글거리고 있었고, 한가운데는 우뚝 솟아 있는 물푸레나무[62] 둥치의 윤곽이 보였다. 빵 색깔의 수염을 기르고 장밋빛 피부색을 지닌 남자인 지크문트가 나무로 된 문에 나타나, 쫓기고 지친 나머지 기둥에 몸을 기대고 있었다. 그러고 나서 그는 나무껍질과 동물 가죽으로 휘감은 자신의 튼튼한 다리를 질질 끌면서 처참한 모습으로 앞으로 움직여 나갔다. 금발 눈썹, 이마에 드리워진 금발의 곱슬머리 가발 아래로 그의 푸른 두 눈은 낙담한 눈초리로 애원하듯 지휘자를 향하고 있었다. 그러자 드디어 음악이 잦아들고 멈추면서 그의 목소리가 들리기 시작했다.

62 북유럽 신화에서 물푸레나무는 하늘과 땅, 지구의 중심을 이어주는 우주목이다. 최고의 신인 보탄은 이 물푸레나무로 자신을 상징하는 창을 만들었다.

숨을 가삐 몰아쉬며 소리를 죽여 노래했음에도 불구하고 그의 목소리는 단단한 금속성의 밝은 음성이었다. 부뚜막의 주인이 누구이건 그는 쉬어야만 한다고 짧게 노래했다. 그리고 마지막 말을 하면서 그는 어렵사리 곰 털가죽 위에 쓰러져서는, 통통한 팔에다 머리를 베고 누웠다. 선잠을 자면서 그의 가슴은 계속 숨을 쉬고 있었다.

일어난 사건들과 함께 물결치며 밀려오는 음악의 파도, 노래하고 말하며 알려 주는 음악의 물결에 휩싸인 채 1분이 흘러갔다[63]…… 그때 지클린데가 왼쪽에서 등장했다, 그녀는 눈같이 흰 가슴을 지니고 있었다. 그 가슴은 모피가 달린 모슬린 옷의 깊게 파인 부분에서 경이롭게 흔들리고 있었다. 그녀는 낯선 남자를 보고 깜짝 놀랐다, 그래서 그녀가 턱을 가슴 쪽으로 바싹 당기자 턱에 주름이 졌고, 입술을 적절한 모양으로 만들어 이 놀라움을 음으로 표현했다. 그 음은 그녀의 혀와 움직이는 입으로 만들어졌고, 그녀의 뽀얀 후두에서 부드럽고 따뜻하게 솟아올랐다……

---

63 1분 동안 관현악에서는 '폭풍의 모티프'와 '지크문트의 탈진의 모티프'가 연주된다. 이미 전주곡에서는 '폭풍의 모티프'와 번개의 신 돈너가 만든 '뇌우의 모티프'가 연주되었다. 지크문트가 폭풍에 지쳐 지클린데가 사는 집에 들어와 탈진한 상태로 누워있는 상황을 관현악이 표현해 주는 것이다.

그녀는 그를 보살펴 주었다. 그에게로 몸을 굽히자 거친 모피 속에서 그녀의 가슴이 그를 향해 피어올랐다. 그녀가 뿔로 만든 술잔을 두 손으로 그에게 건네주자, 그는 그걸 마셨다. 음악은 원기 회복과 시원한 자선 행위에 대해 감동적인 표현을 했다. 이윽고 그들은, 저 아래에서 저음부의 매혹적인 음악[64]이 울리는 순간, 말없이 그 음악에 빠져들어 가, 처음으로 황홀감에 젖어, 처음으로 무언가를 어렴풋이 알아차리며 서로를 바라보았다……

그녀는 그에게 벌꿀로 만든 달콤한 술을 가져다주면서 먼저 자신의 입술을 뿔잔에 대어 보았다. 그런 다음 그가 그것을 쭉 들이켜는 것을 지켜보았다. 그러고서 다시 둘의 시선이 서로 마주치며 깊이 빠져들어 갔고, 저 아래서는 다시 저음부의 깊은 선율이 흐르며 그리움을 나타내고 있었다…… 그런 다음 그는 암담한 마음으로, 고통스러운 거부의 몸짓을 보이며 출발하고자 했다. 그는 맨살이 드러난 두 팔을 내려뜨리고, 자신의 고통과 고독, 쫓기고 미움 받은 자신의 존재를 안고 그녀를 떠나 숲으로 되돌아가기 위해 문 쪽으로 걸어갔다. 그녀가 그를 불렀다. 그러나 그가 그 부르는 말을 듣지 못하자 그녀는 앞뒤 가리

---

64 관현악의 저음부에서 울리는 이 선율은 〈발퀴레〉 전반을 관통하는 중요한 라이트모티프로서 '사랑의 모티프'이다.

지 않고 두 손을 치켜든 채 자신의 재앙에 대해 불쑥 고백하고 말았다. 그는 멈추어 섰다. 그녀는 눈을 내리깔았다. 그들의 발치에서 두 사람을 결합해 주는 고통의 모티프 선율이 음울하게 이야기하듯 흘러나왔다.[65] 그는 발길을 멈추었다. 그는 팔짱을 낀 채로 부뚜막 앞에 서서, 자신의 운명을 기다렸다.

훈딩이 왔다. 그는 암소처럼 X자 다리를 하고 있었고 배가 불룩했다. 그의 수염은 검은색이었는데, 텁수룩한 갈색 털이 여기저기 섞여 있었다. 음악은 훈딩의 호전적 모티프를 연주하고 있었고, 그가 험상궂고 둔중하게 자신의 창에 몸을 기댄 채 거기 우뚝 서서, 물소 같은 눈으로 손님을 바라보았다. 이윽고 그는 야만적이긴 해도 예절은 지킨다는 투로 손님이 온 것을 환영한다고 말했다. 그의 베이스 목소리는 녹슨 쇳소리 같았고 굉장히 우렁찼다.

지클린데는 저녁상을 준비했다. 그리고 그녀가 일하는 동안, 훈딩은 수상쩍은 눈초리로 그녀와 낯선 사내를 천천히 요모조모 살펴보았다. 이 우둔한 인간도 그 두 사람이 서로 닮았고, 한 종류의 족속이라는 것을 쉽게 알아보았다. 그는 이렇게 자유분방하고 반항적이며 유별난 족속을 미워했고, 자기로서는 이런 족속들을 감당하기 어렵다고 느꼈다……

65 이 장면에서 관현악은 '벨중의 고통의 모티프'를 연주한다.

그러고 나서 그들은 자리에 앉았다. 그리고 훈딩은 자신을 소개했다. 자신은, 두어 마디로 간단히 설명하자면, 질서를 잘 지키는 소박한 인간이며 널리 존중을 받는 존재라고 했다. 그는 지크문트에게도 마찬가지로 정체를 밝히라고 강요했는데, 이것은 비교가 되지 않을 정도로 더 어려운 일이었다. 하지만, 지크문트는 그것을 노래로 불러 설명했다 — 자신의 삶과 고통에 대해 밝고도 너무나 아름답게 노래 불렀다. 자신은 쌍둥이로 태어났는데, 쌍둥이 누이와 자기였다⋯⋯ 그는, 좀 조심해야만 하는 사람들이 그렇게 하듯이, 가명을 말했다. 그러고 나서 그는 자신의 낯선 아버지와 자신이 사람들에게서 받은 미움과 질시에 대해, 그리고 자신의 집 거실이 불탄 것에 대해, 누이 동생이 사라진 것에 대해, 추방당해 쫓기면서 사람들의 악평에 시달리고 있는 숲속의 노인과 젊은이의 신세에 대해 아주 근사한 솜씨로 노래했다. 그리고 마지막으로 그는 불가사의하게 아버지마저 잃어버리게 되었다고 노래했다⋯⋯ 그러고 나서 지크문트는 더할 나위 없이 고통스러운 노래를 불렀는데, 그것은 사람들에게 다가서려는 그의 열망, 동경, 끝없는 고독에 대한 노래였다. 그는 남자들과 여자들에게 우정과 사랑을 얻고자 노력했지만, 언제나 배척당했다고 노래했다. 저주가 자신에게 내려졌고, 자신은 늘 출신이 기이하다는 낙인이 찍혀 있었다고 했다. 그의 언어는 다른 사람들이 쓰는 언어가 아니었고, 다른 사람들의 언어는 그가 쓰는 언어가 아니었다고 했다. 그에게 좋아 보이는 일들은 대다수의 다른 사람들을 화나게 했고, 그들이 명예롭게 생각하는 옛날 일들은 그를 격분하게 했다고 했다. 그는 다른 사람들과는 낯선 존재이고, 도저히 희망이 없을 정도로 다른 종류의 사람이기 때문에 언제 어디서나 화를 내고 싸움을 하고 다녔으며, 경멸, 증오, 비방이 항상 그를 따라다니며 괴롭혔다고 노래했다……

이 모든 고백을 대하는 훈딩의 태도는 전적으로 그다웠다. 그의 대답에는 그 어떤 공감도, 그 어떤 이해심도 담겨있지 않았다. 오로지 지크문트의 수상쩍고 비정상적이고 모험적으로 살아온 방식에 대한 반감과 언짢은 불신만 나타낼 뿐이었다. 그런데, 추적하라는 요청을 받고 자기가 잡으러 나갔던 바로 그 추방자가 자기 집 안에 들어와 있다는 사실을 알게 된 지금, 훈딩은 그 조야하고 옹졸한 성질로 미루어 예견할 수 있는 꼭 그대로 행동했다. 그는, 자신이 내세우는 그 무서운 예절에 따른다면, 자기 집은 성스러운 곳이니 오늘은 도망자를 보호해 주겠지만, 내일은 지크문트를 결투에서 쓰러뜨리는 영광을 안게 될 것이라고 선언했다. 그런 뒤에 그는 지클린데에게 저 안에서 잠자리 술에 약초를 넣고 침대에서 기다리라고 퉁명스럽게 지시하고 협박조로 두세 마디 더 내뱉고는 자신의 모든 무기를 챙기고, 지크문트를 극도로 절망적인 상태로 혼자 내버려

둔 채 가버렸다.

지크문트[66]는 의자에 앉은 채 벨벳으로 감싼 난간 위로 상체를 앞으로 굽히고 가녀리고 붉은 한 손으로 소년다운 자신의 검은 머리카락 머리를 괴고 있었다. 그의 눈썹은 두 개의 검은 주름을 만들고 있었고, 그의 두 발 중 한 발은 에나멜가죽 부츠의 뒷굽에만 지탱하며 쉬지 않고 계속해서 초조하게 좌우로 돌거나 앞뒤로 움직이고 있었다. 자기 옆에서 "기기……" 하고 속삭이는 소리가 들리자 그는 그 동작을 멈추었다.

그리고 그가 고개를 돌렸을 때 그의 입가에는 어떤 뻔뻔스러운 기색이 살짝 엿보였다.

지클린데는 체리브랜디가 든 초콜릿이 담긴 진줏빛 통을 그에게 내밀었다.

"콩 모양의 마라스키노 초콜릿들은 밑에 깔려 있어." 하고 그녀가 속삭였다. 하지만 그는 체리브랜디 초콜릿 한 개만 집었다. 그가 초콜릿의 얇은 포장지를 벗기는 동안 그녀는 또 한 번 허리를 구부려 그의 귀에다 대고 말했다.

"이제 그녀가 금방 다시 그에게로 돌아올 거야."

"나도 그걸 전혀 모르진 않아." 하고 그가 너무 큰 소리로 대답하는 바람에 몇몇 사람들의 머리가 불쾌한 듯이 그들 쪽으로

66 이 지크문트는 무대 위의 지크문트가 아니라 관객 지크문트를 가리킨다.

향했다. …… 키가 큰 지크문트는 저 아래 어둠 속에서 홀로 노래를 부르고 있었다. 가슴의 가장 깊은 곳에서부터 그는 검을, 번쩍거리는 손잡이가 있는 검을 달라고 외치고 있었다. 지금은 분노가 치밀어 올라와도 아직은 마음속에 감추고 있는 증오와 그리움을 언젠가 엄청난 격정 속에서 분출시킬 때 휘두를 수 있는 그 검을 달라고…… 그는 나무에 꽂혀있는 칼자루가 번쩍거리는 것을 보았고, 그 광채와 부뚜막 불이 꺼져가는 것을 보고는 다시 절망적인 선잠에 빠져들었다. ― 그때, 지클린데가 어둠 속에서 그에게로 살금살금 다가왔으므로 화들짝 놀라며 두 손으로 바닥을 짚고 몸을 일으켰다.

훈딩은 수면제로 마비되고 취해서 세상모르고 자고 있었다. 그들은 그 육중한 체구의 멍청이가 계략에 넘어간 것을 함께 기뻐했다. ― 그런데, 그들은 웃으면 눈이 작아지는 모양이 서로 같았다…… 그런데 그때 지클린데는 악단 지휘자를 슬쩍 바라보고는 이제 노래를 시작하라는 지시를 받았다. 그래서 그녀는 입술 모양을 적절하게 만들고, 자신이 처한 모든 상황을 상세하게 노래하기 시작했다. ― 그녀는 낯선 곳에서 거칠게 자란 외로운 그녀가 자신의 의사와는 상관없이 음험하고 투박한 사내에게 주어진 사연을 가슴이 찢어지는 듯이 노래했다. 게다가 그녀는 자신의 미심쩍은 출신을 잊어도 좋을 만한 괜찮은 결혼을 했으니 스스로 행복하다고 생각하라는 요구까지 받게 된 사연까지도 노래했다…… 또한, 그녀는 모자를 눌러 쓴 노인에 대해, 그 노인이 어떻게 물푸레나무 둥치에 검을 꽂았는지를 낮은음으로 위로하듯이 노래했다. — 그리고 둥치에 박혀 있는 검을 빼내도록 유일하게 운명 지워진 오직 그 한 사람을 위해 노래 불렀으며, 그녀는 그가 바로 그녀가 생각하고 있고 알고 있으며 원한에 사무치도록 그리워하는 바로 그 사람이길 바란다며 도취된 듯이 노래했다. 자신의 친구 이상인 친구, 궁지에 빠졌을 때 위로해주는 사람, 자신이 당한 모욕을 복수해 줄 사람, 자신이 오래전에 잃어버렸던 그 남자, 치욕을 당하면서도 자신이 그를 위해 슬퍼하며 울었던 그 남자, 고통받고 있는 그녀의 남자 형제, 그가 바로 자신을 구원해주고 해방해 줄 그 남자이기를……

하지만 그때 지크문트는 그의 튼실한 장밋빛 두 팔로 그녀를 와락 얼싸안고 그녀의 뺨을 자기 가슴에 난 털에 누르고는 그녀의 머리 너머 은처럼 영롱하게 울려 퍼지는 폭발적인 목소리로 환희의 감정을 온 사방으로 노래 불렀다. 그의 가슴은 그와 그의 사랑스러운 동반자인 그녀를 맺어주는 맹세로 뜨거워졌다. 나쁜 평판 속에 살면서 가졌던 그의 모든 그리움은 그녀 속에서 충족되어 치유되었다. 그리고 그가 남자와 여자들에게 다가갈 수밖에 없는 상황으로 내몰릴 때, 자신이 낙인찍힌 바 있던 것에 대한 의식이 있어 두려워하면서도 뻔뻔스럽게 우정과 사랑을 간구했을 때 마음 아프게 거절당했던 모든 것들을 그녀 속에서 발견했다. 그가 고통을 당했던 것처럼 그녀는 모욕을 당하고 있었고, 그가 추방당한 것처럼 그녀의 명예도 실추된 상태였다. 그러니 복수 — 복수가 이제는 그들 남매간의 사랑이 되어야 할 것이다!

돌풍이 몰아치자 커다란 나무 문이 갑자기 확 열리면서 홀 안으로 하얀 전기 불빛이 홍수처럼 쏟아져 들어와 넓게 퍼졌고, 어둠 속에 있다가 갑자기 모습을 드러내게 된 그들은 거기 서서 봄과 그의 누이에 대한 노래, 사랑의 노래를 불렀다.[67]

그들은 곰 털가죽 위에 웅크리고 앉아서 불빛 속에서 서로를 쳐다보면서 감미로운 사랑의 노래를 서로 불러주었다. 그들의 맨 팔은 서로 닿아 있었고, 그들은 손으로 상대의 관자놀이를 잡고서 서로의 눈을 들여다보고 있었으며, 노래 부를 때 그들의 입이 서로 가까이 가 있었다. 그들은 자신들의 눈, 관자놀이, 이마와 목소리를 서로 비교해 보면서 그것들이 서로 똑같다는 사실을 발견했다. 서로의 존재를 급박하게, 그리고 점점 더 분명하게 재인식하게 되자 그의 입에서 불현듯 아버지의 이름이 튀어나오고, 그녀가 그의 이름을 불렀다. "지크문트[68]! 지크

---

67 여기서 지크문트는 유명한 아리아 '봄의 노래'를 부르고, 지클린데는 '그대는 나의 봄'을 부르면서 둘은 사랑의 2중창을 부른다.

68 지크문트(Siegmund)는 '승리의 입'이라는 의미임.

문트!" 그는 뽑은 검을 머리 위로 휘둘렀고, 그녀는 지극히 행복해하며 그를 향해 자신이 누구인지 노래했다, 자기가 바로 그의 쌍둥이 누이 지클린데라고…… 그는 극도로 도취되어 자신의 신부이며 누이를 향해 두 팔을 내뻗었고 그녀는 그의 품에 안겼다.[69] 막이 스르르 닫혔고, 음악은 폭풍과 같은 맹렬한 열정을 내뿜고 날뛰면서 소용돌이치고 또 소용돌이치다가 쾅 하는 굉장한 일격과 함께 갑자기 뚝 그쳤다.

열광적인 박수갈채가 터져 나왔다. 불이 켜졌다. 수많은 관객이 자리에서 일어나 슬그머니 기지개를 켰는데, 그들의 몸은 벌써 출구를 향하고 있었지만, 머리는 아직도 무대 쪽을 향하여, 거기 막 앞에 나란히 나타난 가수들에게 갈채를 보내고 있었다. 가수들은 마치 대목 장터의 가판대 앞에 나란히 걸려 있는 가면들처럼 보였다. 훈딩도 나와서, 앞서 일어난 모든 사건에도 불구하고 얌전하게 미소를 지어 보였다……

지크문트는 자기 의자를 뒤로 밀치고 일어섰다. 그는 더위를 느꼈다. 그의 양쪽 뺨 위에, 잘 면도 된 그의 힘없고 깡마른

69 1막 마지막에서 지크문트는 지클린데를 맹렬한 열정으로 끌어안으면서 다음과 같이 노래한다. "당신은 오라버니에게 신부이며 누이 – 이렇게 벨중족의 혈통이 피어나기를!"
쌍둥이 오누이의 근친상간으로 '빛나는 영웅' 지크프리트가 탄생하면서 벨중족의 혈통이 피어나기 시작한다. 토마스 만은 〈벨중족의 혈통〉이라는 제목을 여기서 따게 된다.

뺨 아랫부분에 불그스레한 홍조가 뜨겁게 피어 있었다.

"나에 관해 말하자면" 하고 그가 말했다. "좀 더 시원한 공기를 쐬고 싶어. 참, 말이 났으니 말인데, 지크문트 역이 꽤나 약했어."

"봄의 노래를 부르는 장면에서 오케스트라도"라고 지클린데가 말했다. "끔찍하게도 질질 끌면서 연주했다고 느꼈어."

"감상적(感傷的)이었지!" 하고 지크문트가 말하고는 연미복을 걸친 좁은 어깨를 으쓱했다. "같이 나갈 거야?"

그녀는 아직도 한순간 머뭇거리면서 팔을 괴고 앉아서 무대 쪽을 바라보고 있었다. 그녀가 그와 함께 가기 위해 자리에서 일어나 은색 숄을 집어 들었을 때 그는 그녀를 바라보았다. 부드럽게 층을 이루고 있는 그녀의 도톰한 두 입술이 씰룩거리고 있었다……

그들은 로비로 나가서 느릿느릿 움직이는 군중 속을 이동하면서 지인들과 인사했고, 계단 위를 걷기도 했는데, 이따금씩 서로 손을 잡기도 했다.

"나는 아이스크림이 먹고 싶어." 하고 그녀가 말했다. "보나마나 질이 형편없겠지만, 만약 그렇지만 않다면 말이야."

"뻔할 뻔 자이지!" 하고 그가 말했다. 그리하여 그들은 자기들이 가져온 통에서 달콤한 것을 꺼내 먹었는데, 그것은 체리 브랜디 초콜릿과 마라스키노 브랜디가 들어 있는 콩 모양의 초콜릿 사탕이었다.

벨 소리가 나자 그들은 멀찌감치 떨어져서 사람들의 무리가 서두르려고 하다가 막혀버리는 모습을 경멸하는 표정으로 바라보고 있었다. 그들은 몇 복도들이 모두 조용해질 때까지 기다렸다가 불이 이미 다 꺼져서 어둠으로 인해 홀의 혼란스러운 북적거림이 가라앉고 진정되자 마지막 순간에 자신들의 특별 관람석에 들어섰다…… 벨이 조용히 울리자 지휘자는 두 팔을 치켜들었다. 그러자 그가 지시한 고상한 소리가 잠시 쉬었던 사람들의 귀를 다시 가득 채우기 시작했다.

지크문트는 오케스트라 내부를 들여다보았다. 그 움푹 파인 공간은 음악에 귀 기울이고 있는 관객석에 비해 밝았고, 연주하느라 부지런히 손가락을 놀리는 손과 현악기를 켜는 팔, 그리고 부느라 부풀어 오른 볼 등으로 꽉 차 있었는데, 그렇게 그 공간은 위대하고 고통스러운 작품을 완수하려고 온 힘을 쏟는 단순하면서도 열성적인 사람들로 가득 차 있었다. — 저기 무대 위에서 어린이처럼 순수하고 숭고한 환상(幻像)으로 나타나고 있는 바로 그 작품 말이다…… 하나의 작품이라! 작품은 어떻게 만들어지는가? 지크문트의 가슴 속에는 어떤 고통이 느껴졌는데, 그것은 불타오르며 소모시키는 고통이었고, 어떤 달콤한 억압 비슷한 그 무엇이었다. — 어디로 몰아세우는 억압인가? 무엇을 향한 고뇌인가? 그것은 너무 막연했고, 고약하다

싶을 정도로 불명확했다. 그의 감정에 두 개의 단어가 떠올랐다. 창조…… 열정…… 그리고 그의 관자놀이가 뜨거워져 욱신거리는 동안, 그가 그리움에 차 통찰한 것은, 창조는 열정의 산물이고 다시금 열정의 형상을 하고 나타난다는 사실이었다. 그는 기진맥진해서 얼굴이 창백한 여인이 자기 몸을 바친, 도주 중에 있는 남자의 품에 매달려 있는 장면을 보았고, 그녀의 사랑과 고난을 보았으며, 창조적이기 위해서는 삶이 그렇게 되지 않을 수 없다는 사실을 통감했다. 그는 자기 자신의 삶을 바라보고 있었다, 부드러움과 위트, 응석과 부정, 사치와 모순, 풍요와 총명함, 부유한 안정감과 장난스러운 증오로 이루어진 그 삶을! 체험은 없고 단지 논리적 유희만 있으며, 어떤 감정도 없이 다만 촌철살인의 표현만 있는 그 삶을 바라보았다. — 그리고 그의 가슴 속에는 불타올라, 소모시키는 것, 그 무엇인가 달콤한 억압 같은 것이 느껴졌다. — 어디로 몰아세우는 억압인가? 무엇을 향한 고뇌인가? 작품을 원하는가? 체험을 원하는가? 열정을 원하는가?

막이 스르르 닫혔다. 위대한 결말이었다! 불이 들어오고, 박수갈채가 터졌으며 사람들은 사방에 나 있는 출구로 몰려갔다. 지크문트와 지클린데는 휴식 시간을 앞의 휴식 시간과 똑같이 보냈다. 그들은 말을 거의 하지 않았고, 가끔씩 서로 손을 잡으면서 복도와 계단 위를 천천히 걸었다. 그녀가 그에게 체리브랜디 초콜릿을 권했지만 그는 더는 그것을 집지 않았다. 그녀는 그를 쳐다보았다. 그가 그녀에게 시선을 돌리면 그녀는 시선을 다른 곳으로 피하고는 약간 긴장한 자세로 말없이 그의 옆에서 걸어가면서 그가 자신을 쳐다보도록 내버려 두었다. 은색 숄을 걸친 그녀의 어린아이 같은 두 어깨는 약간 너무 높았고 수평으로 되어 있어서, 마치 이집트의 입상을 보는 듯했다. 그녀의 뺨에서는 그가 자신의 뺨에서 느끼고 있는 것과 똑같은 열기가 엿보였다.

그들은 사람들의 큰 무리가 다 빠져나갈 때까지 다시 기다렸다가 마지막 순간에 팔걸이의자에 가서 앉았다. 폭풍이 휘몰아치고, 일련의 구름이 지나갔으며 이교도들이 이상한 소리로 외치는 환호성이 들렸다.[70] 외관상 지위가 좀 하위에 있는 여덟 명의 여자들이 바위산으로 꾸며진 무대에서 처녀답게 거리낌없이 웃고 있었다. 겁에 질린 브륀힐데의 두려움이 그들의 명랑한 분위기를 깨뜨려 버렸다. 무시무시하게 다가오는 보탄의 분노는 자매들을 싹 쓸어 쫓아 버리고 홀로 서 있는 브륀힐데만 덮쳐 그녀를 거의 파멸시킬 뻔했다. 보탄은 미쳐 날뛰며 울분을 토하다가 분노를 아주 서서히 누그러뜨리고, 애수에 젖어

70 관현악에서는 '발퀴레의 모티프'와 그 유명한 '발퀴레 비행의 모티프'가 연주된다.

들면서 진정되었다. 그리하여 끝났다. 위대한 전망과 숭고한 의도가 눈앞에 나타났다. 모든 것은 서사적인 신성함이었다. 브륀힐데는 잠들어 있었고 신은 바위산 위로 올라가고 있었다. 굵직한 불꽃이 위로 날아오르고 바람에 흩날리면서 널빤지 주위에서 활활 타오르고 있었다. 춤을 추며 활활 타오르는 불과 붉은 연기 속에서, 불이 만든 자장가와 종소리와 같은 황홀한 음에 의해서 마법에 걸린 그 발퀴레가 갑옷과 방패를 덮고 이끼로 된 침상에서 사지를 쭉 뻗고 누워있었다. 그러나 그녀가 구해줄 시간이 있었던 여자의 자궁에서는, 미움받고 존중받지 못했지만, 신에 의해 선택받은 종족이, 끈질기게 계속 자라고 있었다.[71] 바로 이 종족에서 한 쌍의 쌍둥이가 자신들의 고난과 고통을 그토록 자유로운 환희로 합일시켰다……

지크문트와 지클린데가 특별관람석에서 나왔을 때 밖에서는 벤델린이 노란 외투를 입고서 거인처럼 서서, 그들의 외투를 들고 기다리고 있었다. 온몸을 따뜻하게 감싼, 우아하면서 어두침침한 기이한 두 피조물을 뒤따라 키가 훤칠한 하인인 그가 계

71 〈발퀴레〉 3막 마지막 장면을 묘사한 것이다. 관현악에 의한 '불꽃의 모티프'가 반복되고 그 속에서 '지크프리트의 모티프'가 선명하게 연주되면서 막이 내린다. 3부 〈지크프리트〉에서 브륀힐데가 구해준 지클린데의 자궁에서 태어난 '겁 없는 영웅' 지크프리트는 훗날 그 불의 벽을 뚫고 브륀힐데를 깊은 잠에서 깨워준다.

단을 내려가고 있었다.

마차가 대기하고 있었다. 말 두 필은 키가 크고 고귀했고 서로 완전히 똑같았으며, 겨울밤의 안개 속에서 번쩍번쩍 빛났고 날씬한 다리로 조용히 기다리며, 가끔 거만하게 그들의 머리를 이리저리 쳐들곤 했다. 비단 쿠션이 있는, 작고 따뜻한 좌석이 쌍둥이를 포근히 감쌌다. 그러자 그들 뒤로 문이 닫혔다. 벤델린이 익숙한 솜씨로 마부 곁으로 훌쩍 뛰어오르자, 마차는 가볍게 흔들리며 잠깐 몇 초 더 서 있었다. 그러고 나서 마차가 미끄러지듯 부드럽고 신속하게 앞으로 나아가자 극장의 정면 입구가 그 뒤에 남게 되었다.

그리고 다시 규칙적인 박자로 성큼성큼 내딛는 말발굽에 맞춰, 울퉁불퉁한 지면 위로 소리 없이 탄력 있게 달리는 마차에 실려 그들은 주위의 요란한 삶으로부터 포근하게 보호를 받고 있었다. 그들은 아무 말이 없었고, 세상의 일과 단절된 채, 여전히 무대 맞은편에 있는 그들의 벨벳 의자에 앉아, 마치 아직도 아까의 그 분위기에 빠져 있는 듯했다. 그들에게 마법이 작용하여 그들을 자기 쪽으로, 자기 속으로 끌어들인 그 거칠고 열정적이며 광적인 세계로부터 그들을 멀어지게 할 수 있는 것은 아무것도 없었다⋯⋯ 마차가 왜 섰는지 그들은 곧바로 이해하지 못했다. 그들은 길 위에 어떤 장애물이 나타났거니 하고 생각했다. 그러나 그들은 이미 양친의 저택 앞에 와 있었고, 벤델린이 마차 문 옆에 모습을 드러냈다.

그들에게 대문을 열어주려고 저택 관리인이 자기 숙소에서 나와 서 있었다.

"아렌홀트 부처께서는 벌써 돌아오셨는가요?" 지크문트는 관리인의 머리 너머를 바라보며 마치 햇빛에 눈이 부신 사람처럼 얼굴을 찡그리면서 그에게 물었다……

그들은 에어랑어 씨 부부댁의 만찬에서 아직 돌아오지 않았다. 쿤츠도 집에 없었다. 메리트 또한 마찬가지로 부재중이었다. 그녀는 전적으로 그녀 자신의 길을 가고 있었기 때문에 아무도 그녀가 어디에 있는지 몰랐다.

1층 홀에서 하인이 그들의 외투를 벗겨주자 그들은 계단을 올라가 2층의 현관을 지나서 식당으로 갔다. 어마어마하게 크고 화려한 식당은 어스름했다. 저쪽 끝 상이 차려진 식탁 위에 샹들리에 하나가 빛나고 있을 뿐이었고, 거기서 플로리안이 기다리고 있었다. 그들은 융단이 깔린 널찍한 공간을 재빨리 소리 없이 걸어갔다. 플로리안은 그들이 앉을 때 그들 아래로 의자들을 밀어 주었다. 그런 다음 지크문트는 그에게 이곳에서 나가도 된다는 신호를 보냈다.

식탁 위에는 샌드위치가 담긴 접시 하나와 과일이 담긴 굽이 높은 그릇, 적포도주가 담긴 불룩한 유리병이 놓여 있었다. 몹시 커 보이는 은색 차 쟁반 위에서는 전기로 데워진 찻주전자가 부속 도구들에 의해 둘러싸인 채 소리를 내며 끓고 있었다.

지크문트는 캐비아를 넣은 빵을 먹었고, 얇은 유리잔 속에서 검붉게 빛나고 있는 포도주를 벌컥 마셨다. 그러고 나서 그는 화난 목소리로 캐비아와 적포도주는 반문화적인 조합이라고 불평했다. 그는 간단한 동작으로 은색의 작은 상자에서 담배를 한 개비 꺼내고는 등을 뒤로 기대고 양손을 바지 주머니에 넣은 채 담배를 피우기 시작했다. 그러면서 그는 찡그리며 담배를 한쪽 입가에서 다른 쪽 입가로 미끄러지듯 움직였다. 그의 튀어나온 광대뼈 아래의 양 볼은 벌써 다시 자라난 수염으로 거무스레해지기 시작했다. 그의 눈썹은 비근에서 두 개의 검은 주름을 만들고 있었다.

지클린데는 자신이 마실 차를 준비하고, 거기에다 부르고뉴산 포도주를 한 모금 첨가했다. 그녀의 입술은 찻잔의 얇은 가장자리를 부드럽게 가득 감쌌고, 차를 마시는 동안 그녀의 크고 촉촉한 검은 두 눈은 지크문트를 건너다보았다.

그녀는 찻잔을 내려놓았고, 검고 귀여운 이국적인 머리를 가녀리고 불그스름한 손으로 받쳤다. 그녀의 두 눈은 아주 강렬하고도 유창한 말을 하듯이 그를 향해 있었기 때문에 그녀가 실제로 입 밖에 낸 말은 그녀의 눈길에 비하면 아무것도 아닌 것 같았다.

"더 안 먹을 거야, 기기?

"담배를 피우고 있으니까" 하고 그가 대답했다. "내가 또 뭘 더 먹을 생각이 있다고 하기엔 아마도 어렵겠지."

"그런데 넌 차를 마신 이래로는 아무것도 입에 대지 않았어, 사탕 말고는! 적어도 복숭아 한 개쯤은 먹어야……"

그는 어깨를 으쓱하고는 고집스러운 아이처럼 연미복 속에서 어깨를 이리저리 굴렸다.

"아, 지루하네. 나 올라갈게. 잘 있어."

그는 남은 적포도주를 마저 마시고는 냅킨을 내던지고 일어나서 담배를 입에 문 채 양손을 바지 호주머니에 집어넣은 가운데에 짜증스러운 듯 어슬렁어슬렁 움직이며 어두운 홀에서 사라졌다.

그는 자신의 침실로 들어가 불을 켰다. ― 천장에 넓은 원을 형성하고 있는 전등들 중에 많이는 아니고, 두세 개의 전등에만 불이 들어오도록 해놓고는, 무슨 일부터 시작해야 할지 망설이면서 가만히 서 있었다. 지클린데의 작별 인사는 오늘의 마지막 인사는 아니었다. 그렇게 그들은 서로에게 "잘 자!"라는 인사를 하지 않곤 했다. 그녀는 다시 올 것이다. 그건 확실했다. 그는 연미복을 벗어 던지고 모피가 달린 실내복을 입고는 담배를 새로 한 대 집었다. 그런 다음 그는 긴 안락의자 위로 몸을 쭉 뻗다가 몸을 일으켜 한쪽 뺨을 비단 베개에 대고 옆으로 누우려고 시도하다가 다시 등을 바닥에 대고 반듯하게 누워서 양

손으로 머리를 베고 한동안 그렇게 누워있었다.

담배의 우아하고 자극적인 향이 화장품과 비누, 향수의 냄새와 뒤섞였다. 지크문트는 방 안의 은근하게 데워진 공기 속에서 떠도는 이 향긋한 냄새를 들이마셨다. 그는 그 향기들을 의식했고, 그것이 여느 때보다도 더 감미롭게 느껴졌다. 그는 두 눈을 감고서, 자신의 가혹하고 특별한 운명 속에서 약간의 희열과 관능의 부드러운 행복을 고통스럽게 즐기는 사람처럼, 그 향기에 푹 빠져들었다……

갑자기 그는 일어나서 담배를 던져버리고는 엄청나게 큰 거울들이 세 군데 달려 있는 흰색 장롱 앞으로 갔다. 그는 중간 크기의 거울 앞에 서서 눈과 눈을 아주 바싹 맞대고 서서 자신의 얼굴을 관찰했다. 그는 호기심에 찬 눈길로 세심하게 모든 특징을 살펴보았고 장롱의 양쪽 날개를 열고는 세 개의 거울들 사이에 서서 자신의 모습과 옆모습도 보았다. 그는 오랫동안 서서 자기 혈통의 특색을 살펴보았다. 약간 눌려 내려앉은 코와 도톰하고 부드럽게 서로 포개어져 있는 두 입술, 튀어나온 광대뼈, 지나칠 정도로 옆쪽에서 가르마를 탄 숱이 많은 검은 곱슬머리는 멀리 그의 양쪽 관자놀이까지 자라 있었고, 거의 붙은 굵은 두 눈썹 아래에 놓여 있는 그의 두 눈, — 그 검고 촉촉하게 반짝이는 두 개의 큰 눈을 그는 고통에 지쳐 비통한 마음으로 바라보았다.

거울 속에서 그는 자기 뒤로 침대 앞에서 앞발을 쭉 뻗고 있는 북극곰의 털가죽을 보았다. 그는 몸을 돌려 처참하게 질질 끄는 걸음으로 건너가서는 한순간 머뭇거리다가 팔로 머리를 감싼 채 그 털가죽 위에 세로로 몸을 누였다.

그는 한동안 죽은 듯이 누워있었다. 그러고 나서 그는 팔꿈치를 바닥에 받치고 볼을 그의 가녀리고 불그스름한 손으로 괸 채로 저 건너편 장롱 거울에 비친 자신의 모습에 푹 빠진 채 그렇게 계속 누워있었다. 문을 두드리는 소리가 났다. 그는 소스라치게 놀라 얼굴이 붉어졌고 다시 일어나려고 했다. 그러나 그는 다시 주저앉았고, 쭉 뻗은 팔 위로 다시 머리를 갖다 대고 푹 쓰러져서는 아무 대답도 하지 않았다.

지클린데가 들어왔다. 그녀의 두 눈은 방 안에서 그를 찾았으나 금방 발견하지 못했다. 마침내 그녀는 곰의 털가죽 위에 있는 그를 알아보고 깜짝 놀랐다.

"기기…… 뭐하고 있어? …… 어디 아픈 거야?" 그녀는 그에게 달려가 그의 몸 위로 허리를 굽히고는 손으로 그의 이마와 그의 머리를 쓰다듬으면서 다시 물었다. "어디 아픈 건 아니지?"

그는 머리를 가로저었고, 팔을 베고 누운 채로 자신을 쓰다듬고 있는 그녀를 밑에서 바라보았다.

잠자리에 들 준비를 거의 끝낸 그녀는 그의 침실 맞은편에 있는 자신의 침실로부터 작은 슬리퍼를 신고 복도를 건너왔던 것이다. 그녀의 풀어 내린 머리카락이 그의 열어젖힌 흰 가운 위로 흘러내렸다. 그녀의 조끼 코르셋 레이스 아래로 지크문트는 그녀의 작은 젖가슴을 보았다. 그 젖가슴의 피부는 약간 그을린 해포석 빛깔 같았다.

"넌 정말 나빴어" 하고 그녀가 말했다. "넌 정말 심술궂게 가버렸어. 난 절대 다시는 안 오려고 했어. 그런데 아까 한 인사가 '잘 자!'라는 인사는 아니었기 때문에 그래도 다시 왔어……"

"널 기다리고 있었어"라고 그가 말했다.

여전히 서서 등을 굽힌 채 그녀는 고통스러운 나머지 얼굴을 찡그렸다. 그러자 그녀의 관상학적 특징들이 아주 두드러지게 나타났다.

"네가 날 기다렸다고 해서" 하고 그녀가 평소에 말하던 투로 말했다. "지금의 내 자세가 내 등에 상당히 심한 통증을 일으키는 걸 막아주지는 못해!"

그는 듣기 싫다는 듯이 몸을 이리저리 뒤척였다.

"그만둬, 그만둬…… 그렇게 하지 마, 그렇게 하지 마…… 그런 자세를 취할 필요는 없어, 지클린데, 너도 알잖아……" 그는 이상야릇하게 말을 했다. 그의 귀에도 그렇게 들렸다. 그의 머리는 바싹 마른 채 불이 활활 붙은 듯했고, 그의 사지는 축축하고 차가웠다. 그녀는 이제 털가죽 위, 그의 곁에서 무릎을 꿇고 앉았고, 그녀의 손은 그의 머리카락을 만지고 있었다. 그는 반쯤 몸을 일으킨 채 한쪽 팔로 그녀의 목을 감싸 안고서 그녀를 바라보았으며, 조금 전에 자기 자신을 관찰했듯이, 그녀를 관찰했다, 그녀의 두 눈과 두 관자놀이께와 이마와 양 볼을……

"넌 나랑 꼭 같구나"라고 그가 입술이 마비되어 간신히 말하고는, 그의 목이 바싹 말라 있었기 때문에, 침을 꿀꺽 삼켰다…… "모든 게 …… 나랑 똑같아…… 그것을 위해서인데…… 체험 말이야…… 네가 그걸 베게라트와 하게 될 것처럼, 나와도…… 그래야 균형이 맞지…… 지클린데…… 전체적으로 봐서는…… 같아야 할 것 아니야! 특히 그것에 관한 한…… 복수하는 거 말이야, 지클린데……"

그는 자신의 말을 논리적으로 꾸미려고 애썼지만, 마치 혼란스러운 꿈속에서처럼 대담하고 이상야릇한 말을 하게 되었다.

그녀에게는 그 말이 낯설고 이상하게 들리지 않았다. 그녀는 그에게서 그렇게 다듬어지지 않은 말을 듣는 것, 그렇게 몽롱하고 혼란스러운 말을 듣는 것이 부끄럽지 않았다. 그의 말들은 안개처럼 그녀의 감각을 에워쌌고, 그들이 왔던 그곳으로, 그녀가 아직 도달하지 못한 깊은 영역으로 그녀를 끌고 내려갔다. 그러나 그녀는 약혼한 이래로 가끔 기대에 찬 꿈속에서 그 영역의 경계선까지 가곤 했던 것이었다.

그녀는 그의 감은 두 눈에 키스했다. 그는 그녀의 조끼 코르셋 사이의 목에 키스했다. 그들은 서로의 손에 키스했다. 감미로운 관능에 취해 그들은 제멋대로이긴 하지만 훌륭하고 세련된 몸치장과 향긋한 향내 때문에 서로 사랑하는 것이었다. 그들은 그 향내를 욕정에 사로잡혀 조심성 없는 태도로 탐닉하며 들이마셨고, 자기들밖에 모르는 환자들처럼 서로를 돌보았으며, 희망 없는 사람들처럼 서로 도취했다. 그들은 깊은 애무에 빠져들기 시작하여 그 애무가 도를 넘어섰고 성급한 몸동작으로 이어져 결국에는 흐느낌만 남게 되었다——

그녀는 한 손으로 몸을 지탱하고 입술을 벌린 채 아직도 털가죽 위에 앉아 있었다. 그리고는 눈으로 내려오려는 머리카락을 쓸어 올렸다. 그는 뒷짐을 지고 하얀 장롱에 몸을 기댄 채, 허리를 이리저리 흔들면서 허공을 바라다보고 있었다.

"그런데 베케라트는……" 하고 그녀가 말하며 자기의 생각을 정리하려고 애썼다. "베케라트는, 기기…… 이제 그 사람은 어떻게 되는 거야? ……"

"이젠" 그가 말하기 시작하자, 한순간 그의 종족의 표지가 얼굴에 아주 뚜렷하게 나타났다. "그는 우리에게 고마워해야 해. 그는 덜 통속적으로 살아가게 될 거야, 이제부터는."

일화

우리 몇몇 친한 친구들은 함께 저녁을 먹고 우리를 초대한 친구의 서재에 늦게까지 앉아 있었다. 시가도 피우며 우리가 나누는 대화는 명상적이었고 약간은 감상적이었다. 우리는 마야의 베일과 그 현혹적인 환상에 대해, 붓다가 '목마름'이라고 부른 것에 대해, 동경의 달콤함과 인식의 쓰라림에 대해, 엄청난 유혹과 커다란 속임수에 대해 이야기했다. '동경의 수치스러움'이라는 말이 나왔고, 모든 동경의 끝에 있는 것은 세계상의 극복이라는 철학적인 명제도 제기되었다. 이러한 대화 내용에 자극을 받아 누군가가 다음과 같은 일화를 이야기했는데, 이는 그 화자가 장담한 바에 의하면 자기가 전하는 꼭 그대로 그렇게 자기 고향 도시의 우아한 사교계에서 일어난 일이라는 것이다.

"자네들이 앙겔라를 알았다면, 지점장 베커의 부인이고 정말 상상할 수도 없이 아름답고 아담한 앙겔라 베커 말이야 — 그 미소 짓는 푸른 눈이며 부드러운 입술, 뺨의 사랑스러운 보조개 하며 관자놀이에 늘어진 금발의 곱슬머리를 자네들이 봤다면, 마음을 빼앗아 가는 사랑스러움을 몸소 체험하게 되었을 거고, 그럼 그 여자한테 완전히 푹 빠져 버렸을 텐데, 나처럼, 그리고 모든 사람처럼 말이야! 이상(理想)이라는 건 뭔가? 그건 무엇보다 **생기**를 돋우는 힘, 행복을 약속하는 것, 열광과 힘의 원천, 그러니까 — 생명 그 자체에서 흘러나오는 모든 정신적 에너지의 격렬한 자극과 매력 아니겠나? 그렇다면 앙겔라 베커는 우리 사회의 이상이고, 별이자, 꿈에 그리던 모습이었어. 앙겔라가 속한 세계에 사는 어느 누구도, 삶의 의욕과 살고자 하는 의지를 동시에 상실하고 엄청난 피해를 직접 입지 않고서는, 그녀가 존재하지 않는다는 걸 상상도 하지 못했고, 그녀를 잃어버린다는 걸 생각조차 할 수 없었을 거라고 적어도 난 그렇게 믿어. 맹세코 정말 그랬어!"

에른스트 베커는 그녀를 외지에서 데리고 왔는데 — 갈색 수염이 텁수룩한 그 사람은 조용하고, 예의 바르고, 그밖에는 별로 중요하지 않은 남자였다. 그가 어떻게 앙겔라를 자기 사람으로 만들었는지는 아무도 몰랐다. 간단히 말해 그녀는 그의 부인이 된 것이었다. 이 남자는 원래 법조인이자 공무원이었는데, 서른 살에 은행 쪽으로 분야를 바꿨다 — 분명 자기 집으로 데려오고 싶었던 여자에게 여유로운 생활과 넉넉한 살림을 할 수 있게 해 주려는 심산이었던 것 같다. 그가 바로 그다음에 결혼한 걸 보면 말이다.

부동산은행의 공동지점장으로서 그는 한 3만에서 3만 5천 마르크 정도 되는 월급을 받고 있었다. 베커 부부에게 아이는 없었고, 그들은 그 도시의 사교 생활에 적극적으로 참여했다. 앙겔라는 그 시즌의 여왕이었고, 코티용[72]의 승자이자, 여러 저녁 모임의 핵심 인물이었다. 극장에서 그들의 특별관람석은 쉬는 시간이 되면 기다리는 사람들, 미소 짓는 사람들, 그녀에게 매혹된 사람들로 꽉 차 있었다. 자선 바자회에서 앙겔라의 판매대는 자신들의 지갑을 좀 가볍게 하는 대신 그녀의 작은 손에 키스하기 위해, 그 우아한 입술로 짓는 미소를 대가로 얻기 위해 몰려들어 물건을 사는 사람들에게 에워싸이곤 했다. 그녀가 반짝반짝 빛이 나고 기쁨에 넘친다고 말로 표현하는 게 무슨 소용이 있을까? 앙겔라라는 인물의 사랑스러운 매력은 오직 그것이 미치는 영향을 통해서만 묘사될 수 있다. 그녀는 나이가 지긋한 사람이나 젊은 사람이나 사랑의 굴레 속으로 끌어당겼다. 여인들과 소녀들도 그녀를 경배했다. 젊은이들은 꽃다발 속에 시를 써서 보냈다. 어떤 소위는 무도회에서 누가 앙겔라와 왈츠를 추느냐 하는 문제 때문에 한 고위 공무원과 싸우게 되었고, 이로 인해 벌어진 결투에서 그의 어깨에 관통상을 입혔다. 두 사람은 앙겔라에 대한 숭배를 통해 의기투합하여, 나중

72 코티용 Kotillon: 프랑스에서 유래한 사교춤의 일종.

에는 서로 떨어질 수 없는 친구 사이가 되었다. 나이 든 신사들은 저녁 만찬이 끝난 후 그녀 주위에 모여들어, 앙겔라가 너무나 사랑스럽게 한담을 나누며 정말 장난꾸러기처럼 놀랍게 표정을 바꾸는 데서 원기를 얻었다. 늙은이들은 뺨에 발그레하게 핏기가 다시 돌고, 삶에 애착을 갖게 되며, 행복하다고 느꼈다. 한번은 어떤 장군이 — 그러니까 물론 장난이었지만, 넘치는 감정의 표현이 없는 것도 아니었는데 — 살롱에서 그녀 앞에 무릎을 꿇은 일도 있었다.

그럼에도 불구하고 사실 남자든 여자든 그 누구도 그녀와 정말 친하거나 친구가 되었다고 자신 있게 말할 수 있는 사람은 아무도 없었다. 물론 에른스트 베커는 예외였다. 그런데 그는 자신의 행운을 크게 자랑하기에는 너무 조용하고 겸손했고, 또 너무 표정이 없었다. 우리하고 그녀 사이에는 늘 상당한 거리가 있었는데, 살롱이나 무도회 홀 밖에서는 그녀를 거의 볼 수가 없었다는 사정도 여기에 기여했을 것이다. 그렇다. 제대로 생각해 보면, 이 화려한 존재를 사람들의 정신이 말짱한 낮이라는 시간에는 거의 보지 못하고, 항상 인공조명이 있는 저녁 시간이 되어서야, 그것도 사람들이 많이 모인 열기 속에서만 보았다는 걸 사람들은 알게 되었다. 그녀는 우리 모두를 자신의 숭배자로 거느리고 있었지만, 남자든 여자든 친구는 없었다. 하지만 그게 맞는 것이다. 아무나하고 허물없이 너나 하는 사이라면, 이상이라는 것이 대체 무엇이 되겠는가?

보아하니 앙겔라는 자기 집안일을 관장하면서 시간을 보내는 것 같았다 — 그녀가 직접 주관하는 저녁 모임들이 아늑한 광채를 띠는 것을 보고 판단하자면 말이다. 그녀의 저녁 모임은 유명했고 실로 그 겨울의 절정이었다. 덧붙여 말하자면 그것은 여주인 덕분이었는데, 베커는 그저 예의 바르기만 했지, 재미있게 해 주는 주인은 아니었기 때문이다. 앙겔라는 그 저녁 모임들에서 기대 이상이었다. 식사 후에 그녀는 자신의 하프 옆에 앉아서 악기의 현이 내는 영롱한 소리에 맞추어 가늘고 높은 목소리로 노래를 불렀다. 지금도 그 장면이 잊히지 않는다. 취향, 우아함, 생기 있는 재치는 매혹적이었고, 그녀는 그런 재치로 저녁 모임을 이끌었다. 어디서나 빛을 발하는 그녀의 한결같은 사랑스러움은 모두의 마음을 얻었다. 그리고 그녀가 자기 남편을 대하는, 부드럽게 세심하고 은근하게 다정한 방식은 우리에게 행복을, 행복의 가능성을 보여 주었고, 선에 대한 믿음, 우리에게 생기를 불어넣으면서도 애타게 갈망하게 하는 믿음으로 우리 마음을 채워 주었다. 그것은 예술을 통한 삶의 완성이 우리에게 줄 수 있는 그런 믿음이었다.

그런 사람이 에른스트 베커의 부인이었는데, 베커도 자신이 그녀를 소유하고 있다는 것의 가치를 알았기를 바란다. 그 도시에 부러움을 사는 이가 있었다면 베커가 바로 그런 존재였는데,

자신이 얼마나 축복받은 남자인가 하는 말을 그가 자주 듣게 되었으리라는 것은 짐작할 수 있을 것이다. 사람들은 저마다 베커에게 그 말을 했고, 그는 공손하게 동의하면서 남들이 부러워하며 표하는 이 모든 경의를 받아들였다. 베커 부부는 당시 결혼한 지 햇수로 십 년째였다. 지점장은 마흔이었고 앙겔라는 서른 살 정도였다. 그때 이런 일이 일어났다.

베커 부부는 사교 모임을 열었는데, 그건 그들이 개최한 모범적인 저녁 모임들 가운데 하나였고, 스무 명 정도가 함께 하는 만찬이었다. 메뉴는 아주 훌륭하고 분위기는 활기차다. 찬 음식에 곁들여 마시도록 샴페인 잔이 채워지고 있을 때 나이가 지긋한 총각인 한 신사가 자리에서 일어나더니 건배를 한다. 또 집주인 부부를 칭송하고, 손님 접대가 융숭하다고 칭송한다. 바로 저 진심 어린 극진한 환대는, 넘치는 행복에서, 또 그 행복에 많은 사람이 참여하게 하려는 바람에서 흘러나오는 거라고 하면서 말이다. 그는 앙겔라에 대해 이야기하며, 그녀를 소리 높여 칭송한다. "네, 친애하는, 훌륭하신, 우리 여사님." 그는 손에 잔을 들고 몸을 그녀 쪽으로 돌린 채 말한다. "제가 비혼으로 일생을 보낸다면, 그건, 여사님 같은 여자를 찾지 못했기 때문입니다. 그리고 제가 언젠가 결혼이라는 것을 하게 된다면, — 이거 하나는 확실합니다. 제 아내는 머리카락 한 올 한 올까지 여사님과 아주 똑 닮아야 할 거라는 거지요!" 그러고 나서 이 남자는 에른스트 베커 쪽으로 몸을 돌려 그가 이미 그렇게 자주 들은 말을 또 해도 좋은지 허락을 구한다. 그러니까 우리 모두 얼마나 부러워하며 그에게 축하하는 말을 건네는지, 또 행복하다고 그를 칭송하는지 하는 말이다. 그러고 나서 거기 있는 참석자들에게 하늘의 축복을 받은 집주인인 우리들의 베커 부부를 위해 축배의 말을 할 테니 따라 해 달라고 한다.

축배의 소리가 울리고, 저마다 자리에서 일어나 칭송을 받은 부부와 함께 건배하려고 몰려든다. 그때 갑자기 사방이 조용해진다, 베커가 일어나기 때문이다, 지점장 베커가, 얼굴은 죽은 사람처럼 창백하다.

얼굴은 창백한데, 두 눈만 붉게 충혈되어 있다. 그는 떨리면서도 진지한 목소리로 이야기하기 시작한다.

한번은 — 하고 그는 부글부글 끓어오르는 가슴에서 격렬하게 흥분하여 내뱉는다 — 한번은 이 말을 꼭 해야겠다고! 한번은 지금까지 혼자 간직하고 있던 진실에서 벗어나야겠다고! 한번은 마침내 우리, 겉모습에 속은 자들, 현혹된 자들에게, 그의 것이라고 우리가 그렇게 부러워하는 이 우상의 진면목을 보게 해 줘야겠다고! 그리고 손님들이 더러는 앉은 채로, 더러는 선 채로, 몸이 뻣뻣하게 굳어지고 마비되어, 자신들의 귀를 의심하면서, 휘둥그레진 눈을 하고 잘 꾸며진 식탁을 둘러싸는 동안, 이 인간은 무섭게 폭발하면서 자신의 결혼이 어떤 모습인지를, — 결혼 생활에서 자기가 겪고 있는 **지옥**이 어떤 모습인지를 그려 낸다……

이 여자가 — 저기 있는 **저 여자가** —, 얼마나 표리부동하고, 거짓말쟁이인데다가 지독하게 잔인한지. 얼마나 무정하고 끔찍하게 황폐한지. 그녀는 온종일 타락하고 방종하게 늘어져 뒹굴뒹굴하면서 시간을 보내다가, 저녁이 되어서야 인공조명 속에서 위선적인 삶으로 깨어난다고. 자기 집 고양이를 소름 끼치도록 기발한 방식으로 괴롭히는 것이 낮에 그녀가 하는 유일한 일이라고. 못된 변덕으로 그녀가 자기도 죽도록 괴롭힌다고. 뻔뻔하게 자기를 속였고, 하인들, 수공업자들, 집으로 오는 거지들과 바람을 피웠다고. 그녀가 예전에 자기도 그녀가 빠져 있는 타락의 심연 속으로 끌어내리고, 깎아내리고, 욕되게 하고, 독으로 오염시켰다고. 자기는 그 모든 것을 참고 또 참았다고, 예전에 그 사기꾼 여자를 위해 마음속에 품었던 사랑 때문에, 그리고 그녀가 결국에는 비참할 뿐이고 한없이 불쌍하기에. 하지만 끝내 부러움, 축하, 축복의 말에 지치게 되었고 그것을 한번, — 꼭 한번은 이야기해야 했다고.

“왜 저 여자는 자기 몸도 안 씻는지요! 그런 일도 못 할 정도로 정말 게으른 거예요! 저 여자는 레이스 달린 속옷을 입고 있지만, 그 속은 정말 얼마나 더러운지 몰라요!” 하고 그는 소리쳤다.

신사 두 명이 그를 밖으로 데리고 나갔다. 모여 있던 사람들은 뿔뿔이 흩어졌다.

며칠 뒤에 베커는, 보아하니 부인과 합의하에 그렇게 한 것 같은데, 정신병원에 갔다. 하지만 그는 더할 나위 없이 건강했는데, 다만 벼랑 끝으로 내몰린 것뿐이었다.

나중에 베커 부부는 다른 도시로 이사를 갔다.

작품 해설

〈트리스탄〉 (1903)

《토마스 만 단편 전집》 제2권에 수록된 9편의 작품들을 모두 관통하는 한 가지 특징은 삶과 죽음의 대립이다, 이것은 예술성과 시민성의 갈등, 또는 예술가 기질과 시민 기질의 충돌, 삶과 예술의 대비와 갈등으로 표현되는데, 이러한 기본 테마는 단편 〈트리스탄〉에서도 나타난다. 거의 동시에 쓰인 〈토니오 크뢰거〉에서는 예술성이 심리적 혹은 사회적 병으로 나타나는 데 비해, 〈트리스탄〉에서는 육체적 질병 및 죽음이 그 자리를 대신한다.

바그너의 음악극 〈트리스탄과 이졸데〉를 패러디한 작품 〈트리스탄〉은 1901년 봄에 쓰여, 〈토니오 크뢰거〉와 함께 1903년 단편집 《트리스탄》에 발표되었다. 〈트리스탄〉의 중심 테마는 병과 죽음으로 기울어지는 예술성의 정신과 현실의 시민세계, 즉 넘치는 생명력으로 생활의 기쁨을 누리는 삶 사이의 갈등이다. 이러한 갈등은 작가 슈피넬과 한자동맹 도시의 시민 클뢰터얀이라는 상인을 통해 대변된다. 이 중심 테마는 바그너의 음악극 '트리스탄 모티프', 즉 죽음에 이르게 되는 불행한 사랑의 상징인 트리스탄 모티프를 통해 견고해진다.

〈토니오 크뢰거〉에서와는 달리 〈트리스탄〉에서는 예술가도 희화적으로 그려진다. 작가 슈피넬은 하루의 대부분을 자기 방에서 글을 쓰면서 보내는 기이한 인간으로 독자에게 소개된다. 슈피넬은 무슨 광물인가 보석인가 하는 별난 이름을 가진 작가로 요양원에서 세월을 축내고 있는 특이한 인간으로 묘사된다. 그는 작가이긴 하지만 책이라기보다는 노트 형식으로 써 놓은, 장편소설 비슷한 것을 펴낸 것 이외에는 문학적으로 내세울 만한 업적이 없는 사람이다. 그가 유일하게 쓴 책은 늘 그의 책상 위에 놓여 있는데, 충직한 요양원의 집사 폰 오스털로 양이 일하다가 잠시 쉬면서 15분 안에 다 읽었을 정도로 폄하된다. 슈피넬이란 인간은 전적으로 자신의 고유한 미적 아름다움을 추구하는 사람이다, 환상 속, 꿈속의 현상들만이 그에겐 현실성을 갖는다. 그는 아파서 요양원에 머무는 것이 아니라 이곳의 건축양식 때문에 요양원 '아인프리트'에 머무르고 있다. 그는 주위 세계를 자기 자신의 미학적 기준에 따라 측정하며, 삶은 그에겐 모든 아름다움의 영원한 적대자요, 증오의 대상이다. 슈피넬과 대비되는 클뢰터얀은 생활력이 강하고 넘치는 생명력을 구현하고 있는 인물이며 동시에 거칠고 저속한 사람으로서 슈피넬이 증오하는 인물이다.

가브리엘레 클뢰터얀은 작품 시작에서는 전적으로 남편의 영향하에 있고 오로지 '클뢰터얀의 부인'으로 표현된다. 슈피넬은 가브리엘레라는 인물에 숨어 있는 예술가적 욕망과 동경을 발현시키는 데 성공한다. 그녀가 요양원 피아노에 앉아 슈피넬 앞에서 쇼팽의 야상곡을 연주하고 난 후 〈트리스탄과 이졸데〉 악보집을 발견하여 '그리움의 모티프'에서 출발하여 '사랑의 모티프'를 연주하는 동안(8장) 그녀의 본래의 존재가 드러난다. 이 신비스러운 사건은 갑자기 그녀를 지배하여 현실은 그녀의 존재에서 희미해진다. 이런 현상은 그녀를 자신감에 넘치는 남편의 세계에서 멀어지게 하고 결국 죽음에 이르게 한다, 가브리엘레에게는 슈피넬의 냉정하고 삶에 적대적인 유미주의는 치명적 유혹이 된 것이다. 이 지점에서 슈피넬은 정신적, 예술적, 종국엔 육체적 몰락의 위험한 전염 균이 됨으로써 삶을 망치는 힘이 된다.

슈피넬과 클뢰터얀의 논쟁(10장~11장)에서 예술적 기질과 시민성 사이의 '결투'는 무승부로 끝난다. 슈피넬은 클뢰터얀에게 보낸 편지에서 그를 천박한 미식가로 표현하며 가브리엘레를 추한 세계로 데려갔다고 하면서 "고상하게 피어나는 죽음의 아름다움을 저속한 일상의 용도로 이용한다."고 비난한다.

슈피넬이 보낸 편지를 들고 나타난 클뢰터얀은 슈피넬을 비열한 인간이라고 하고, 자기는 이성적이고, 합리적이고 건전한 사람이라고 주장하며 슈피넬의 주장을 반박한다. 클뢰터얀 자신도 아내가 단지 기관지를 앓고 있다고 생각하는 낙관주의적 환상 속에 살고 있었는데, 결국 아내가 폐병을 앓고 있었다는 것을 인식하게 된다. 그러자 "그의 눈에서 눈물이 넘쳐흘렀다. 이때 그의 마음속에서 선량하고 인간적인 감정이 솟아오르고 있다는 것을 알 수 있었다."고 표현하면서 작가 토마스 만은 클뢰터얀에게서 일말의 인간적인 감성을 드러낸다. 이로써 이 작품의 서술자는 슈피넬이든 클뢰터얀이든, 어느 누구도 상대방을 납득시키지 못하게 함으로써 누구의 편도 들지 않는다. 오직 가브리엘레만 순수한 예술세계로 다시 돌아가는 대가를 죽음으로 치른다.

단편 〈트리스탄〉에서 토마스 만은 인간적 감성이나 사고, 또 인간의 근심이나 걱정을 알려고 하지 않고 인간과 세계를 판단하는 예술가의 세계를 조야한 삶을 즐기고 기뻐하며 정신적 고민이 부재하는 시민성과 대비시켜 폭로한다. 내적으로 견고하지 못한 시민적 쾌적한 삶과 예술 사이에서 동요하는 병든 가브리엘레 클뢰터얀에게 끼치는 예술의 영향을 통해, 이 사건은 풍자로 확대되고 하나의 비극적 운명이 기본 테마에서 파생된다. 예술은 더 이상 시민적 현실의 삶에 낯선 반대 세계가 아니고 삶을 위협하는 무서운 힘이 된다. 가브리엘레 클뢰터얀이 결국 폐병으로 죽지만 그녀의 죽음은 '트리스탄 음악'의 신비한 마력과 결코 무관하지 않다. 광상 속에서 요양원의 여러 곳을 유령처럼 돌아다니는 횔렌라우흐 여사의 등장에 대해 슈피넬이 "목사 부인 횔렌라우흐 여사군요."라고 말하자 가브리엘레는 "네, 불쌍한 횔렌라우흐 여사예요."라고 말하고 나서 악보를 넘기며 작품 전체의 마지막 부분, 즉 이졸데가 사랑의 죽음을 맞이하는 장면 '이졸데의 사랑의 죽음Isoldes Liebestod'을 연주한다. 그럼으로써 그녀는 결국 자기 자신의 죽음을 부르게 된다.

【오청자】

〈굶주리는 사람들〉 (1903)

〈굶주리는 사람들〉은 먼저 1902년 《미래》지에 발표되었다가 1909년에 단편집 《키 작은 프리데만 씨》에 실렸다. 바로 그 다음 해에 출판된 〈토니오 크뢰거〉의 습작품이라고 할 수 있는 이 작품은 세상 사람들에 대한 혐오와 애착 사이에서 무기력함을 느끼는 한 아웃사이더 주인공의 정신적 갈등에 대해 서술하고 있다.

주인공 데틀레프는 내향적인 사람으로서 자신의 "힘과 활기를 앗아가는 통찰"과 삶의 의미에 대한 끝임없는 예술적 · 정신적 추구로 인해 밝고 소박하고 단순한 일상의 삶의 영역에 들어가지 못하고 멀리서만 동경한다. 그러던 중 어느 한 극장에서 "해맑은 파란 눈"을 가진 활달한 릴리에게 마음을 빼앗긴다. 그러나 자신은 "존재해서는 안 되고 바라보고 있어야만 하고, 살아서는 안 되고 창조해야 하며, 사랑해서는 안 되고 인식을 해야 하는" 예술가의 과업을 안고 있기 때문에 순간을 즐기며 단순하게 살아가는 릴리를 동경하면서도 동시에 그녀에게 다가가지 못한다.

결국 그는 삶을 즐기는 인파와 섞여 있는 것이 부담스러워 릴리 몰래 극장을 먼저 나와 버리는데, 그 길거리에서 몰골이 누추하고 황폐한 시선을 가진 어느 한 남자와 바로 맞닥뜨리게 되면서 화들짝 놀라게 된다. 흉측한 외모의 이 남자가 "욕구와 쓰라림, 시기와 그리움이 담긴 엄청난 경멸심을 갖고" 탐색하는 듯한 시선으로 데틀레프를 "모피 외투에서부터 에나멜 가죽 구두까지 그의 몸을 죽 훑었기" 때문이다. 여기서 데틀레프는 사고의 반전을 맞이한다. 데틀레프가 릴리를 동경했듯이, 이 낯선 남자는 데틀레프를 부러워하고 동경하게 된 것이다. 이 두 사람은 "삶과 어리석은 행복에 대한 굴욕적인 사랑에 빠져 있다." 이렇게 자신이 속한 세계와는 반대되는 세계에 대한 그리움에 굶주려 있고 그것을 충족할 수 있다고 착각한다는 점에서 두 사람은 데틀레프의 말대로 "형제"라고 할 수 있는 것이다.

마지막 문단에서 "얘들아, 서로 사랑하라"는 말을 통해 주인공이 이제는 더 이상 이룰 수 없는 비극적이고 굴욕적이며 절망적인 사랑이 아니라, 그 어떤 것도 배제하지 않고 포함시키며 한계를 뛰어넘는 완전히 다른 차원의 사랑을 지향하고 있음을 알 수 있다.

【강미란】

〈토니오 크뢰거〉 (1903)

토마스 만의 단편 소설 〈토니오 크뢰거〉는 1900년 12월부터 1902년 11월 까지 쓰여져 1903년 《노이에 도이체 룬트샤우》에 발표되었고, 같은 해 단편집 《트리스탄》에 실렸다. 소설 〈토니오 크뢰거〉는 토마스 만의 자서전으로 평가될 정도로, 주인공 토니오 크뢰거는 토마스 만의 전형적인 자전적 특징을 갖고 있다. 실제로 고향 뤼벡에서의 학창 시절 토마스 만의 동급생 아르민 마르텐스는 작품 속 한스 한젠의 모델로, 절친인 화가 파울 에렌베르크는 리자베타 이바노브나의 모델로 알려져 있다.

〈토니오 크뢰거〉는 시민적 삶을 동경하는 예술가 토니오 크뢰거가 예술성과 시민성 사이에서 겪는 갈등을 그린 소설이다. 총 9장으로 구성되어 있는 이 소설의 1~2장에서는 발트해에 있는 고향 뤼벡에서 체험한 토니오 크뢰거의 학창 시절이 그려진다. 토니오는 그의 모든 사랑이 푸른 눈을 가진 금발의 동성 친구 한스 한젠을 향해 있는, 시민적 세계에서의 아웃사이더다. 한스는 모든 면에서 토니오와는 상반되는 인물이다, 한스가 성찰이나 숙고와는 거리가 먼, 자연스럽고 건강한 시민의 삶을 사는 것과는 달리 토니오는 예술성과 시민성 사이에서 심한 갈등을 느끼는 인물이다. 토니오는 토마스 만의 예술가상을 대변하는 인물로서 어설픈 예술가가 아닌 진정한 예술가상이란 무엇인가에 대해 진지하게 고민한다. 이렇듯 예술가가 삶과 예술 사이에서 느끼는 갈등은 토마스 만의 초기 작품을 관통하는 요소이다.

이 작품의 중심 역할을 하는 부분은 주인공 토니오 크뢰거와 그의 친구인 화가 리자베타와의 긴 대화이다. 이 두 사람의 대화로 구성된 4장은 사실상 대화체 형식을 빌린 토니오의 독백으로서, 예술에 대한 그의 고찰이기도 하다. 이것은 예술과 삶의 관계, 그리고 그 당시의 미학에 대한, 작가 토마스 만의 독백이라고 평가된다.

주인공 토니오 크뢰거는 이미 문단에 이름이 알려진 작가이고 예술적으로 매우 유능하지만 다른 사람들과의 교제나 관계에 있어서는 어려움을 겪는다. 그는 그들에게 자연스럽게 다가가는 용기가 자신에게 결여되어 있다는 것을 알고 있다. 지성인인 토니오 크뢰거는 다른 사람들보다 더 많이 인식하고 통찰하기 때문에 어쩔수 없이 아웃사이더가 되어 늘 홀로 남는다. 토니오는 예술가 사이에서도, 시민 사이에서도 불편함을 느끼지만 자신을 시민적인 것을 부정하지 않는 예술가로 본다.

토니오의 문학은 예술과 삶을 엄격하게 분리시키는 데서 출발한다. 토니오 크뢰거에게 세상은 두 부분, 즉 정신과 자연으로 나뉘어져 있다. 자연은 시민성이고 삶이다. 그는 예술적 정서와 관련해 말하면서 "감정이란, 마음에서 나오는 따뜻한 감정이란 항상 진부하고 쓸모없는 것"이라고 고백한다. 그의 예술철학과 반대로 리자베타는 정화시키고, 신성하게 만들어 주는 문학의 효과를 토니오에게 환기시키면서 그의 사고에 반박하는 논거를 제시한다. 토니오는 사실 자신이 정신과 예술에 대한 영원한 대립 개념으로서의 삶을 사랑한다고 하면서 "정상적이고 예의 바르며 사랑스러운 것이 우리가 동경하는 영역이며, 그것이 바로 유혹적인 진부성 속에 자리 잡고 있는 삶인 것입니다."라고 고백하며 끊임없이 시민적 삶에 대한 사랑을 동경하고 갈망하는 속내를 드러낸다.

리자베타는 예술가의 무가치성과 삶의 가치를 언급하는 토니오의 예술관에 대한 장황한 고백을 듣고 대화의 마지막에 이렇게 진단한다. "당신은 길을 잘못 든 시민입니다. — 길을 잃고 헤매는 시민이지요." 리자베타가 자신을 꿰뚫어보았다는 사실을 알고 토니오는 "이제 난 안심하고 집으로 갈 수 있겠군요. 나는 해결되었으니까요"라고, 예술가로서 자신의 정리된 입장을 표현한다.

마지막 9장에서 토니오는 리자베타에게 보내는 편지에서 자신의 새로운 예술철학을 요약해서 "나는 두 세계 사이에 서 있고, 어느 세계에서도 안주할 수 없습니다. 그래서 살아가기가 좀 힘듭니다."라고 말한다. 이와 관련하여 이 소설에서 주목해야 할 점은 바로 주인공이 시민적 세계에도, 예술적 세계에도 정착하지 못하고 방황하지만 예술가로서 시민적 삶을 용인하려는 그의 노력을 엿볼 수 있다는 것이다.

주인공은 이렇게 말한다. "정말이지 나로 하여금 모든 예술성 속에서, 모든 특이한 것과 모든 천재성 속에서 무엇인가 매우 모호 한 것, 매우 불명예스러운 것, 매우 의심스러운 것을 알아차리도록 해주는 것은 바로 이 시민적 양심이며, 나라는 인간의 내부를 단순한 것, 진심인 것, 유쾌하고 정상적인 것, 단정한 것에 대한 맹목적인 사람으로 가득 채워주는 것도 바로 이 시민적 양심인 것입니다."

【오청자】

〈신동〉 (1903)

토마스 만의 단편 〈신동〉은 오스트리아 빈에서 발간된 문학 잡지 《노이에 프라이에 프레세 Neue Freie Presse》의 크리스마스 기념호(1903. 12. 25)에 발표되었다가 작품 선집 《신동》(1914)에 수록된 작품이다. 토마스 만이 자신의 단편 가운데 가장 애정했던 작품으로 전해지는 〈신동〉은 중편 소설 〈토니오 크뢰거〉(1903)의 유머러스한 후속작으로 평가받기도 하는데, 굵직굵직한 사건을 묘사한다기보다는 어린 예술가와 연주회 청중들이 머릿속으로 무슨 생각을 하는지 기술하면서 반어적으로 다양한 허영심을 비판하는 데 초점이 맞춰져 있다.

토마스 만의 초기 단편에 속하는 〈신동〉에서도 천재적인 소질과 역량을 지닌 예술가 유형이 등장한다. 비비 자켈라필라카스라는 이름의 8세 소년은 작곡도 겸하는 피아노 연주자이다. 그는 예술성과 시민성 사이에서 고뇌하는 토니오 크뢰거와는 결이 다른 인물이다. 그리스 소년 비비는 시민 세계를 동경하지 않는다. 토마스 만은 그를 아기 예수나 무녀 파티아를 떠올리게 하는 예술가 유형으로 언급하고 있다. 흥미로운 점은 하늘이 주시는 재능을 지닌 비비도 오만함을 지닌 인간이라는 것이다. 그는 섬세한 감각의 예술을 후원하는 공주와 대면한 자리에서 자신의 연주를 감탄해마지않는 공주의 질문에 맞장구를 치지만, 속으로는 그녀를 '바보 같은 늙은 공주'로 폄하한다. 물론 그는 청중을 즐겁게 해 주어야 한다는 걸 알고 있고, 청중을 위한 표정을 지을 줄 아는 연주자이다. 실제로 그는 피아노 앞에 앉을 때 짜릿한 행복감과 벅차오르는 은밀한 희열을 느낀다.

이 단편에서는 비비의 연주에 열광하며 박수갈채를 보내는 청중들의 다양한 생각과 반응 또한 흥미롭다. 이에 해당하는 인물들로는 연주를 듣기 전인데, 지도자로 보이는 남자를 따라 박수치는 사람들, 고액의 앞쪽 자리에 착석한 고상한 사람들, 신동에게 비상한 관심을 보이는 최상류층 사람들, '꼬마 녀석'의 감미로운 연주에 감탄하는 백발의 사내, 비비의 연주에 엄격한 잣대를 들이대는 중년의 피아노 여교사, 비비의 열정에 감탄하는 호기심 가득한 어린 소녀, 성공적인 신동에게 예를 갖춰 존경을 표하는 장교, 비비를 예술가 유형으로 완성되었다고 평가하면서도, '예술가는 어릿광대이고 비평이 최고'라는 자신의 생각을 겉으로 드러내지 않는 노년의 평론가, '우리 모두, 창작하는 사람들 모두가 신동'이라고 말하는 '머리 손질을 하지 않은 소녀' 등이 있다. 〈신동〉은 '머리 손질을 하지 않은 소녀'가 자신이 경멸하는 세 명의 귀족 남매를 그들이 시야에서 사라질 때까지 바라보는 것으로 마무리되고 있다.

【이숙경】

〈어떤 행복〉 (1904)

토마스 만의 단편 〈어떤 행복〉은 '습작'이라는 부제와 함께 1904년 문학잡지 《노이에 룬트샤우》 첫 호에 발표되었으며, 10년 후에 간행된 작품선집 《신동》(1914)에 수록되었다. 토마스 만은 막역한 친구 쿠르트 마르텐스에게서 들은 '장교클럽 이야기'를 메모해 두었다가 《노이에 룬트샤우》 잡지사의 위탁을 받은 단편소설에 사용하였다. 작품 서두에 일인칭 서술자가 말하는 "우리는 옛날의 피렌체에서 왔다."는 구절은 토마스 만이 이 당시에 희곡 〈피오렌차〉를 쓰고 있었다는 사실을 암시한다. 여행 중이라 주인공의 영혼을 충분히 들여다 볼 시간이 없다는 서술자의 해명은 '습작'이라는 부제에 대한 변명을 포함하고 있는 듯하다.

〈어떤 행복〉은 무도회가 열린 장교 클럽에서 기고만장한 귀족 출신 젊은 장교가 유랑합창대 '제비아가씨들'의 일원에게 자신의 결혼반지를 공공연히 끼워 주는 장면을 목격하고 치밀어 오르는 분노와 수치심을 억누르며 자리를 박차고 홀을 떠날 때, 그녀의 남편을 단호하게 물리친 미모의 '제비아가씨'가 용서를 구하며 되돌려주는 남편의 반지를 받고 느끼는, 소극적이지만 뜻밖의 달콤한 '행복감'을 묘사하는 단편소설이다. 이 소설의 도입부와 끝부분에 화자가 직접 개입하는데, 토마스 만 자신을 암시하는 이 화자는 이 소설이 다른 작품을 쓰던 도중에 잠시 집필된 작은 에피소드임을 설명하고 있다.

【안문영】

〈예언자의 집에서〉 (1904)

〈예언자의 집에서〉는 1904년 빈에서 발간되는 잡지, 《노이에 프라이에 프레세 Neue Freie Presse》의 의뢰를 받아 쓴 단편으로 〈신동 Das Wunderkind〉과 더불어 작가가 뮌헨에 체류하던 시기의 체험이 녹아 있다. 이야기의 배경은 당시 뮌헨의 유명한 작가 루트비히 데를레트 Ludwig Derleth(1870-1948)와 관련된 - 문하생 블뤼멜 Rudolpf Blümel이 주최한 - 행사이다. 상징주의 시인 슈테판 게오르게 Stefan George 파에 속했던 데를레트는 1904년 예언과 전투적인 선언이 혼재하는 〈선언문 Proklamationen〉을 썼다.

토마스 만은 이 작품에서 예술이 종교의 자리에 들어서고, 예술가가 스스로 선지자, 종교적인 설교자, 성인, 심지어 새로운 예수임을 천명하는 당시 시대 분위기를 반어적인 시선으로 서술하고 있다.

성금요일, 인적도 드문 도시의 변두리 임대주택의 꼭대기 층에 다니엘의 선언문 낭독을 듣기 위해 열두 명의 다양한 인물들이 모여든다. 이 그룹에 속하지 않는 유일한 인물이면서 "삶과 분명한 연관성을 맺고 있는" 단편 소설가는 작가 토마스 만을 투영하고, 부유한 댁의 부인은 뮌헨의 메세나인 헤드비히 프링스하임 Hedwig Pringsheim, 소냐는 딸 카티아 Katia가 모델이다. 이 글이 발표된 이듬해 1905년에 카티아는 토마스 만의 부인이 된다.

【진일상】

〈산고(産苦)〉 (1905)

〈산고〉는 토마스 만이 1905년 프리드리히 쉴러 Friedrich von Schiller(1759-1805) 서거 100주년을 맞아 발간된 《짐플리치씨무스》 특별호에 기고한 작품이다. 늦은 시간, 절망과 회의 속에서 홀로 깨어 치열하게 창작의 고통을 감내하고 마침내 작품을 탄생시키는 '예나 작가'의 하룻밤을 토마스 만은 섬세한 내적 독백으로 그려내고 있다. 작품에서 실명은 전혀 언급되지 않지만 그 용모와 제스처, 집필 공간 묘사를 통해 이 작가가 쉴러라는 것은 어렵지 않게 파악할 수 있다. 또한 주인공이 좌절 속에 집필을 중단한 채 바라보고 있는 작품이 희곡《발렌슈타인》(1799)이라는 사실도 '군대 묘사의 어려움', '영웅다움의 부재'와 같은 내용으로 짐작할 수 있다.

토마스 만은 괴테와 쉴러를 '소박 시인과 성찰 시인'의 대립 구도에 놓고 비교하고 있다. 주인공 '예나 작가' 쉴러는 '바이마르의 그 사람', 곧 외적인 형식과 형상을 따라 '소박'한 방법으로 신처럼 수월하게 창작을 하는 괴테를 동경한다. 그럼에도 예나 작가는 내면의 순수한 추상적인 사고에서 출발하여 심상이 단어와 문장으로 표출되기까지 치열한 투쟁과 고난이 요구되는 '성찰 시인'의 영웅적인 창작 방법을 따르겠다고 다짐한다. 이 같은 주인공의 고백을 통해 우리는 고통 없이 창작하는 딜레탕트들과는 선을 긋고 진정한 예술가로서 쉴러처럼 피 흘리는 고통을 감내하면서 어렵게 창작하는 길을 택한 작가로서 토마스 만의 자부심의 원천을 확인할 수 있다.

〈산고〉는 대중적으로 그리 큰 관심을 받은 작품은 아니다. 그럼에도 이 작품이 토마스 만에게 갖는 중요한 의미는 25여 년 후의 자서전《약력 Lebensabriß》(1930)과 그의 마지막 글〈쉴러 시고 Versuch über Schiller〉(1955)를 통해 확인할 수 있다. 그는 "젊은 시절에 썼던 주관적인 쉴러 연구 〈산고〉가 자신에게 오랫동안 공감의 느낌을 주었다"고 하면서 그가 이 작품에서 그려낸 진지한 예술가 쉴러가 평생 자신의 문학적 모범이 되었다는 사실을 고백하고 있다.

【김효진】

〈벨중족의 혈통〉 (1906)

토마스 만의 〈벨중족의 혈통〉은 바그너의 음악극 4부작《니벨룽의 반지》의 2부 〈발퀴레〉의 패러디이다. 다시 말하자면, 이 작품은 독일의 웅장한 신화의 세계와 유대계의 부유한 시민사회를 대위법적으로 연결하여 19세기 말 독일의 시민사회를 비판한 것이다.

바그너의《니벨룽의 반지》는 그의 음악극 가운데서 가장 완벽하게 라이트모티프로 짜인 작품이다. 토마스 만도 〈벨중족의 혈통〉이란 문학 작품에다 서사적 라이트모티프를 이용함으로써 바그너의 음악극 〈발퀴레〉와 교묘하게 연결시키고 있다.

토마스 만은 〈벨중족의 혈통〉을 1906년에 출판하려고 했지만, 부인 카차의 가족과 분쟁에 휘말리까 봐 염려해서 출판을 보류했다. 부유한 유대인 가정의 쌍둥이 남매가 근친상간을 범하는 이 소설의 내용이 유대인 가정에서 태어난 부인 카차와 그녀의 쌍둥이 형제인 클라우스 간의 근친상간적인 관계로 자칫 곡해될 염려가 있었기 때문이다. 이 작품은 결국 1921년에 출간되었고, 1958년이 되어서야 전집에 수록되었는데, 근친상간과 유대인 문제를 다루었다 하여 토마스 만의 작품 중 비교적 많은 논란을 불러 일으켰다.

〈벨중족의 혈통〉에서 쌍둥이 지크문트와 지클린데의 아버지 아렌홀트 씨는 독일의 아주 궁벽한 마을에서 태어나 부유한 독일 상인의 딸과 결혼하고, 대규모 광산 계획에 참여하여 "엄청난 황금 물결이 그의 계좌로 흘러들도록 조정하여" 큰 부를 축적한 전형적인 유대인 '시민'이다. 대저택에서 사는 그는 딸 지클린데의 결혼 일주일을 앞두고 그녀의 약혼자 폰 베케라트를 당시 상류 계층의 두 번째 아침 식사에 초대한다.

훌륭한 가문 출신으로 정부 청사에서 공무원으로 근무하는 베케라트는 화려한 식사가 진행되는 동안 그의 예술적 둔감함으로 인해 대화의 속도를 따라잡지 못하게 되자 아렌홀트 씨의 자녀들로부터 무자비한 공격의 표적이 되고 '가장 통속적인 존재'로, 심지어는 '게르만인'으로 조롱을 받게 된다. "아침 식사가 끝날 때는 그의 눈은 충혈되어 있었고 거의 혼이 빠진 모습을 보이고 있었다." 그때 지크문트가 베케라트에게 '은혜와 자비'를 바라면서 결혼식 전에 '단둘이서만' 바그너의 〈발퀴레〉 공연을 관람하고 싶다며 허락을 요청했고, 베케라트는 그것을 공손하게 허락한다.

지크문트와 지클린데가 오페라하우스 공연장 2층 특별석에 앉자마자, 저 아래에서는 "거칠게 요동치는 전주곡이 시작된다." 그들은 즉시 음악에 집중한다. 독일 신화에서 최고의 신인 보탄이 낳은 쌍둥이 지크문트와 지클린데의 열정적인 사랑의 이야기를 같은 이름의 쌍둥이가 2층 특별석에서 관람하고 있는 것이다. 2층 특별석과 음악극이 공연되는 '저 아래'의 두 세계가 대위법적으로 펼쳐진다.

막이 오르면서 다른 종족과의 싸움에서 상처 입고 추적당하고 있는 지크문트가 어느 집 안으로 피신해 들어온다. 그 집에는 그의 쌍둥이 누이 지클린데가 살고 있다. 어린 시절 산적에게 납치되었던 그녀는 훈딩과 강제로 결혼하여 우람한 물푸레나무가 서 있는 그 집에 살고 있는 것이었다. 그 물푸레나무에는 보탄이 꽂은 검이 번쩍이고 있었다. 지클린데는 지친 지크문트를 보살펴주면서, 그가 "물푸레나무에 박혀 있는 검을 빼내도록 유일하게 운명 지워진 오직 그 한 사람"이길 바란다며 도취된 듯 노래한다. "둘은 곰 털가죽 위에 웅크리고 앉아서 서로를 쳐다보며 감미로운 사랑의 노래를 서로 불러주었다." 지크문트가 보탄이 꽂은 검을 뽑아 휘두르자, 지클린데는 극도로 도취되어 그를 향해 "자기가 바로 쌍둥이 누이 지클린데"라고 노래 부르며 그의 품에 안긴다. 지크문트는 "당신은 오라버니에게 신부이며 누이. 이렇게 벨중족의 혈통이 피어나기를!"이라고 노래 부르며 지클린데를 열정적으로 포옹한다. 막이 내려오면서 오케스트라는 "폭풍과 같은 맹렬한 열정을 내뿜고 날뛰면서 소용돌이치고 또 소용돌이치다가 꽝 하는 굉장한 일격과 함께 갑자기 뚝 그쳤다." 1막이 끝나고 휴식 시간에 그들은 음악에 도취되어 체리브랜디가 든 초콜릿과 초콜릿 사탕을 빤다.

2막이 오르면서 2층 특별석에서 지크문트는 저 아래에서 열성적으로 연주하는 오케스트라와 지클린데의 고통스러운 노래를 들으며 "창조는 열정의 산물이고 다시금 열정의 형상을 하고 나타난다는 사실"을 통찰한다. 그리고 자신의 삶을 바라본다. '사치와 모순', '부유한 안정감과 장난스러운 증오', "체험은 없고 단지 논리적 유희만 있으며, 어떤 감정도 없이 다만 촌철살인적인 표현만 있는 그 삶을 바라본다."

지크문트와 지클린데는 오페라를 관람한 후 대저택으로 돌아와 식탁 위에 차려진 적포도주와 차를 마시고 각자의 방으로 들어간다. 지크문트는 침실로 들어가 침대 앞에 펼쳐진 곰 털 가죽 위에 방금 본 게르만족의 무대에서처럼 몸을 눕힌다. 그때 다시 지클린데가 들어와 그들은 애무하기 시작한다. 그들은 베케라트에게 '복수'라도 하듯 "희망 없는 사람들처럼 서로 도취했다. 그들은 깊은 애무에 빠져들기 시작하여 그 애무가 도를 넘어섰고 성급한 몸동작으로 이어져 결국에는 흐느낌만 남게되었다."

그들은 종족의 우월성과 선민의식에 사로잡혀 아무 죄책감 없이 남매간의 근친상간을 저지른 후, 지클린데가 이제 베케라트는 어떻게 되느냐고 묻자 지크문트는 이렇게 대답한다. "그는 우리에게 고마워해야 해. 그는 덜 통속적으로 살아가게 될 거야, 이제부터는."

토마스 만의 소설 〈키 작은 프리데만 씨〉, 〈트리스탄〉, 《부덴브로크가의 사람들》에서처럼 이 작품에서도 바그너 음악에 도취된 사랑은 죽음과 몰락을 암시하며, 이것은 베케라트와 같은 평범한 시민의 세계와는 정반대에 놓여있는 예술가의 세계이다. 하지만, 생산적인 결실을 맺지 못하는 지크문트와 같은 예술가 기질의 인간은 자신이 특별하고 고귀하다는 자부심 이외에는 별로 내세울 것이 없다. 그는 자신들의 근친상간으로 인해 이제부터 베케라트가 보다 '덜 통속적인' 삶을 살게 될 것이라고, 즉 좀 더 고귀한 세계에 한 발을 들여놓게 될 것이라고 말하고 있는데, 이 말에는 작가 토마스 만의 반어(反語, Ironie)가 들어 있는 것은 말할 것도 없다. 토마스 만은 여기서 생산적 열매를 맺지 못하면서 화장과 외출 준비에 시간을 허비하며 예술가 흉내만 내고 있는 지크문트를 은근히 비판하고 있다. 물론, 여기서 우리는 베케라트라는 '통속적' 시민 역시 작가 토마스 만에 의해 꽤 우스꽝스러운 인간 유형으로 묘사되고 있음을 잊어서는 안 될 것이다. 이 무렵(1906년 경)의 토마스 만은 이렇게 예술가 기질과 시민 기질을 모두 비판적으로 바라보고 있던 중립적, 반어적 작가였다고 하겠다.

【이신구】

〈일화〉 (1908)

〈일화 Anekdote〉는 토마스 만의 초기 단편소설들 가운데 하나로, 1906년에 헤르만 헤세가 편집인으로 참여하고 있던 잡지 《3월 März》을 위해 쓰였다. 서로 어울리지 않는 부부, 빛나는 외양과 다른 실제 결혼 생활의 폭로 등 등장인물의 구도와 주제상 토마스 만의 다른 초기 단편소설인 〈루이스헨 Luischen〉(1900)과 비슷한 점이 많다. 작품의 틀 이야기는 쇼펜하우어의 철학을 바탕으로 하는데, 이에 의하면 우리 눈에 보이는 현상 세계의 다양성과 개체성은 기만에 불과하다. 이를 그는 우파니샤드 철학의 영향을 받아 "마야(māyā: 산스크리트어로 망상이나 환상을 뜻함)"라고 부르며, 이 마야는 "인간의 눈을 덮고 이것을 통해 세계를 보게 하는 거짓된 베일"(《의지와 표상으로서의 세계》)이라고 설명한다. 이 '표상'으로서의 세계 밑에 실제로 존재하는 것은 삶을 향한 맹목적 '의지'이다. 이야기가 진행됨에 따라 이름처럼 천사같이 아름답고 사랑스러운 앙겔라에게 현혹된 한 소도시의 사교계 사람들 모두가 '마야의 베일'에 싸여 있다는 사실이 밝혀진다. 서술 기법상으로 보면 틀 이야기의 화자가 어떤 친구들 모임에 대해 이야기하고, 그 모임에 참가한 누군가가 '진짜 있었던' 사건을 이야기한다. 대개 익명의 화자가 어떤 사람의 삶에서 일어났던 사건을 위트 있게 묘사하며 포인트가 있는 이야기인 '일화(逸

話, Anekdote)'라는 장르의 특징을 잘 보여 주는 이 단편소설에서는 이 장르의 명칭이 그대로 제목으로 사용된다. 쇼펜하우어의 철학에서 예술적인 관조가 삶의 본질을 잠시나마 통찰할 수 있는 계기를 제공하듯이, '마야의 베일'에 사로잡힌 사람들에 대한 이 이야기는 미적 체험을 통해 독자가 환영에서 잠시나마 벗어날 수 있는 가능성을 열어 준다고 볼 수 있다.

【조 향】

역자 소개

강미란

서울대 언어교육원 선임 연구원

- 서울대학교 독어독문학과 및 동 대학원 졸업, 문학박사
- 서울대, 중앙대, 성신여대 강의

- 〈하인리히 폰 클라이스트의 《펜테질레아》에 나타난 현대성〉(서울대, 1999)
- 〈크리스타 볼프의 《분단된 하늘》에 나타난 동독사회 비판의 양상〉(독일언어문학, 2005)
- 〈위르겐 하버마스가 본 세계화 시대의 세계시민사회 – 유럽 핵심론과 세계시민사회론을 중심으로〉(독일어문학, 2006)
- 《세계화 시대의 문화논리》(편역, 한울아카데미, 2005)
- 〈펜테질레아의 욕망의 환상과 실현-젠더적 관점에서 바라본 하인리히 폰 클라이스트의 《펜테질레아》〉(한국독일어문학회, 2007)
- 〈토마스 만의 초기 단편 《토비아스 민더니켈》에 나타난 동정적/사디즘적 시선 – 장폴 사르트르의 '타자의 시선' 개념을 토대로〉(독일언어문학, 2020)
- 《토마스 만 단편 전집1》(공역, 부북스, 2020)

김효진

서울대, 한국예술종합학교 강사

- 서울대학교 독어교육과 학사, 석사, 박사.
- 한국예술종합학교 음악원 전문사 졸업
- 한국예술종합학교 미술원 전문사 수료

- 〈토마스 만의 생애와 초기 작품에 나타난 시각예술〉(서울대, 2020)
- 〈토마스 만의 그림 - 《착한 아이들을 위한 그림책》 속 토마스 만의 캐리커처 분석〉(독어독문학, 2021)
- 〈아동연극 교육의 혁신 모델 - 발터 벤야민의 〈프롤레타리아 아동연극 프로그램〉 분석〉(독어교육, 2021)
- 〈그림으로 토마스 만 읽기 - 토마스 만의 초기작에 나타난 성모자화 모티브의 해석〉(독일어문학, 2022)

오청자

충북대학교 독일언어문화학과 명예교수

- 한국외국어대학교 문학박사
- 독일 뮌헨대학교/괴테인스티투트 어학디플롬
- 한국독어독문학회장 역임
- 충북대학교 인문대학장 역임

- 〈〈47 그룹〉이 전후 독일문학에 끼친 영향〉
- 〈전후독일문학에 있어서의 쿠르츠게쉬히테 연구〉
- 〈가브리엘레 보만의 작품에 나타난 여성의 고통〉
- 《전후 독일문학 그룹》(월인, 2009)
- 지크프리트 렌츠: 《240개의 크림스푼이 만든 세상》(전예원, 1980)
- 도로테 죌레: 《환상과 복종》(기독교출판사, 1980)
- 요한 볼프강 폰 괴테: 《프로메테우스 외》(서문당, 2005)
- 고트프리트 켈러: 《그라이펜제의 태수》(부북스, 2015)
- 《토마스 만 단편 전집1》(공역, 부북스, 2020)

이신구

전북대학교 명예교수

- 고려대학교 문학박사
- 독일 마인츠 대학의 객원 교수
- 한국헤세학회 회장

- 한국토마스만학회 회장

- 〈토마스 만의 《마의 산》에 흐르는 클래식 음악〉(헤세 연구, 2014)
- 〈토마스 만의 《파우스트 박사》와 음악〉(헤세 연구, 2008)
- 《헤세와 음악》(태학사, 1999)
- 《독일 문학의 흐름》(공저, 솔출판사, 1999)
- 《전설의 스토리텔러 토마스 만》(공저, 서울대학교출판문화원, 2011)
- 《헤세, 토마스 만 그리고 음악》(전북대학교출판문화원, 2020)
- 《헤세와 함께 음악이 흘렀다》(세창미디어, 2021)
- 《토마스 만 단편 전집1》(공역, 부북스, 2020)

이숙경

서울대 강사, 성균관대 초빙교수

- 오스트리아 그라츠(Graz) 대학교 문학박사
- 독일문학-북이십일 논문상(한국독어독문학회 2017)
- 브레히트학술상(한국브레히트학회 2020)

- 〈양가성과 혼미성. 외된 폰 호르바트의 후기 드라마〉(그라츠 대학, 2003)
- 〈롤란트 시멜페니히의 드라마에 나타난 서술기법 - 《이도메노이스》와 《황금 용》을 중심으로〉(카프카 연구, 2013)
- 〈페르디난트 폰 시라흐의 법정 드라마 《테러》 - 서사, 구조, 소통방식에 주목하여〉(독일문학, 2016)
- 〈중단과 의식의 미학 - 안드레스 파이엘의 〈렛 뎀 잇 머니. 어떤 미래가?!〉를 예로〉(독일현대문학, 2021)
- 《'세대'란 무엇인가? 카를 만하임 이후 세대담론의 주제들》(편역, 한울아카데미, 2014)
- 《Recycling Brecht: Materialwert, Nachleben, Überleben.》(공저, Berlin: Theater der Zeit, 2018)

안문영

충남대학교 독어독문학과 명예교수

- 독일 본(Bonn) 대학교 문학박사
- 한국괴테학회, 한국독어독문학회 (KGG), 한국홈볼트회, 한국독일언어문학회 (KGDSL) 회장, 한독문학번역연구소 소장 역임
- 국제독어독문학연감 (JIG) 편집위원 역임
- 충남대학교 인문과학연구소 소장, 도서관장 역임
- 한독문학번역상 수상 (한독문학번역연구소, 1994)

- 〈릴케 후기시에 나타난 역설의 구조〉(본 대학교, 1985)
- 〈두이노의 비가에 나타난 서정적 자아의 변증법적 구조〉(독일문학, 1985)
- 〈한국현대문학에 나타난 노인상〉 (독문) (《친구가 멀리서 오면》, 베른, 2009)
- 〈한국현대문학에 나타난 무속적 모티프〉 (독문) (《세계의 문화 – 문화의 세계화》, 튀빙엔, 2013)
- 릴케: 《두이노의 비가/ 오르페우스에게 바치는 소네트》(문학과지성사, 1991)
- 릴케: 《릴케의 편지》(지식을만드는지식, 2012)
- 릴케: 《말테의 수기》(열린책들, 2013)

조 향

서울대학교 독어독문학과 교수

- 독일 프라이부르크(Freiburg) 대학교 철학박사

- 《자연과 역사. 알프레트 되블린의 소설 삼부작 《아마존》에 나타난 문명 비판》(독일 에르곤 출판사 2017)
- 〈크리스타 볼프의 《원전 사고》 다시 읽기 - 비판적 고찰〉(헤세연구 2017)
- 〈샤를로테 케르너의 소설 《걸작 인간》에 나타난 신체와 정신의 문제 및 포스트휴먼적 상상력〉(독어독문학 2019)
- 〈괴테의 《헤르만과 도로테아》에 나타난 유동하는 세계와 새로운 형성〉(독어독문학 2021)
- 〈친척 만들기, 함께 되기와 심포이에시스. 해러웨이의 개념들로 읽은 다와다 요코의 소설 《눈 속의 에튀드》〉(독어독문학 2022)
- 《괴테사전》 I, II(한국괴테학회) 항목 집필(한국외국어대학출판부 2016, 2021)

진일상

이화여대 독어독문학과 교수

- 이화여대 독문과 및 동 대학원 졸업. 독일 레겐스부르크(Regensburg) 대학교 문학박사
- 현 한국토마스만학회장
- 한독문학번역상(한독문학번역연구소, 2010)

- 〈《카타리나 블룸의 잃어버린 명예》 – 현실의 문학적인 기록〉(독어독문학, 2020)
- 〈테오도어 폰타네, 《마틸데 뫼링》 - 빌헬름 시대의 시민사회와 '교양'〉(독어독문학, 2022)
- 《마틸데 뫼링》(부북스, 2022)
- 《암피트리온》(지만지드라마, 2022)
- 〈클라이스트의 《암피트리온》과 도플갱어 - 신화적 전승과 환상성〉(독어독문학, 2023)
- 《깨어진 항아리》(지만지드라마, 2023)